この１冊ですべてわかる

新版

経営戦略の基本

The Basics of Management Strategy

手塚貞治［編著］
Tezuka Sadaharu

株式会社日本総合研究所
経営戦略研究会［著］
The Japan Research Institute, Limited
Study Group of Management Strategy

日本実業出版社

はじめに

本書の前身である旧版『経営戦略の基本』が発刊されたのが2008年11月、あれから15年余りの歳月が経過しました。

いま、経営戦略について語ろうものなら、次のような声が聞かれます。

「いまさら戦略なんて古いよ」
「環境変化が激しい時代だからねえ」
「VUCA（ブーカ）の時代に戦略なんて立てても……」

経営戦略は、すっかり過去の遺物のような扱いです。確かに、この15年の間に、東日本大震災や熊本・能登等の大地震、コロナ禍、ウクライナ侵攻等、我々はいろいろな「想定外」を経験し、まさしくVUCAの時代を生き抜いてきました。その経験を踏まえると、地道に環境分析して将来を予測して打ち手を考えるというようなことは、色あせて見えるのかもしれません。

しかし、本当にそうでしょうか？

経営戦略は無用の長物なのでしょうか？

日々、企業支援を続けている我々執筆陣は、決してそうは考えません。戦略なしで企業運営をするなど、ありえないことです。それでは単なる「行き当たりばったり」です。そうではなく、環境変化を前提に、その時点での戦略を立案し、環境変化を受けて、それに対応するために絶えずリバイスを繰り返しながら企業を動かしていくという姿勢こそが求められるのです。その意味では、経営戦略は企業運営の「前提」として、なお不可欠だということがいえるでしょう。

そのような観点から、我々は15年の歳月を経て、また改めて「経営戦略の基本」を問うことにしました。

第１章では、総論として、経営戦略の定義から説き起こします。

第２章では、経営戦略の各論に入ります。３ＣやSWOTといった、今となっては古典的ともいえる戦略フレームワークについてもここで紹介します。これらは古いから使えないというわけではありません。逆に、オーソドックスだからこそ汎用的に使えるフレームワークであり、しっかり使い方も含めて理解いただくことが大切です。また、ブルー・オーシャン戦略やビジネスモデルキャンバスといった、2000年代以降に開発されたフレームワークについても新たにここで紹介します。

第３章では、戦略を動かす仕組みについて紹介します。戦略を「絵に描いた餅」にしないためには、それを実践する仕組みが必要です。経営管理や組織といった戦略を動かす仕組みについて解説します。

第４章・第５章では、実際の戦略策定方法について具体的に説明します。

第６章では、創発的戦略という新しい流れについて説明します。

そして最後の第７章では、創発的戦略の具体的展開として、不確実性の高まった今という時代に注目されている戦略トピックスについて紹介します。具体的には、2010年代以降注目されるようになった「リーンスタートアップ」「デザイン思考」「オープンイノベーション」「社会価値と経済価値の融合」「DX（デジタルトランスフォーメーション）」といったトピックスが、どのような背景で生まれたのか、どのように使われるべきか、単なるバズワード（※専門的でもっともらしいようだが、定義が曖昧（あいまい）に使われている用語）で終わらせないよう、皆様にわかりやすい形で解説します。

このように本書は、従来の入門書とは異なり、単に経営戦略の概説に留まらず、それを実行する仕組みや実際の策定方法についてまで解説しました。したがって、初心者の方の入門書としてだけではなく、一通り戦略用語をご存知の方にとっての再入門書としても、十分ご活用いただけるものと思います。

本書が皆様にとって、何らかのお役に立てるようでしたら望外の喜びです。

2024年３月

執筆陣を代表して
手塚　貞治

新版　経営戦略の基本■目次

第5章　個別事業の競争優位を構築する事業戦略の実践

第6章 不確実性の時代における“新しい”戦略論の潮流

第7章 不確実性に対応する戦略ソリューション

※　本書に記載されている社名、商品名、製品名などは各社の商標または登録商標です。本文中に©、®、TMを明記していません。
※　本書は2024年3月現在の情報を基にしておりますので、各社サービス等が変更されている可能性があります。

カバーデザイン◎志岐デザイン事務所／秋元真菜美
本文 DTP ◎ダーツ

第1章

経営戦略の役割と特徴

1 1

そもそも経営戦略とは？

経営環境が変化して不確実性が増す中、重要性が増している

▶経営戦略とは、変化の激しい環境下で企業が目的を達成するための打ち手

近年、「経営戦略」「戦略」という言葉は一般的に使われるようになりましたが、そもそもどのような意味でしょうか？

戦略は文字どおり、もともとは軍事用語であり、「戦場において勝ち残るための謀（はかりごと）」を指す言葉です。「経営戦略」は、企業の置かれている「経営環境」を戦場に見立てて、その環境下で、企業が「目的（継続して事業を営む、成長する、収益を獲得・拡大する等）」を達成するために必要となる打ち手（手段よりも上位の概念）を指しています。

◎企業経営を取り巻く要素の関係◎

経営環境	◇企業が経営を行なう際に置かれている環境 ●マクロ環境（国、世界の経済的・政治的状況等） ●事業における顧客・取引先（供給者、資金調達先等）の状況 ●事業における競争相手の状況 ●自社が活用できる経営資源（ヒト・モノ・カネ）の状況　等
企業の目的	◇企業が経営を行なう目的 ●事業を継続していくこと ●利益を創出していくこと、成長していくこと ●事業を通して社会貢献すること　等
経営戦略	◇経営環境下で企業の目的・目標を達成するために必要となる打ち手 ●一定の制約下で、経営資源を活用しながらいかに振る舞うかということ

▶経営環境が大きく変化した結果、不確実性が増している

「経営環境」とは、企業が経営・事業を行なっていくうえで関係する環境・状況全般を指します。

具体的には、経済的・政治的状況等のマクロ環境に始まり、事業を運営するうえで関係する顧客・取引先の状況、競争相手の状況、自社が活用できる経営資源の状況等が含まれます。

近年、顧客・消費者ニーズの変化、業界の境界を越えた競争環境の激

化、グローバル化による地域的範囲の拡大等にともない、企業を取り巻く経営環境が大きく変化し、変化のスピードや不確実性が増しているといえます。

▶企業の目的・目標を達成するための打ち手が「経営戦略」

こうした経営環境における企業の「目的」として、まずは「継続的に事業を営む」ことが挙げられます。一般的な営利企業であれば「利益を創出する」こと、上場企業であれば「株主の期待に応えて利益を創出し、成長していく」こと、昨今であれば「すべてのステークホルダーの利益に資する」ことも代表的な目的といえます。

目的に、達成時期・達成レベルを付与して、「いつの時点でどのような状態・レベルになりたいか」を示すものが「目標」です。目標は、最終目的を達成するための道標（みちしるべ）やマイルストーンだといえます。

現状を踏まえて、（何もしないままでは実現できないような）目標を達成するためには、何らかの打ち手が必要となります。この打ち手こそが「経営戦略」なのです。

◎打ち手としての「経営戦略」の位置づけ◎

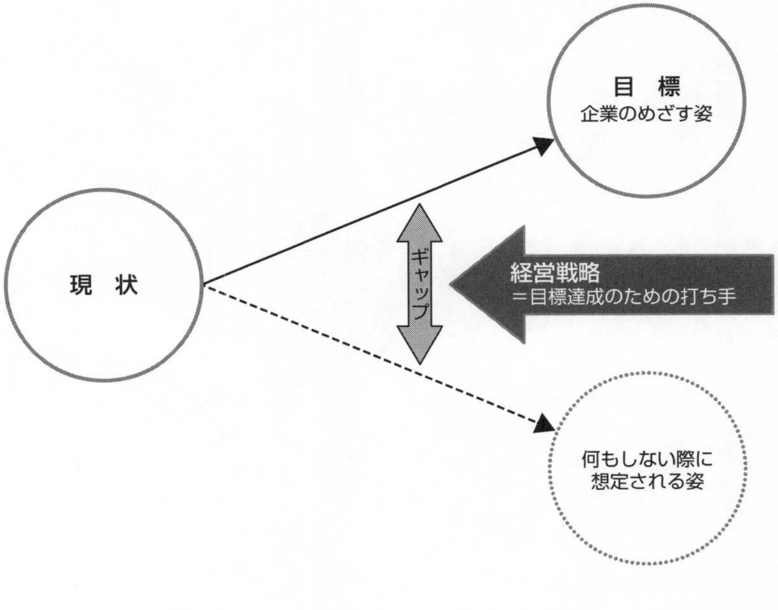

▶制約の中でいかに目的を達成していくかが、経営戦略の命題

経営環境が大きく変化して不確実性が増す中、企業が将来を見通し、目標を達成していくことは難しくなっています。一方、打ち手に投入できる経営資源（ヒト・モノ・カネ）や、打ち手の検討・実施にかけられる時間は限られています。

こうした制約を踏まえて、「実際にどのような打ち手を実行していくのか」を定める経営戦略の重要性がますます増大しているといえるでしょう。

1 2 経営戦略の目標と打ち手は4層に分けられる

「基本理念」「ビジョン」「戦略」「仕組み」の一貫性が求められる

▶経営における目標と打ち手は階層構造で関連している

経営戦略の位置づけについて、企業経営における「目標（目的）」と「打ち手」の関係から、もう少しくわしく見ていきましょう。

◎企業経営における目標と打ち手の階層構造◎

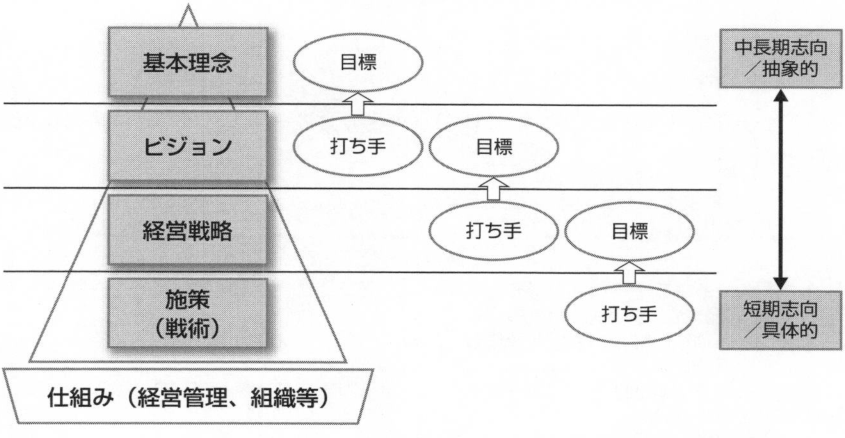

企業経営においては、「基本理念」「ビジョン」「経営戦略」「施策（戦術）」といった概念が、お互いに「目標（目的）」と「打ち手」の関係で、ピラミッドを形成しています。基本理念という目標を達成するための打ち手としてビジョンがあり、ビジョンという目標を達成するための打ち手として経営戦略があり、経営戦略という目標を達成する打ち手として施策（戦術）があるわけです。仕組み（経営管理、組織等）は、この階層構造全体を実践していくための体制や基盤となります。

意識する時間軸や具体性の観点では、ピラミッドの上位にいくほど「中長期志向／抽象的」であるのに対して、下位にいくほど「短期志向／具体的」になります。

このように、基本理念、ビジョン、経営戦略、施策（戦術）は相互に密接に関連しているため、階層全体の整合性が求められます。次に、個別の概念およびそれぞれの関係について、もう少しくわしく見ていきましょう。

▶基本理念は「目標」と「打ち手」の両面から基準をつくるもの

基本理念とは、その企業が経営していくうえで拠り所となる、普遍的で半永久的な方針・価値観を示したものです。基本理念には、大きく2つの側面があります。1つは、「企業としての最終的な目標（目的）を示す」という側面です。企業の社会的存在意義である「パーパス」、その企業が果たしたい「ミッション（使命）」、提供したい「バリュー（価値）」といった内容はこの側面に対応する項目になります。もう1つは、「企業が打ち手を実行する際に従うべき姿勢・規範を示す」という側面です。「経営姿勢」「行動規範」等はこの側面を文書化したものです。

次のような基本理念の具体例を見ると、社会における存在意義、企業を取り巻く関係者や内部の社員に対する姿勢が示されていることがわかると思います。

◇基本理念の具体例◇　(各Webサイトより引用)

トヨタ自動車

1.内外の法およびその精神を遵守し、オープンでフェアな企業活動を通じて、国際社会から信頼される企業市民をめざす
2.各国・各地域の文化、慣習を尊重し、地域に根ざした企業活動を通じて、経済・社会の発展に貢献する
3.クリーンで安全な商品の提供を使命とし、あらゆる企業活動を通じて、住みよい地球と豊かな社会づくりに取り組む
4.様々な分野での最先端技術の研究と開発に努め、世界中のお客様のご要望にお応えする魅力あふれる商品・サービスを提供する
5.労使相互信頼・責任を基本に、個人の創造力とチームワークの強みを最大限に高める企業風土をつくる
6.グローバルで革新的な経営により、社会との調和ある成長をめざす
7.開かれた取引関係を基本に、互いに研究と創造に努め、長期安定的な成長と共存共栄を実現する

三井住友フィナンシャルグループ

◇お客さまに、より一層価値あるサービスを提供し、お客さまと共に発展する
◇事業の発展を通じて、株主価値の永続的な増大を図る
◇勤勉で意欲的な社員が、思う存分にその能力を発揮できる職場を作る
◇社会課題の解決を通じ、持続可能な社会の実現に貢献する

こうした基本理念が、戦略・施策といった企業の取り組みの背景となり、組織文化・企業文化に反映されているのです。

基本理念は、「目標」と「打ち手」の両面から、ビジョン、経営戦略、施策（戦術）といった他の概念を形成・実行する際の価値判断の基準となるものであり、企業経営における拠り所であるといえるでしょう。

▶ビジョンは基本理念を具体化した中長期のめざす姿を示す

ビジョンは、中長期での企業のめざす姿·方向性を示す概念です。

普遍的な目標である基本理念に時間軸を設定し、めざす姿として具体化したものといえるでしょう。同時に、経営戦略という打ち手の目標にもなります。

中長期という時間軸は、一般的には３～５年程度で設定することが多いようです。具体的には、イメージしやすい財務数値（売上高や利益）の目標や事業の展開範囲（ドメイン）等を記載します。

◎基本理念とビジョン◎

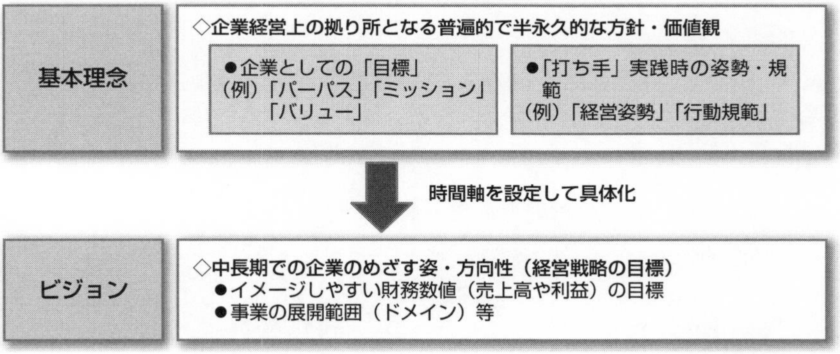

基本理念
◇企業経営上の拠り所となる普遍的で半永久的な方針・価値観
●企業としての「目標」
（例）「パーパス」「ミッション」
「バリュー」
●「打ち手」実践時の姿勢・規範
（例）「経営姿勢」「行動規範」
時間軸を設定して具体化
ビジョン
◇中長期での企業のめざす姿・方向性（経営戦略の目標）
●イメージしやすい財務数値（売上高や利益）の目標
●事業の展開範囲（ドメイン）等

▶基本理念およびビジョンは戦略策定・遂行の羅針盤になる

基本理念やビジョンで示される目標を達成するための打ち手こそが、本書で説明する経営戦略となります。

一部には、「基本理念・ビジョンといったものは精神論であり、“お飾り”にすぎない、ほんとうに意味があるのかわからない」という声も聞かれます。

ただ、強い企業には、その企業ならではの価値観（「○○イズム」といった明文化されていないものを含めて）が共有されていることがよく知られています。また、経営者や社員が持っている「思い（ハート）」と、分析や日々の業務を通して具体化される「施策・仕組み（ハード）」とは、両者がともなってこそ大きな力を発揮するものです。

やはり、「企業の価値観」「思いを示す基本理念」「ビジョン」は、企業が目標を設定し打ち手を実行するうえでの拠り所、戦略策定・遂行の羅針盤となるため、明確にして共有しておくことが望ましいでしょう。

▶「施策（戦術）」は「戦略」を短期的・局所的なレベルまで分解したもの

「戦略」と「施策（戦術）」という概念は、対にして用いられることがあります。

戦略と施策の違いとしては、戦略が「中長期的で大局的な範囲を対象」とするのに対して、施策は「短期的で局所的な範囲を対象」としています。両者を区分する明確な定義はありませんが、複数年や年次での取り組みや、全社での取り組みを対象にする場合には“戦略”という用語を用います。一方、月次・日次での取り組みや「現場」という言葉で表現される単位での取り組みを対象にする場合には、“施策”という用語を用いることがほとんどです。

一般的には、経営戦略で定めた方向性に基づき、具体的な取り組み内容を施策にまでブレイクダウンし、日々の業務を実践していくことになります。

◎戦略と施策（戦術）の違い◎

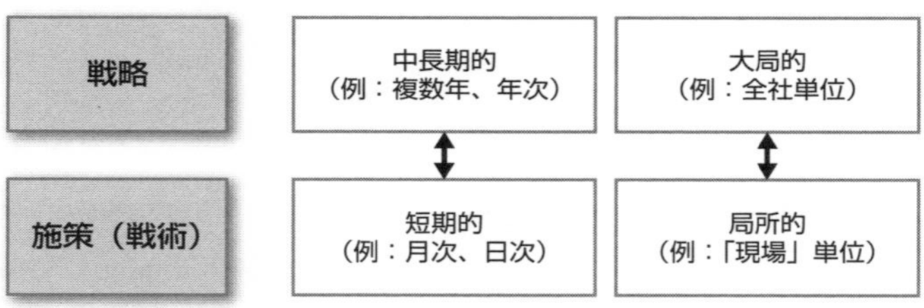

▶「戦略階層構造」と「仕組み」は企業目標達成のための両輪となる

ここまで述べてきた経営戦略を含む階層構造は、目標と打ち手の関係で「何をするべきか」を示したものですが、これに対して「どうやって実現するか」「どのような体制で実現するか」を示すものが「仕組み」です。

仕組みについては第３章でくわしく説明しますが、代表的なものとして、戦略および施策を実行していくための仕組みとしての「経営管理（期日、役割分担等を設定する“計画”、戦略の進捗状況を把握して遂行を促進する“評価”等)」、戦略を遂行する体制を設計・構築する「組織」等が挙げられます。

戦略、施策を絵に描いた餅で終わらせることなく、企業として戦略を遂行していくためには、仕組みが不可欠です。企業としての最終目標を達成するためには、戦略階層と仕組みを構築していくことが求められます。

▶経営戦略は「思い」と「現場」とをつなぐ企業経営のカギ

以上のような「目標」と「打ち手」の関係から、経営戦略には、２つの意義があるといえます。

１つ目は、「基本理念、ビジョンといった、中長期でのありたい姿を実現するための打ち手」であるということです。「思い」や「夢」を具体化するものだといえるでしょう。

２つ目は、「日々の施策を遂行していく際の目標」であるということです。「現場」や「日常」の方向性を示すものであるといえるでしょう。

このように、経営戦略は中長期の視点を踏まえて、短期の視点での取り組みに方向性を示すものであり、経営者や社員の「思い」と施策を遂行する「現場」とをつなぎ、企業経営全体に整合性を与えるカギとなっています。

この企業経営全体の整合性は、「取り組みを社内で共有して経営を実践していく」という対内的な側面、「自社の取り組みを外部に示して関係者の理解を得ていく」という対外的な側面という、両面から重要とされます。

◎経営戦略の２つの意義◎

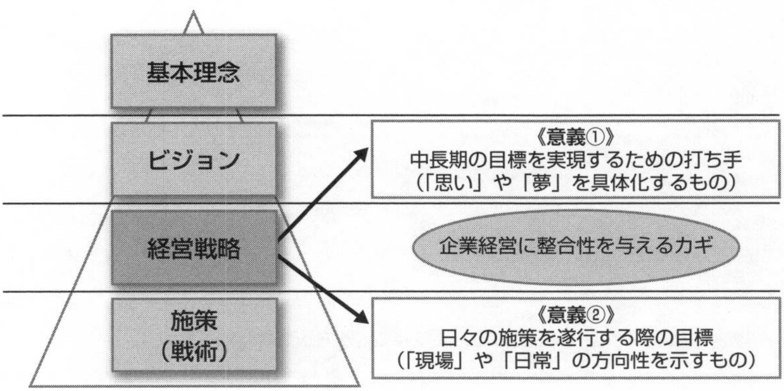
基本理念
ビジョン
経営戦略
施策
（戦術）
《意義①》
中長期の目標を実現するための打ち手
（「思い」や「夢」を具体化するもの）
企業経営に整合性を与えるカギ
《意義②》
日々の施策を遂行する際の目標
（「現場」や「日常」の方向性を示すもの）

1 3 対象範囲によってとるべき経営戦略は変わる

「全社」「事業」「機能」といった対象範囲に応じて、戦略を策定・遂行する

▶事業運営のための事業戦略（基本戦略）と機能別戦略（個別戦略）

企業が競争環境の中で、顧客に特定の商品・サービスを提供する「事業」を運営していく際の戦略を「事業戦略」と呼びます。一般的に経営戦略という場合、この事業戦略をイメージするほうが多いかもしれません。

１つの事業を遂行するためには、販売・営業、生産・調達、研究開発、人事、財務といった複数の「機能」が必要となります。こうした機能別に必要となる戦略を「機能別戦略」と呼びます（特定事業の戦略を対象とする際には、事業戦略を「基本戦略」、機能別戦略を「個別戦略」と呼ぶこともあります）。

代表的な機能別戦略としては、商品・サービスの企画・販売方法を対象にする「マーケティング戦略」、生産機能やモノ資源の調達を対象にする「生産・調達戦略」、研究開発の体制や必要となる技術の獲得を対象にする「研究開発（R&D）・技術戦略」、戦略遂行のための組織やヒト資源の配置・獲得を対象にする「組織・人事戦略」、おもにカネ資源の調達を対象にする「財務戦略」が挙げられます。

◎代表的な機能別戦略◎

マーケティング戦略	顧客ニーズに合わせた商品・サービスの企画および提供方法を検討する
生産・調達戦略	商品・サービスを生産するための体制や原材料（モノ）の調達方法を検討する
研究開発（R&D）・技術戦略	研究開発の体制や必要となる技術の獲得方法を検討する
組織・人事戦略	戦略遂行のための組織やヒト資源の配置・獲得方法を検討する
財務戦略	主としてカネ資源の調達方法を検討する

▶全社戦略では企業内の複数の事業を対象にする

企業はその成長過程で、複数の事業を保有しているケースがほとんどです。こうした複数事業を対象にして、企業としての方向性や資源配分の方法を検討するのが「全社戦略」です。

具体的には、既存事業の枠を超えた新規事業参入の検討、複数事業間の資源配分および各事業の位置づけの検討等が挙げられます。

▶対象範囲に応じて戦略を策定・遂行する

複数事業を対象にする全社戦略、個別事業における事業戦略（基本戦略）と機能別戦略（個別戦略）というように、戦略には対象とする範囲に応じた戦略が存在します。実際の企業経営上では、この対象範囲に応じて戦略を策定・遂行できるような、仕組み・組織を構築していくことになります。

◎対象範囲による戦略の分類◎

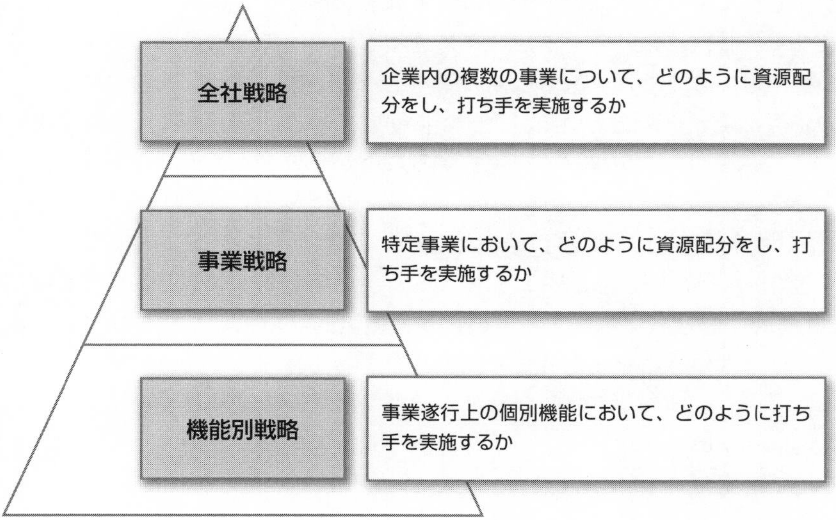
全社戦略
企業内の複数の事業について、どのように資源配分をし、打ち手を実施するか
事業戦略
特定事業において、どのように資源配分をし、打ち手を実施するか
機能別戦略
事業遂行上の個別機能において、どのように打ち手を実施するか

※事業戦略を「基本戦略」、機能別戦略を「個別戦略」ということがある

本書では、とくに「全社戦略」と「事業戦略」を中心に説明します。第２章では「戦略の策定」、第３章では「戦略遂行のための仕組みの構築」について、基本的な考え方を解説します。第４・第５章では「基本的な考え方を踏まえた、企業における戦略策定・遂行の実践例」を説明します。

1 4

特徴と限界を知り、最適なアプローチを選択する

さまざまなアプローチを実態に合わせて使い分けることが必要

▶戦略にはさまざまなアプローチが存在する

視点・立ち位置の違いから、経営戦略には多様なアプローチが存在しています。現在でも、学問としての経営戦略論の世界においては、さまざまな学派がそれぞれの視点から、論争を繰り広げている分野もあります。また、経営環境の変化に合わせて、新しい経営戦略の考え方や手法が次々に提案されています。書店に行けば、こうした手法を紹介するビジネス書もあまた出版されていますので、イメージはつかみやすいでしょう。

実際の企業経営の現場においては、さまざまなアプローチのうち、どれが正しくて、どれが間違っているかを厳密に問うことにあまり意味はありません。また、最新の手法を次々に適用していくことが最善の結果を生むわけでもありません。経営戦略の基本的な考え方、それぞれのアプローチの特徴と限界を踏まえつつ、企業の置かれている状況・企業のめざす姿に応じて、適切なアプローチを選択することが必要でしょう。

▶戦略は前もって策定するべきか？

近年の経営戦略論における１つの大きな論点として、「戦略は意図的（計画的、前もって策定するもの）か、創発的（結果として形成されるもの）か」ということがあります（第６章を参照）。

次ページの図のように、伝統的な戦略論では、現状分析を踏まえて、あらかじめ戦略を策定し、それを仕組みや日々の業務に落とし込んで実行していくという「意図的（計画的）戦略のアプローチ」をとります。一方、経営実態としては、日々の業務を進めていく中で、当初意図していなかった事象・環境変化が起こることが多く、これに対応していくプロセスが不可欠であることから、現場での対応プロセスが結果として戦略を形成していくという「創発的戦略のアプローチ」が生まれました。

本書では、基本的で典型的な戦略策定・遂行の考え方を説明するために、第２章～第５章にわたって意図的戦略を前提にして説明しています

（ここまでの説明も意図的戦略を前提にしています）。

第6章では、意図的戦略の限界・課題と創発的戦略の意義について詳細を説明していますので、両者を併せて、実践に役立てていただければ幸いです。定型化・形式化のしやすさという意味では意図的戦略のほうが優れており、基本的な考え方は、創発的戦略にも通じます。ここでは、「意図的戦略がすべてではない」ということを頭に入れていただければ結構です。

そして第7章では、創発的戦略の実践として、不確実性に対処するための各種手法を説明していきます。「VUCAの時代」といわれるようになって久しいですが、近年では不確実性に対処するために創発的戦略を実務的に手法として使っていこうという動きが見られるようになっています。こうした手法も広い意味で経営戦略の一環にありますので、後ほど説明します。

◎意図的戦略と創発的戦略のイメージ◎

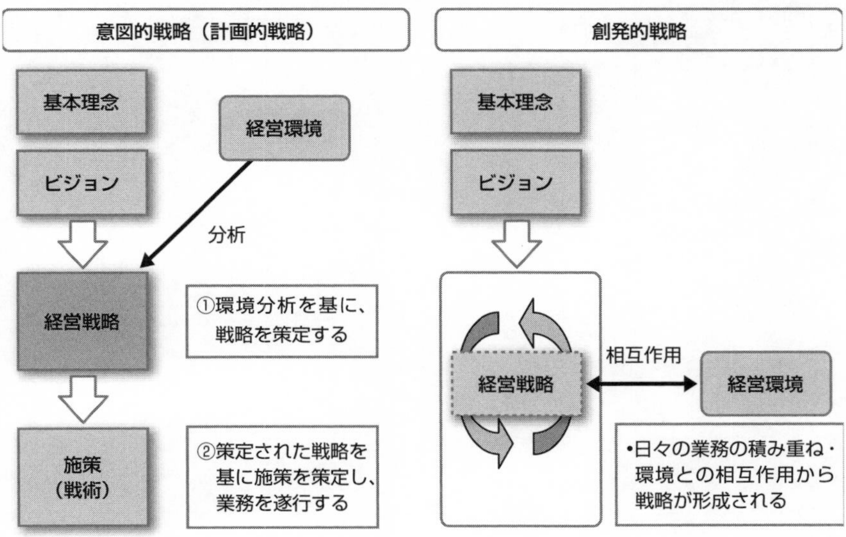

▶典型的な視点や定石を踏まえて現場で活用する

他にも、戦略論においては「企業が競争優位を構築するためには、外部要因（企業が置かれている状況）を重視すべきか、内部要因（企業が持っている強み・能力）を重視すべきか」「“選択と集中”か、総合化・分散化か」「競争か、協調か」といった、さまざまな論点が存在します。

それぞれ興味深いテーマですが、本書は、それぞれのアプローチにおける論点・視点および典型的な打ち手（定石）を中心に説明します。

こうした論点・定石を経営戦略の基本として踏まえたうえで、実際の経営では、その場に応じて必要なアプローチを組み合わせて（場合によっては、定石の逆張りなども活用しながら）、対応していくことが求められます。

第2章

経営戦略の理論を俯瞰する

②1 経営戦略策定の3つのポイントと流れを俯瞰する

経営目標と打ち手の階層構造を統合し、一貫性を持たせることが求められる

▶持続的優位性の構築をめざし、整合性を確保しつつ優先順位をつける

第1章では、企業として事業を継続し、収益を獲得して、成長を実現するという「目的」のために行なう打ち手が経営戦略であるということ、経営環境が大きく変化して不確実性が増している一方で、打ち手に投入できる経営資源・時間は有限であるという「制約」を踏まえなければならないということを説明しました。

こうした企業経営の目的・制約を踏まえたうえで、経営戦略策定におけるポイントを押さえておかなければなりません。

1つ目のポイントは、「持続的に優位性を構築する」ということです。企業が事業を展開していくうえでは、必ず競争相手が存在します。同じ市場を狙う競争相手が存在する中で、自社が収益を獲得していくためには、競争相手に対して何らかの勝るポイントを持って有利なポジションを占める、すなわち、企業としての優位性を構築することが必要となります。また、事業は継続していくことが前提となりますから、一時的ではなく、持続的に優位性を構築することが求められます。経営環境が大きく変化する中で、「いかにして持続的に優位性を構築していくか」は非常に大きなポイントであるといえるでしょう。

2つ目のポイントは、「打ち手に優先順位（メリハリ）をつける」ということです。持続的に優位性を構築していくためには、何らかの打ち手が必要です。しかし、そのために投入できる経営資源・時間は有限ですから、想定される打ち手を何でもかんでもすべて実行することはできません。したがって、戦略策定にあたっては、打ち手に「優先順位をつける」ことが求められます。この考えは、優先順位の高い打ち手を選択し、選択された打ち手に経営資源を集中して投入するという「選択と集中」という概念に通じるものです。

3つ目のポイントは、「全体を整合させる」ということです。経営には、複数の打ち手を組み合わせて実行していくことが必要ですが、それぞれの

打ち手をバラバラに展開していると十分な効力を発揮できません。第１章で説明したように、経営理念、ビジョン、経営戦略、施策（戦術）という目標と打ち手の階層構造において、それぞれの概念を整合させ、企業として一貫性のある方向性を持って進むことが求められます。

以上のような３つのポイントを踏まえて、戦略を策定していくことが重要です。

◎経営戦略策定のポイント◎

▶経営戦略策定の流れを知る

経営戦略を策定する際には、「①環境分析」「②ドメイン（事業領域）設定」「③戦略策定」というステップを踏みます。この大まかな流れは、策定する対象が事業戦略でも全社戦略でも変わりません。

第１章で説明したように、経営戦略とは企業が目標を達成するための打ち手なので、企業が戦略を策定する際には自社が置かれている内部・外部環境の現状を確認し、目標とのギャップを把握することが最初のステップになります。次にその現状分析に基づいて、自社・事業が展開する取り組み範囲を定めることにより、打ち手の選択肢を絞り込みます。そして、ドメインの範囲内でギャップを埋めるための打ち手を検討します。

◎経営戦略策定の流れ◎

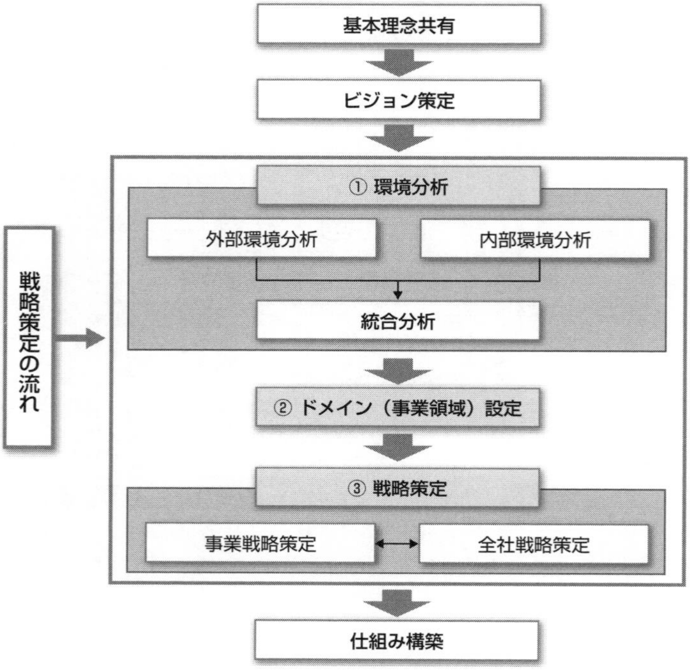

この流れは機械的に上から下へと流れていくものではありません。現実の経営戦略の策定では、戦略を検討した結果、ドメインを変更する必要が出てくることもありますし、戦略検討時にも新たな環境分析が必要になる場合もあります。この流れを行き来しながら策定していくのです。

複数事業を展開する企業においては、全社戦略を策定したあとに全社戦略の方針に基づいて事業戦略を策定するのが一般的ですが、経営戦略策定プロセスと同様に行き来しながら策定していくことになります。

▶戦略策定の流れと各プロセスに必要な知識を俯瞰する

前述した各プロセスには過去の知見、研究から得られた戦略論の定石（セオリー）が存在しています。こうした定石は、経営戦略策定時に非常に有益な参考情報といえるでしょう。また、戦略を策定する際のベースとなる思考法として「ロジカルシンキング」があります。こうした定石や思考法といった既存の道具を活用することによって、効果的に戦略策定を進められます。

本章では、経営戦略の策定に必要なこれらの知識を経営戦略策定の流れに沿って紹介していきます。なお、理解しやすいように、単一事業を対象に策定する事業戦略について紹介したあとに、複数の事業を保有する企業が企業全体を対象に策定する全社戦略を紹介します。

ただし、過去の知見を集約したフレームワークにあてはめて綺麗に整理することと、戦略を策定することはイコールではありません。自社の具体的な戦略を策定するのに有益な、ひいては企業目標を達成するために必要な分析・戦略策定になるように、目的を常に意識しながら検討していくことが重要です。本章で紹介した道具を活用して、実際にどのように経営戦略を策定するかについては、第４・第５章で紹介します。

◎戦略策定の流れと本章の構成の関連◎

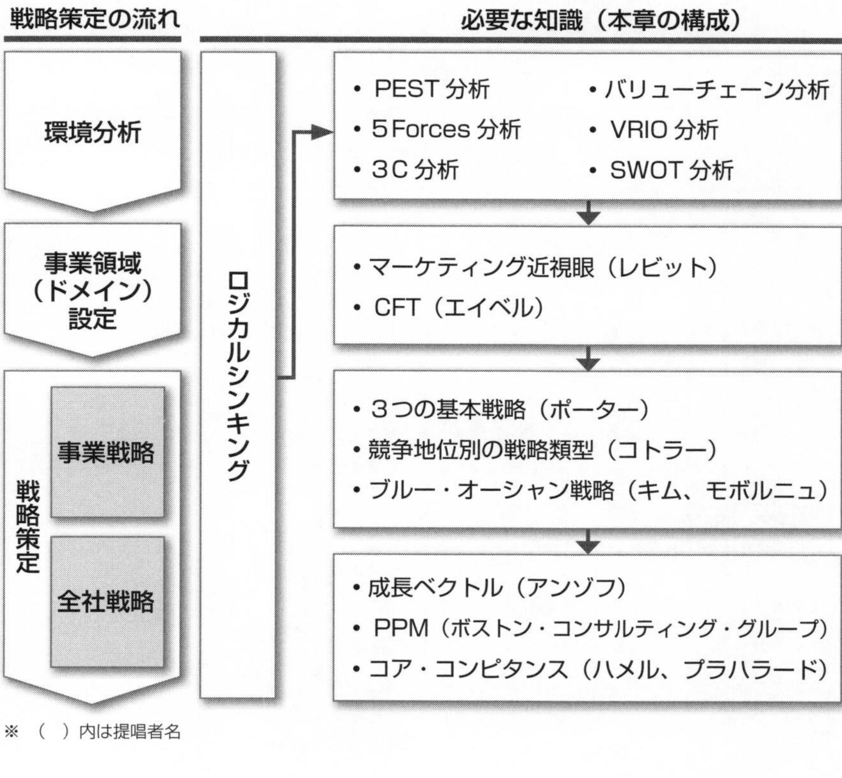

※（ ）内は提唱者名

②2 戦略策定に必要なロジカルシンキングの技術

ロジカルシンキングで課題を特定し、打ち手を具体化させる

▶戦略策定に必要な論理展開・因果関係把握・構造化

「ロジカルシンキング」とは論理的に物事を整理するための思考法であり、戦略を策定する際に基礎となる技術の１つです。

企業が有効な戦略を策定するためには、自社の内部・外部環境を正しく認識する必要があります。しかし、多くの企業では社内外の環境を正しく認識できていません。これは、社内の利権のために歪(ゆが)められた情報や「昔からうちの業界では…」といった業界の常識等の事実かどうかの検証がなされていない一部の情報に基づいて意思決定されているからです。

これらの落とし穴にはまらずに、事実情報をベースに複雑に見える事象を解きほぐし、もっとも重要な課題にすばやく到達するためには、「ロジカルシンキング」の技術を活用します。また、多くの打ち手を優先順位づけし、整合性をとりながら具体的な施策へとブレークダウンしていく際にも重要な技術となります。

本書では、戦略策定に必要なロジカルシンキングの技術として、「①論理展開」「②因果関係把握」「③構造化」の３つを紹介します。

◎戦略策定に必要なロジカルシンキングの技術◎

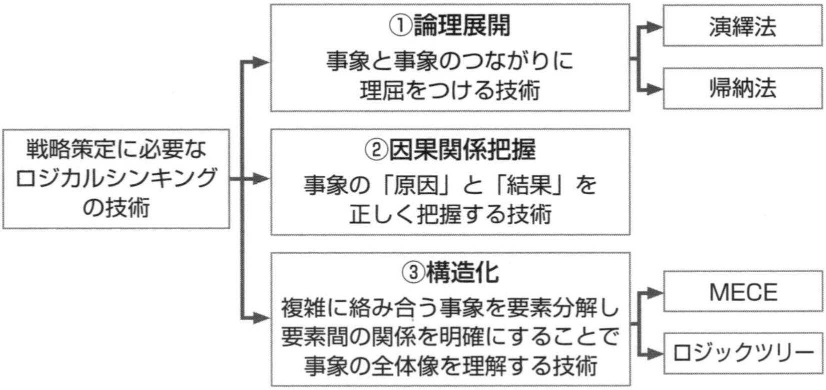

①論理展開

論理展開とは事象と事象のつながりに理屈をつける技術であり、環境を分析する際に自身の考えをまとめたり、それを他者に伝達したりする際の基礎になります。そして論理展開は、「演繹法(えんえきほう)」と「帰納法(きのうほう)」の２つから成り立っています。

演繹法とは、事象をルールや常識といった、全員で共有している前提に照らし合わせ、事象がその前提に合っているかどうかで結論を出す手法です。事象とルールの組み合わせによって必然的に結論が決まることから、「三段論法」とも呼ばれています。たとえば、「Ａさんは東大出身である」という事象を「東大出身者は頭がよい」という前提に照らし合わせて、「Ａさんは頭がよい」という結論を導出するというものです。

帰納法とは、いくつかの事象の共通点に着目し、ルールや法則を結論として導出する手法です。たとえば、「Ａ社の営業担当者はいつも礼儀正しい」「A社に電話をすると、電話の応対がいつもきちんとしている」「A社の営業部長に初めて会ったが、とても礼儀正しかった」という事象から、「Ａ社の社員は礼儀正しい」という結論を導出するものです。

◎論理展開の概要◎

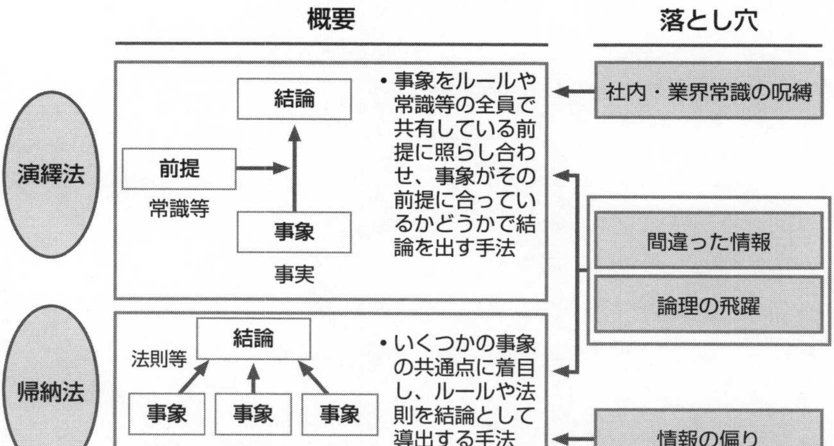

実際に論理展開する場合には、帰納法で導出した結論を演繹法の前提として使用する等、２つの展開方法を組み合わせながら活用します。

◎演繹法と帰納法の活用例◎

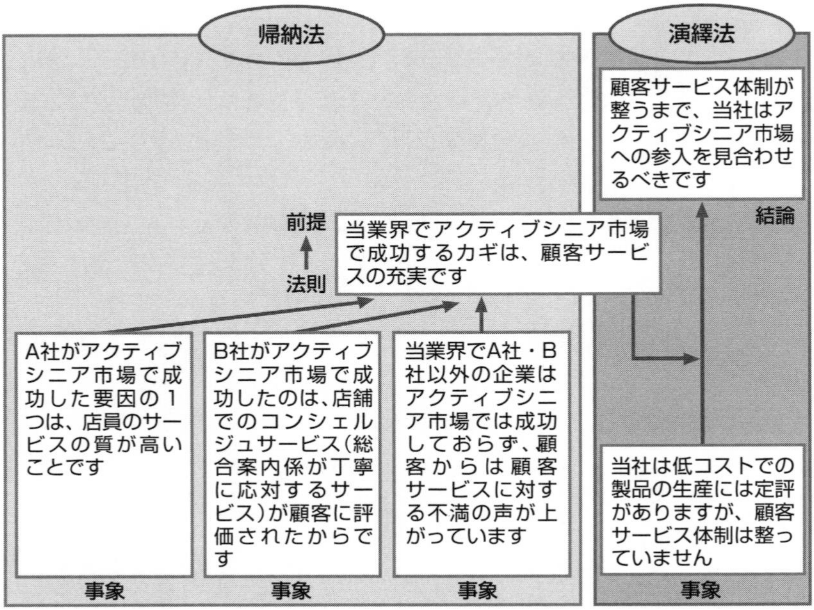
帰納法
演繹法
顧客サービス体制が整うまで、当社はアクティブシニア市場への参入を見合わせるべきです
結論
前提
法則
当業界でアクティブシニア市場で成功するカギは、顧客サービスの充実です
A社がアクティブシニア市場で成功した要因の1つは、店員のサービスの質が高いことです
B社がアクティブシニア市場で成功したのは、店舗でのコンシェルジュサービス(総合案内係が丁寧に応対するサービス)が顧客に評価されたからです
当業界でA社・B社以外の企業はアクティブシニア市場では成功しておらず、顧客からは顧客サービスに対する不満の声が上がっています
当社は低コストでの製品の生産には定評がありますが、顧客サービス体制は整っていません
事象
事象
事象
事象

ここまでは当たり前のように感じられるかもしれませんが、論理展開には「間違った情報」「社内・業界常識の呪縛」「論理の飛躍」「情報の偏り」といったワナが潜んでいます。正しい環境分析を行なうためには、これらのワナにはまらないように注意しましょう。

◇論理展開のワナ◇

●間違った情報

事象のつながりは正確でも、その事象自体が間違った情報であるケース。企業には、思い込みや社内政治的な意図による間違った情報がたくさんある。環境分析の際には「事実情報の収集と活用」を心掛けるべき。

●社内・業界常識の呪縛

「間違った情報」の発展系で、演繹法展開時に一般常識やルールそのものが間違っているケース。かつて、運輸業界には「小口貨物は儲からない」という業界常識があったが、それを打ち破ってヤマト運輸が宅配便サービスに乗り出して高収益をあげた事例は業界常識の呪縛にとらわれなかった代表的な事例。環境変化のスピードが速くなっているので、業界の常識が現在も正しいのか、もう一度検証してみる必要がある。

●論理の飛躍

事象と結論、事象と前提と結論の間に飛躍がありすぎて他者が論理展開できないケース。たとえば、「インド市場が急成長している」「インドに進出する企業が増加している」「わが社はインド市場に進出していない」という３つの事象から、「わが社はインド市場に進出すべきだ」と結論づけるケースがあてはまる。この３つの事象が事実であるとしても、インド市場が急成長していることと、インドに進出している企業が増加しているだけで、「インド市場に進出すべき」という結論は導出できない。「他にもっと魅力的な市場はないのか？」「インド市場に進出した企業は成功しているのか？」「当社がインド市場で勝てるのか？」「何かリスクはないのか？」といった、突っ込み所が満載の分析になってしまう。自身が導出した結論が第三者にとっても自然なものかを検証しなくてはならない。

●情報の偏り

帰納法展開時に使用した事象が全体集合を代表するものではないことが原因で、間違った結論を導出してしまうケース。たとえば、自動車レースが開催されている会場で「どんな車を買いたいですか？」という質問をすれば、「スポーツカーを買いたい」という答えが多いかもしれない。しかし、それは自動車レースを見に来る人々という集合の中だけでいえること。スーパーで主婦に同じ質問をすると、「燃費のいい車」「ガソリンが高いから車はいらない」という答えが返ってくるかもしれない。これを「最近の人はスポーツカーを買いたいと思っているようです」と報告してしまうと、商品開発の方向性を間違えてしまう。36ページで紹介するMECEの概念を理解して、その情報に偏りがないかどうかをきちんと確認することが必要。

②因果関係把握

因果関係把握とは、事象の「原因」と「結果」を正しく把握する技術です。表層的な事象だけを見ていても有効な戦略は構築できないので、環境分析の際に因果関係を把握し、事象の原因を特定することはきわめて重要です。環境分析で収集した情報をそのまま報告するのではなく、「なぜその事象が起こったのか」をよく考えて、さらに深い情報を収集していく作業の愚直な繰り返しが必要不可欠になります。しかし、この際に因果関係を的確に把握できないと間違った分析結果を導いてしまうので、事象の関係性をきちんと理解しておかなければなりません。２つの事象の関係は下図のように整理できます。

◎２つの事象の関係図◎

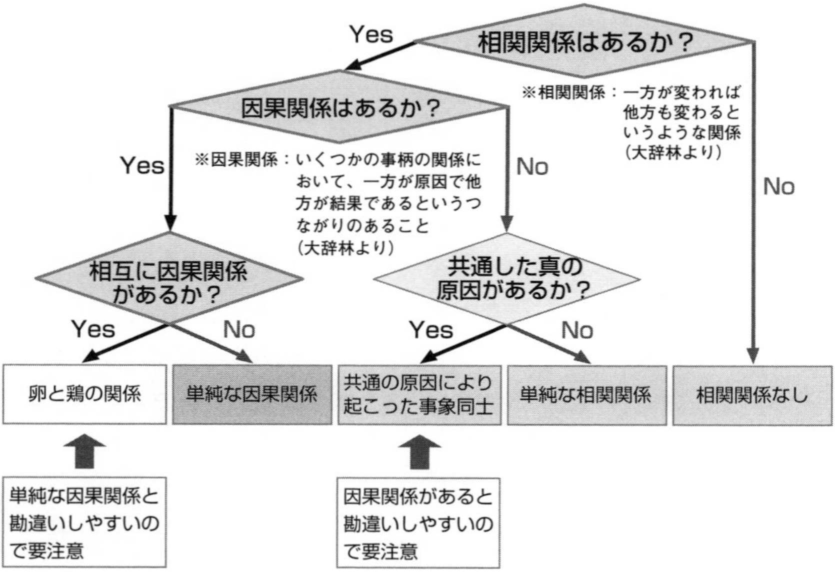

「新製品が売れないのは営業が悪いに違いない」と、リサーチもせずに開発担当者が発言する等、単純に思い込みで、相関関係すらない２つの事象を結びつける場面を見かけることもありますが、環境分析ではきちんと２つの事象の関係を確認しましょう。次に注意が必要なケースを紹介します。

◇因果関係把握時に注意すべきケース◇

●単に相関関係にあるだけで、因果関係があると誤判断してしまうケース

共通の原因により起こった事象同士の関係を判断するときには、とくに注意が必要となる。たとえば、「海外旅行によく行っている子どもほど学校の成績がよい」という意見については、「海外旅行に行く」から「成績がよい」わけではなく、「家庭が金持ち」であるという2つの事象に共通した真の原因があるからである（2つの事象が相関関係にはあるものの、因果関係ではない）。

◎因果関係の誤解◎

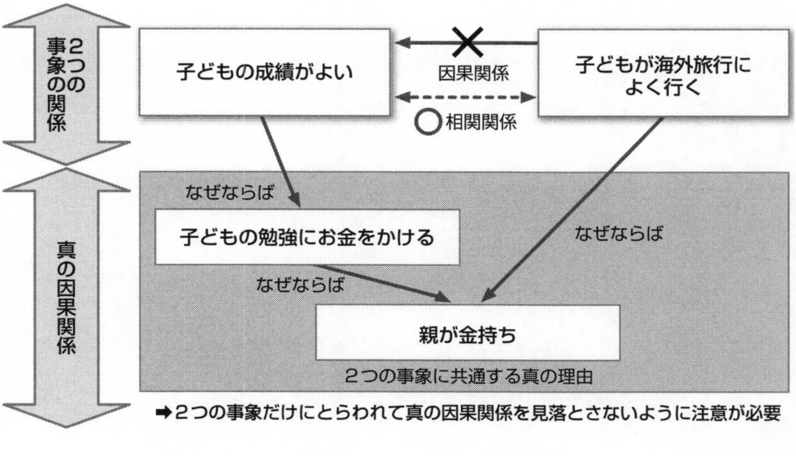

●"卵と鶏"の関係を単純な因果関係と取り違えてしまうケース

ある事象の結果起きた事象が元の事象の原因にもなるという、いわゆる「卵が先か、鶏が先か」の議論。たとえば、「魅力的な会社」だから「魅力的な学生」が集まるが、「魅力的な学生」が集まるから「魅力的な会社」になるという関係も成立する。この循環は会社にとって好循環だが、逆に悪循環が存在するケースもたくさんある。悪循環をいかに断ち切って好循環を増やしていくのかは、企業の大きな課題になる。

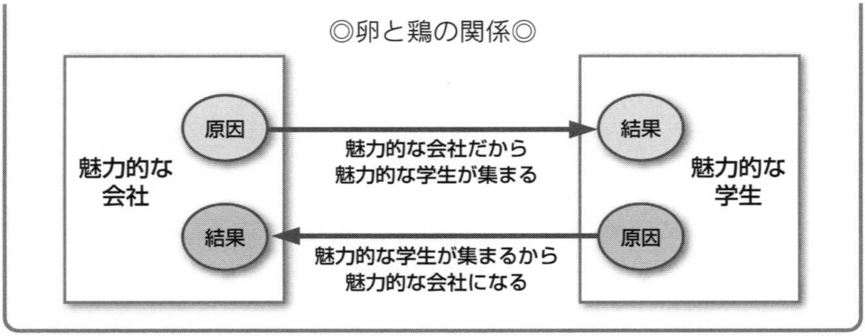

③構造化

構造化とは、複雑に絡み合う事象を要素分解し、要素間の関係を明確にすることで事象の全体像を理解するための技術です。環境分析を行なう際、膨大な情報を前に途方に暮れてしまうケースも散見されますが、情報を適切に要素分解して、要素間の関係を把握する構造化の技術があれば恐れることはありません。

また、打ち手の整合性を担保しながら具体的な施策に落とし込んでいく際にも構造化は重要な技術になります。本書では、構造化の技術のMECEとロジックツリーの概念について説明します。

ⅰ.モレ・ダブリを防ぐMECE

MECE（ミッシー、もしくはミーシー）とは「Mutually Exclusive（ダブリがない）,Collectively Exhaustive（モレがない）」の頭文字をとったもので、マッキンゼー・アンド・カンパニー社で考案された、情報を「モレなく、ダブリなく」整理するための手法です。たとえば、人間をモレなく、ダブリなく整理する場合、「①男性既婚」「②女性既婚」「③男性未婚」「④女性未婚」という分類で整理すれば、モレもダブリもありません。そこで、このような項目は「MECEである」といいます。

しかしながら、「①男性」「②女性」「③大学生」と分類すればダブリが生じますし、「①団塊世代」「②小学生」と分類すればモレが生じます。このように、モレやダブリが生じている状態だと正確に分析できません。

たとえば、売上が落ちているのはどの消費者の売上が落ちているからかを調べた場合、消費者を調べる切り口にモレやダブリがあったのでは原因を正確に把握できないことでしょう。

◎モレ・ダブリのないMECE◎

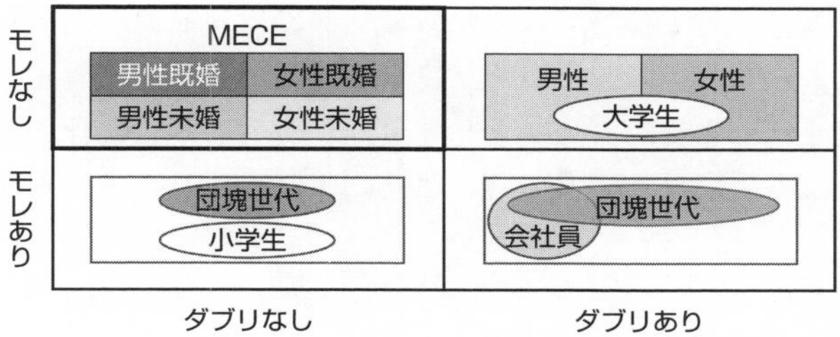

ただ、厳密に100%モレもダブリもないMECEを考えようとすると時間がかかって先に進まないことも多いので、現実的には実践性を考慮して８割〜９割の精度で進めることが多くあります。

ビジネスの世界で頻繁に用いられる経営資源「ヒト・モノ・カネ・情報」、マーケティングの４Ｐ「Product（製品）、Price（価格）、Place（チャネル）、Promotion（プロモーション）」のようなフレームワークには、MECEの考え方が適用されています。本書でも戦略策定の際に活用するフレームワークをたくさん紹介していきますが、これらは先達が戦略策定の際に必要な情報をモレなくダブリなく要素分解したものであるといえるでしょう。このようなフレームワークを活用してMECEに物事を整理することにより、効率は高まるでしょう。

しかし、すべてを先達のフレームワークどおりに活用しなければいけないわけではありません。分析の目的に照らし合わせて自身で修正して活用しても、その切り口がMECEであれば問題はありません。たとえば、「ヒト・モノ・カネ・情報」という経営資源を整理したフレームワークも、以前は「ヒト・モノ・カネ」であるといわれていました。経営資源における「情報」の重要性が増したことにより、「情報」を加えたほうが適当であると考える人が多くなったことが変更された理由です。最近では「ヒト・モノ・カネ・情報・ノウハウ」と整理する人もいるようです。

ⅱ．大きな概念を下位概念に分解するロジックツリー

ロジックツリーとは、大きな概念を下位の概念に論理的に分解していく技術であり、できあがった図が樹形状になるために、「ロジックツリー（論理木）」と呼ばれています。環境分析の際には、数ある事象の中で本質的な課題がどこにあるのかを絞り込む局面等で利用されます。

この課題を絞り込むロジックツリーは、先ほど紹介した因果関係把握とMECEの組み合わせで構築できます。具体的には、主要課題が起こった要因として考えられるものをモレ・ダブリなく洗い出していきます。この作業を繰り返せば、本質的な課題として可能性がある項目が浮き彫りになるので、あとはその項目を調べていくことにより本質的な課題を明確にできるのです。

たとえば、あるスーパーの利益が下がっている原因を分析する際にも、ロジックツリーを活用すれば、図のように項目を分解できます。利益が下がった原因が客数の減少による場合と人件費が上がった場合では、必要な打ち手が変わってくるので、ロジックツリーを活用して課題の真因を明確にしなくてはなりません。

◎あるスーパーの課題探索でのロジックツリー事例◎

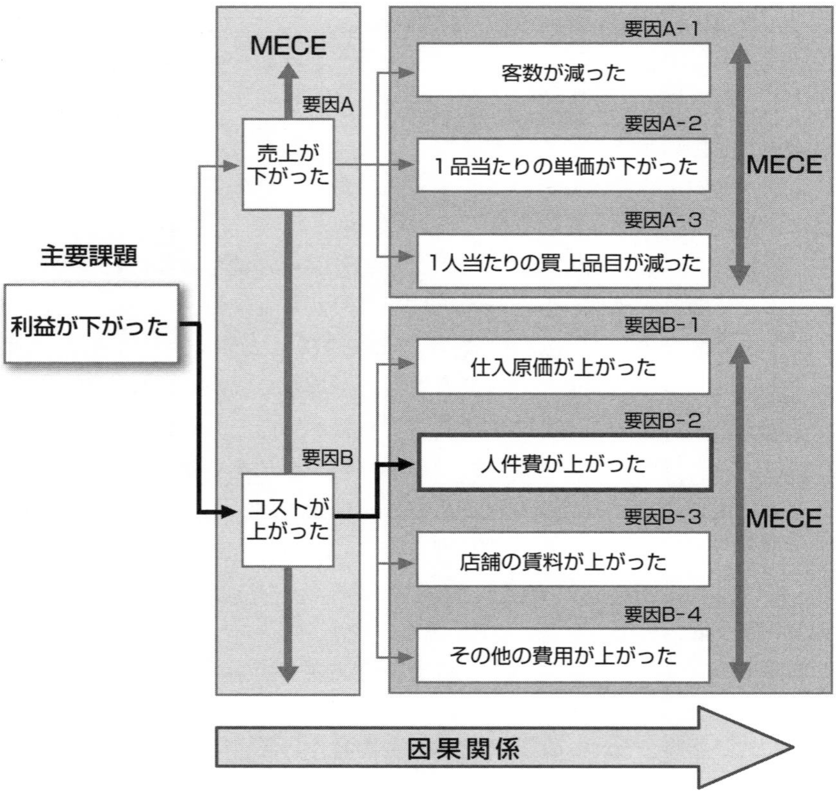

ロジックツリーを作成したときに確認する項目は、「①主要課題と要因Ａ・Ｂの間、要因Ａと要因Ａ－１・Ａ－２・Ａ－３の間には因果関係が成立しているかどうか」「②要因Ａ・Ｂ、要因Ａ－１・Ａ－２・Ａ－３はMECEであるかどうか」の２点です。

なお、ロジックツリーは打ち手を具体策に落とし込む際にも利用されます。この場合は前述のロジックツリーとは違い、「HOW？（具体的には？）」という質問に答える形で上位要素から下位要素へと展開していきます。

◎ある大学生の打ち手検討でのロジックツリー事例◎

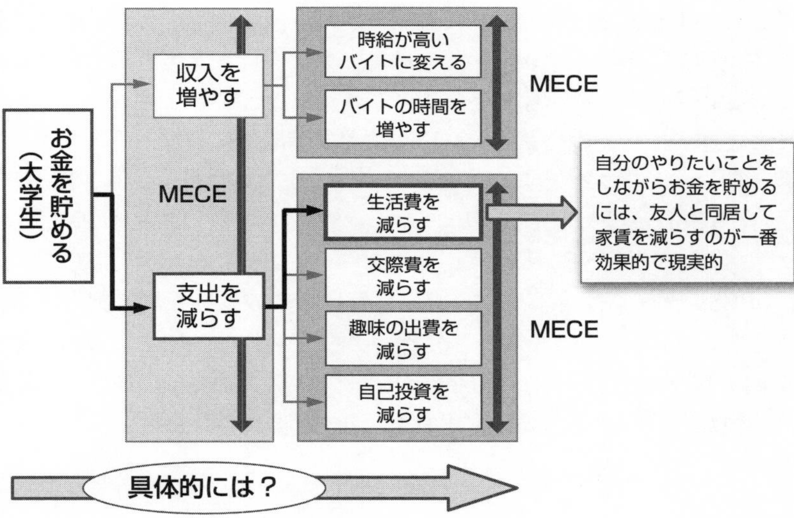

②3

有効な戦略策定のために環境分析をする

6つのフレームワークで内部・外部環境を網羅的に整理する

▶内部・外部の環境を網羅的に整理し、多くの情報の中から示唆を得る

繰り返しになりますが、有効な戦略を策定するためには、自社の内部環境・外部環境を正しく認識することが最初のステップになります。しかし、情報が溢れる現代社会であまたの情報の中から必要なものを取捨選択するだけでも容易ではありません。企業を取り巻く内部・外部の環境を網羅的に整理し、多数の情報の中から戦略策定に向けた示唆を効率的に導出することが環境分析のポイントとなります。

そこで本書では、戦略策定に必要な情報を網羅的に整理・分析するための代表的なフレームワークを紹介していきます。具体的には「①PEST分析」「②５Forces分析」「③バリューチェーン分析」「④VRIO分析」「⑤３C分析」「⑥SWOT分析」という６つのフレームワークについて説明します。

「①PEST分析」と「②５Forces分析」は企業の外部環境を把握するための分析、「③バリューチェーン分析」「④VRIO分析」は企業の内部環境を把握するための分析、「⑤３C分析」「⑥SWOT分析」は内部と外部を統合する視点で分析するものです。順番に見ていきましょう。

◎環境分析の代表的なフレームワーク◎

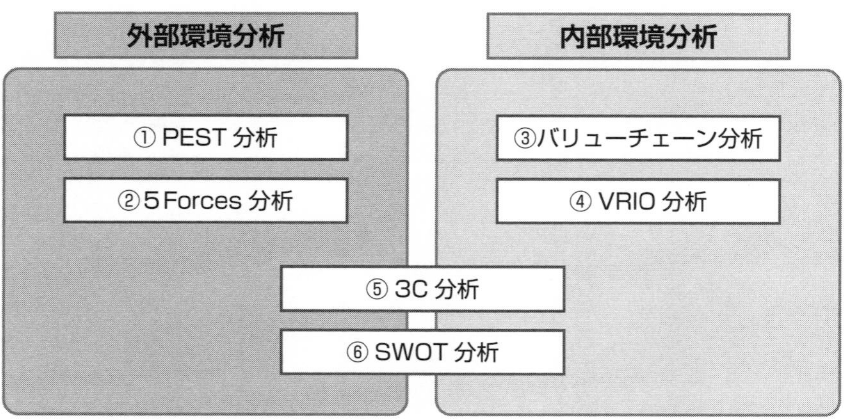

②4 企業を取り巻く外部環境を分析する

PEST、５Forcesが代表的な外部要因の分析手法

▶マクロな視点から外部環境を分析する

PEST分析は、企業を取り巻く外部環境をもっともマクロな視点で分析するフレームワークです。具体的には政治（Politics）、経済（Economy）、社会（Society）、技術（Technology）等、企業では直接コントロールできませんが、企業活動に大きな影響を与える要素の動向を分析します。

PESTとは分析対象となる各要素の頭文字をとったものですが、これは先達が分析すべき重要なマクロ環境の要素をMECEに分解して、この４つの要素を抽出したものといえます。

分析の際には単に表層的な項目を羅列するのではなく、自社およびそのステークホルダーへの影響が高い項目は何か、各要素がなぜ自社に影響を与えるのか、どのように影響を与えるのかを分析することにより、自社の機会と脅威を明らかにしていく必要があります。環境分析のポイントは戦略策定への示唆を導出することですから、情報を整理して満足してはいけません。ロジカルシンキングの技術を活用して事象を構造的に把握し、重要な情報のみを抽出することにより、戦略策定時に示唆ある情報を提供できるのです。このことはPEST分析だけではなく、その他の分析にもあてはまります。

◎PEST分析の概要◎

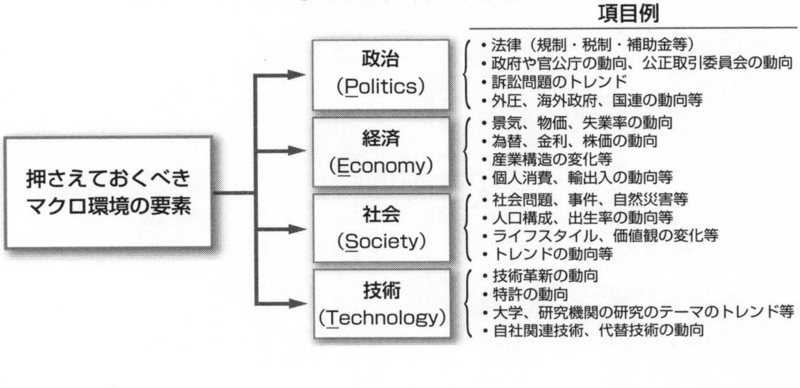

▶業界を分析する代表的な手法である5Forces分析

5Forces分析は業界を分析する代表的な手法であり、ハーバード·ビジネス·スクールのマイケル·ポーター教授が提唱したものです。企業の収益性は、その企業が属する業界そのものの収益性にも大きな影響を受けるので、企業が属する業界の魅力度を分析することが重要になります。5Forcesは「5つの力」という意味であり、ポーターが業界そのものの収益性に影響を与える要素として抽出した「①業界内の敵対関係」「②新規参入の脅威」「③代替品の脅威」「④供給者の交渉力」「⑤顧客の交渉力」の5つを表わしています。

分析の際には、自社が属する業界の収益性に大きな影響を与える要素は何か、その要素はどのように自社に影響を与えるのかを分析することにより、自社の機会と脅威を明らかにしていきます。

また、特定業界への新規参入を検討している場合、その業界の魅力度を分析時に用いるケースもあります。

◎5Forces分析の概要◎

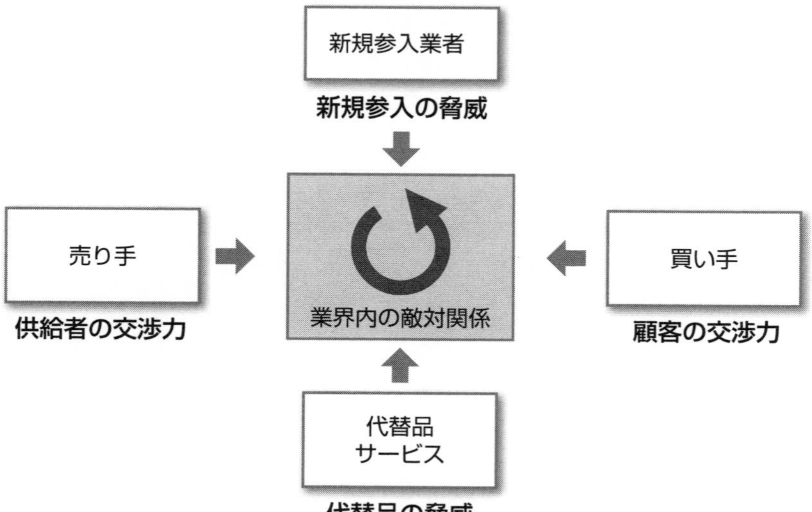

出典：『競争の戦略』（マイケル・E・ポーター 著、ダイヤモンド社）

①業界内の敵対関係

業界内の敵対関係とは、自社が属している業界の競合他社との競争環境の激しさの度合いであり、競争環境が激しい業界は魅力が低いといえます。そのような業界の特徴として、「競合企業が多数存在し、競合企業の規模が同程度である」「業界の市場成長率が低調」「業界内での差別化が困難」「固定費が高いコスト構造」「業界から撤退することが困難」ということが挙げられます。

上記を踏まえて、自社の業界内の現状を俯瞰し、その影響度と自社の機会、脅威となるような変化はないかどうかを分析します。

◎業界内の敵対関係を分析する視点◎

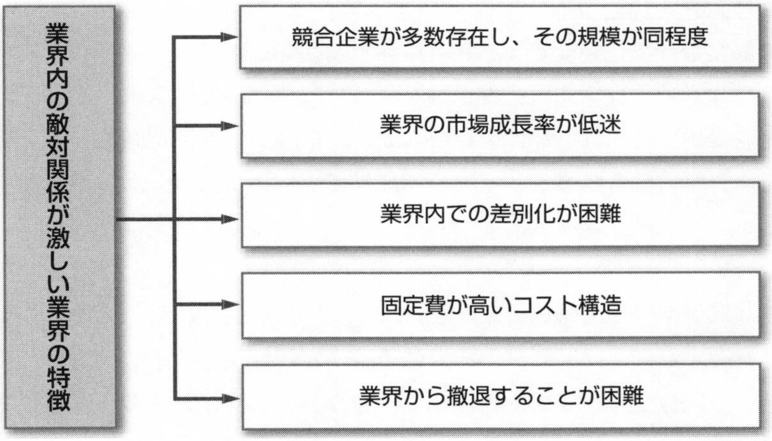

②新規参入の脅威

業界に新たに参入する可能性のある企業が多ければ、業界の競争激化につながるため、業界の魅力は低下します。たとえば、市場が急速に拡大している業界や法律の改正等で規制緩和が進んだ業界に新規参入企業が増加し、競争環境が急速に厳しくなるといった事象はよく目にします。

この脅威の大きさは、その業界の参入障壁の高さによって大きく左右されます。おもな参入障壁として、ポーターは次の要素を挙げています。

◇おもな参入障壁◇

●規模の経済（詳細は64ページを参照）

規模の経済が適用される業界に新規参入しようとする企業は、参入当初から大量生産をしないと競争力が維持できない。このため参入には多額のコストが必要となり、参入障壁が高くなる。

●製品の差別化

既存企業の製品・サービス価値の高さが顧客に認知され、支持されている業界に新規参入する企業は、顧客に自社の製品・サービスを認知させるために多額の広告宣伝費を使わなければならない。そのため、参入するには多額のコストが必要となり、参入障壁は高くなる。

●仕入先を変更するコスト

顧客が仕入先を変更するときに生じる、新しい仕入先を調査するためのコスト、仕入先との関係性をイチから構築するコスト、製品設計等を変更するコスト等が挙げられる。このコストが高い場合、参入者はより魅力的な提案をしなければ成功できないため、参入障壁は高くなる。

●流通チャネルの確保

既存企業によって業界内の流通チャネルが整備されている業界、または、既存企業と流通企業の結びつきが強い業界に新規参入する企業は流通チャネルを確保するのが難しく、販促費などのコスト負担が必要となり、参入障壁は高くなる。

●規模とは無関係なコスト面での不利

既存企業が独占的な製品技術を保有したり、原材料を抑えたりする場合には、参入者は技術を利用・開発するコストや不利な条件で原材料を購入するコスト等の多額のコストが必要になり、参入障壁は高くなる。

●政府の規制

業界への参入に政府の許認可が必要だったり、特定の要件を満たさなければならないような業界では、参入障壁は高くなる。

◎参入障壁の種類◎

出典：『競争の戦略』（マイケル・E・ポーター 著、ダイヤモンド社）より作成

また参入障壁の他にも、業界内の既存企業による報復行動の大きさも新規参入に影響を与えるといわれています。既存企業がすばやく、大掛かりな報復行動に出れば、新規参入企業は新たなコスト負担を強いられるからです。

③代替品の脅威

業界の商品・サービスと同じ機能を持つ代替品ができれば、その業界の商品・サービスの相対的な価値は低下するため、業界の魅力は低下します。たとえば、ポケットベルがメール機能のついた携帯電話という代替品の出現により急速に衰退していった事例は、この典型例といえるでしょう。

これに関連して、ハーバード・ビジネス・スクールの教授だったセオドア・レビットが「顧客が求めているものはドリルではなく『穴』である」という有名な言葉を残しています。これはドリルよりも効果的に「穴」という機能を提供する製品・サービスがあれば、顧客はドリルを買わなくなることを示唆しています。たとえば、顧客はカミソリが欲しいわけではなくヒゲを剃（そ）りたいだけなので、電気シェーバーのほうが効果的にヒゲを剃ってくれると感じた顧客はカミソリを買わなくなりました。

◎代替品の脅威◎

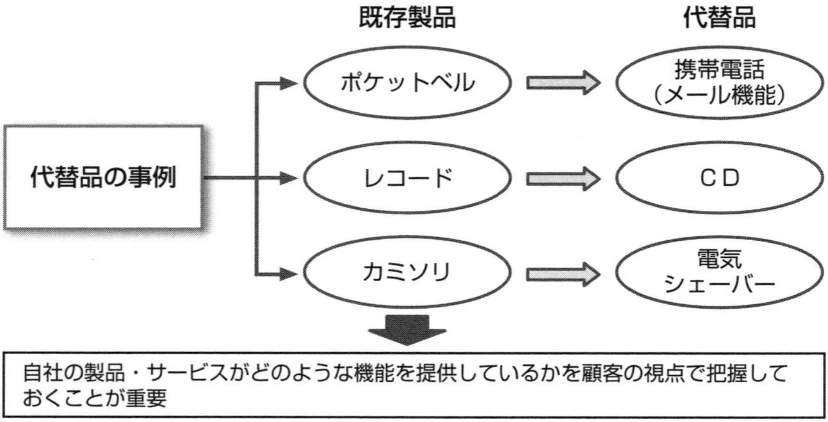
既存製品
代替品
代替品の事例
ポケットベル
携帯電話（メール機能）
レコード
CD
カミソリ
電気シェーバー
自社の製品・サービスがどのような機能を提供しているかを顧客の視点で把握しておくことが重要

④供給者の交渉力

原料メーカーなど売り手の力が強い場合、価格交渉等で不利になって業界の利益を圧迫するため、業界の魅力は低下します。「供給業者の業界が寡占状況にある」「その業界にとって供給業者の商品・サービスに代替するものが存在しない」「供給業者にとってその業界が重要でない」「供給業者を替えるコストが高い」場合に、供給者の交渉力が高まるといわれています。

たとえば、パソコンメーカーにとってのインテルやマイクロソフトの製品は、顧客への価値につながる非常に重要な部品であるために重要度が高く、供給者の交渉力がとても強い状態にあるといえます。

◎供給者の交渉力を分析する視点◎

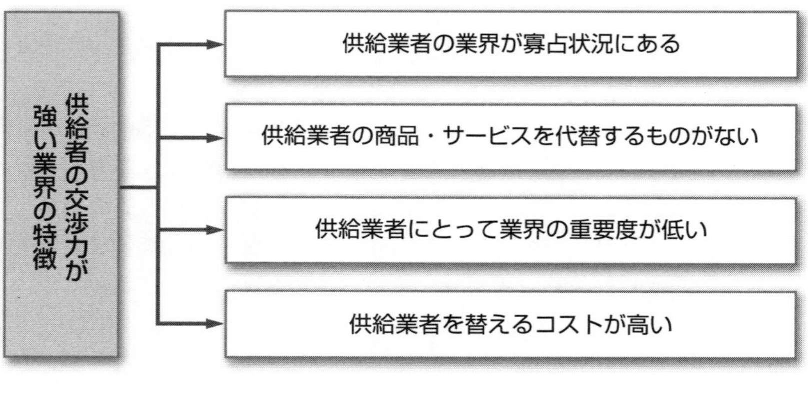
供給者の交渉力が強い業界の特徴
供給業者の業界が寡占状況にある
供給業者の商品・サービスを代替するものがない
供給業者にとって業界の重要度が低い
供給業者を替えるコストが高い

⑤顧客の交渉力

製品・サービスを購入する顧客が業界に対して強い影響力を持つとき、業界の魅力は低下します。「顧客が商品・サービスに関して多くの情報を持っている」「商品・サービスが差別化されていない」「顧客にとってその業界の商品・サービスの位置づけが低い」「顧客が仕入先を替えるコストが低い」場合に、顧客の交渉力が高まるといわれています。とくに、インターネットの普及により消費者の情報量が増えたことは、消費者向け商品・サービスを扱う業界にとって、顧客の交渉力を強化させる大きな要因となっています。

◎顧客の交渉力を分析する視点◎

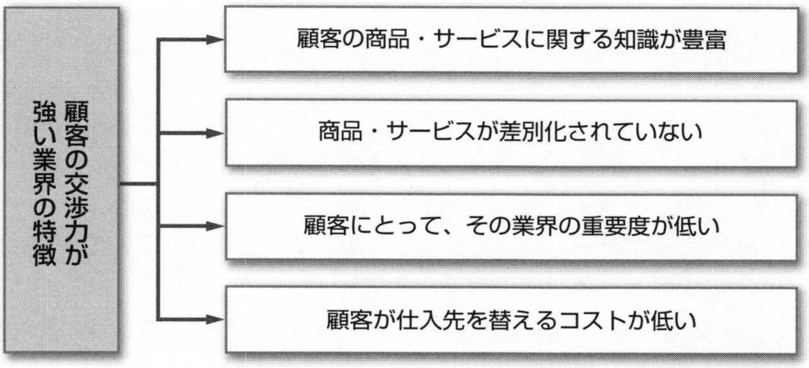
顧客の交渉力が強い業界の特徴
顧客の商品・サービスに関する知識が豊富
商品・サービスが差別化されていない
顧客にとって、その業界の重要度が低い
顧客が仕入先を替えるコストが低い

以上のように、5Forces分析では、①～⑤について、業界の各プレイヤーの動向も確認し、その影響度と自社の機会、脅威となるような変化はないかを分析します。

②5 企業の内部環境を分析する

バリューチェーン、VRIO分析が代表的な内部要因の分析手法

▶企業活動を客観視できるバリューチェーン分析

バリューチェーンとは、「価値連鎖」という意味です。バリューチェーン分析とは、企業の活動を顧客に価値を提供するための連鎖のようにとらえることによって各企業の活動を客観的に分析し、強み・弱みを明らかにすることを目的としたフレームワークです。

このフレームワークもポーターによって考案されたもので、ポーターが企業活動をMECEに分解したものと理解すればわかりやすいと思います。具体的には、企業の活動を大きく「主活動」と「主活動を支援する支援活動」に分けています。一般的に製造業であれば、原材料を仕入れ（購買物流）、それを元に製品を製造（製造）、消費者あるいは流通業者に出荷（出荷物流）、消費者に販売（販売・マーケティング）、メンテナンスなどのアフターサービス（サービス）を実施します。このようなモノの流れに直接関係する活動をポーターは主活動と分類しています。そして、それを支援する全般管理、人事・労務管理、技術開発、調達活動を支援活動に分類しています。

情報システムに関する重要性の高まりから、最近では情報システムを全般管理から独立させて、５つの支援活動として分析するケースも散見されます。

◎バリューチェーン分析◎

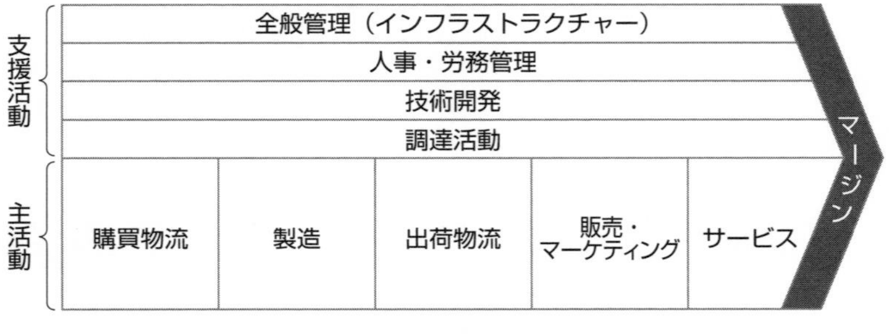

出典：『競争優位の戦略』（マイケル・E・ポーター 著、ダイヤモンド社）

個別に見ると、バラバラなことも多い企業の活動をバリューチェーンの各機能に要素分解してとらえることによって、自社と他社の強み・弱みを相対化して把握できます。後述する３C分析の自社や競合の強み・弱みの把握にこのフレームワークがよく用いられるのはそのためです。

また、業界のKFS（Key Factor for Success：重要な成功要因）がどの要素かを明らかにし、自社の活動が一致しているかどうかを検証する場合にも用います。

◎バリューチェーンと成功要因◎

	調達	開発	生産	マーケティング	販売	物流	サービス
KFSの例	・大量購入による価格交渉力 ・原料確保 ・相場対応	・デザイン ・設計開発スピード ・特許での技術攻防	・生産コスト ・精密加工 ・品質管理	・広告宣伝 ・品揃え ・ブランドイメージ	・訪問頻度 ・営業員数 ・顧客の組織化	・迅速さ ・小口対応 ・エリアのカバー	・クレーム対応 ・定期点検 ・24時間サービス
業界の例	・金属 ・量販	・製薬 ・航空機	・造船 ・半導体	・旅行代理店 ・化粧品	・保険 ・医薬	・コンビニ ・文具	・複写機 ・エレベーター

出典：『MBA経営戦略』（グロービス・マネジメント・インスティテュート 編著、ダイヤモンド社）より作成

また、バリューチェーン分析を行なう際には前述のMECEの概念を活用して分析対象業界の特性にあった要素に分解して分析することが多いので、とくにポーターの括りに縛られる必要はありません。

◎バリューチェーンの主活動項目例（小売業の場合）◎

▶優位性をもたらす内部環境を分析するVRIO分析

VRIO分析は競争優位性をもたらす企業の内部環境を分析する代表的な手法で、オハイオ州立大学経営学部フィッシャー・ビジネススクールのジェイ・B・バーニー教授が提唱したものです。VRIOとは、企業の持つ経営資源が持続的な競争優位を発揮するか否かを確認する４つの視点の頭文字をとったものとなります。

◇VRIO分析の４つの視点◇

●経済価値（Value）

企業が外部環境における機会をうまくとらえることに貢献するか、脅威を少なくすることに貢献できるか否かで、経営資源を評価する視点

●稀少性（Rarity）

その資源を保有しているのが、ごく少数の競合企業かどうかで経営資源を評価する視点

●模倣困難性（Inimitability）

競合他社が容易に模倣できるか否かで経営資源を評価する視点

●組織適合性（Organization）

その経営資源を十分に活用できるような仕組みが整っているかどうかで評価する視点

上記の視点で保有する経営資源が持続的な競争優位をもたらすものか、自社で活用できるものなのかどうかを明らかにすることにより、自社の強みと弱みを明確にしていきます。

経済価値、稀少性、模倣困難性という３つの視点は経営資源の優位性を評価するための視点ですが、組織適合性の視点はその資源を企業が有効に活用し、高い業績に結びつけられるかどうかを確認する視点になります。

◎VRIO分析の概要◎

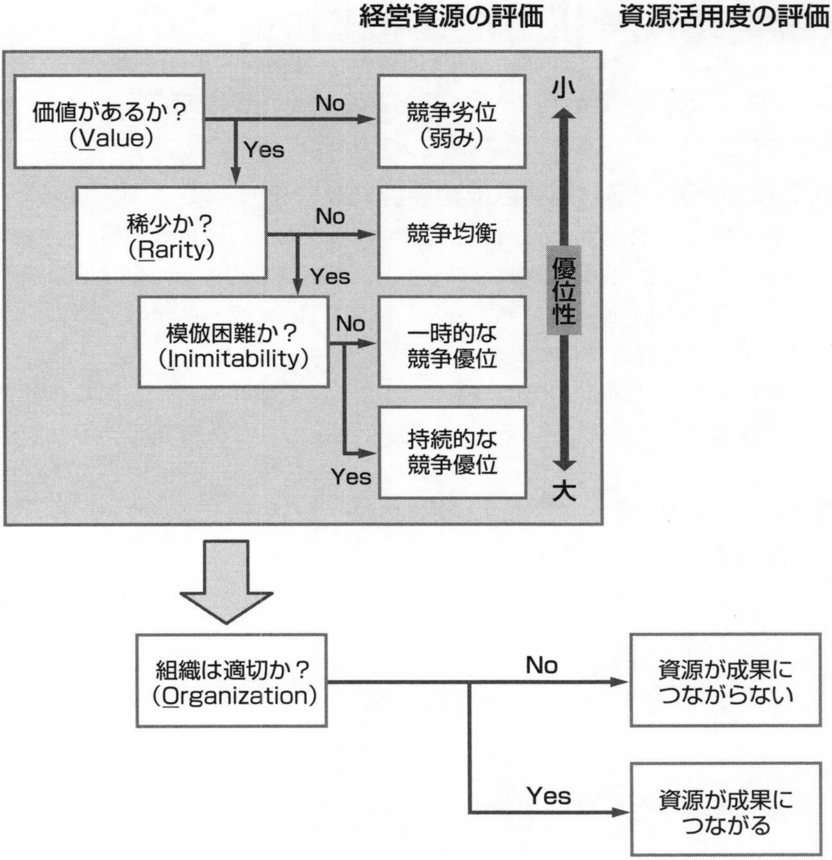

出典：『企業戦略論（上）基本編』（ジェイ・B・バーニー 著、ダイヤモンド社）より作成

このフレームワークは、「企業が持続的な競争優位性を獲得するためには、単に競合の模倣ではなく、自社が保有する価値・稀少性・模倣困難性という３つの視点を満たす資源を開発・蓄積していくほうがよい」という考え方に基づいています。また、企業がその優位性を業績に結びつけるには、それらの経営資源を有効に活用できる仕組みを整える必要があることまで示唆しています。この仕組みに関しては第３章を参照してください。

②6 統合環境分析で企業を多角的に分析する

３C分析、SWOTで外部・内部要因の分析結果を統合する

▶３C分析でKFS（重要な成功要因）を探る

３Cとは、「顧客（Customer）」「競合（Competitor）」「自社（Company）」の頭文字をとったものであり、これら３つの視点から市場の現状を分析することを３C分析といいます。顧客・競合他社分析が外部分析にあたり、自社分析が内部分析にあたります。

分析の主たる目的は、その市場のKFS（重要な成功要因）を探ることです。なかには流通チャネル（Channel）を加えて４C分析としたり、アライアンスパートナー（提携パートナー：Co-operator）を加えて４C分析とする場合もありますが、市場の構造をどのような切り口で整理するかという視点が異なるだけで、その目的は変わりません。

◎3C分析の概要◎

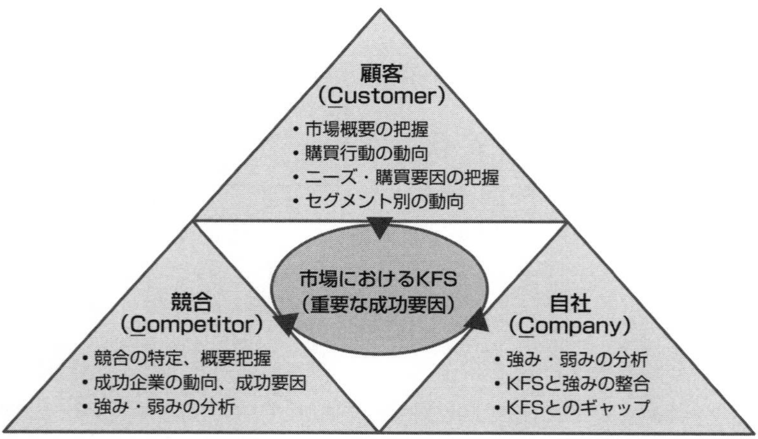

顧客（Customer）の視点では、市場の規模、トレンドや商流といった概要を踏まえたうえで、顧客の購買行動やニーズの動向を把握して、主要購買要因を明確化します。また、市場セグメント別の顧客動向も把握します。競合（Competitor）の視点では、市場シェアやコスト構造等の概要

を把握したうえで、自社にとっての競合を特定し、強み・弱みを分析します。そして、市場で成功している企業を探し、その企業がなぜ成功しているのかを把握します。顧客と競合の２つの視点の分析から、市場における成功要因を導出します。一方で、自社（Company）の視点では強み・弱みを分析し、KFSと自社の強みとの整合性やKFSとのギャップを把握することにより自社のとるべき打ち手の方向性を検討します。

競合や自社を分析する際には、48ページで説明したバリューチェーン分析や、50ページで説明したVRIO分析のフレームワークを用いることが多く、これらの分析とオーバーラップしているといえます。

▶SWOT分析で企業の内部環境と外部環境の４要素を把握する

SWOTとは、「強み（Strength）」「弱み（Weakness）」「機会（Opportunity）」「脅威（Threat）」の頭文字をとったものです。SWOT分析は、自社または特定事業を取り巻く環境を「企業の内部環境の強み・弱み」「外部環境における機会・脅威」の４つの要素に分けて網羅的に把握するためのフレームワークです。

SWOT分析は２段階に分けることができます。

①環境分析の結果を強み・弱み・機会・脅威の視点で整理する

第１段階では、内部・外部環境分析の結果を４つの視点で整理します。このフレームワークは、これまで紹介してきた外部環境分析と内部環境分析をまとめる役割を果たします。

◎SWOT分析①：分析結果を整理する◎

	⊕要因	⊖要因
内部環境	Strength 強み	Weakness 弱み
外部環境	Opportunity 機会	Threat 脅威

この際、客観的な視点で事象を検証することが重要になります。“強み”との声が社内で多く聞かれた項目が、顧客の視点で検証してみると実は“弱み”だったということはよくあります。単に思い込みの場合もありますが、環境変化に起因する場合もあります。過去においては強みだったけれども、環境変化によって現在では強みではなくなっているケースです。

たとえば、自社の強みにあぐらをかいている間に、競合が技術革新でより優れた技術を開発していたということもあります。また、多くの中小流通チャネルと良好な関係を築いていたことがいままでは強みとして考えられていましたが、押さえていた流通チャネルが衰退し、新興流通勢力が顧客の支持を獲得しているケースでは、強みであった既存チャネルとの良好な関係性が環境変化によって弱みとなっている可能性が高いといえます。

逆に「うちには強みなんてない」という悲観的な声が多く聞かれる企業でも、実際は組織が蛸壺（たこつぼ）化して社内の情報が把握できていないだけであり、顧客の視点で検証してみると有望な技術が社内で眠っているケースもあります。

またチャネルのケースのように、いままでは「既存チャネルと良好な関係を築けていない」ことが弱みだったものが、環境変化によって「中小チャネルとの関係という制約がない」という強みに変わっているケースもあります。環境変化にともなって強み・弱みが変化すること、そしてこの強みと弱みはコインの裏表のような関係にあることが多いことを忘れてはいけません。

②４要素を組み合わせて打ち手の方向性を具体化する

第２段階として、SWOTのマトリックスの各要素を組み合わせて、環境変化に対応するための打ち手の方向性を具体化していきます。具体的には次のような４点を検討します。

◇SWOT分析での検討点◇

①自社の強みを活用できる市場機会を発見することにより、勝ちパターンを構築できないか
②自社の強みで市場の脅威を回避できないか
③自社の弱みで市場機会を逃さないための対応策はないか
④自社の弱みで市場の脅威が現実のものとならないような打ち手はないか

この分析の結果として、自社の戦略課題が明確になっていきます。

◎SWOT分析②：打ち手の方向性を具体化する◎

		内部環境	
		強み（S）	弱み（W）
外部環境	機会（O）	強みを活用して機会を取り込むには？	弱みで機会を取りこぼさないためには？
	脅威（T）	強みで脅威を回避するには？	弱みで脅威が現実にならないようにするには？

▶各分析の関係性を理解したうえで組み合わせる

ここまでは、環境分析の際に有用なフレームワークについて紹介してきました。各分析の関係性については、分析の視点がPEST分析 → 5 Forces分析 → 3C分析の順に、マクロからミクロに移行しているといえます。

バリューチェーン分析とVRIO分析は、3C分析の自社分析、競合分析の際に併せて用いられるフレームワークです。これらの分析結果を4つの視点で整理するものがSWOT分析という位置づけになります。

◎各分析の関係◎

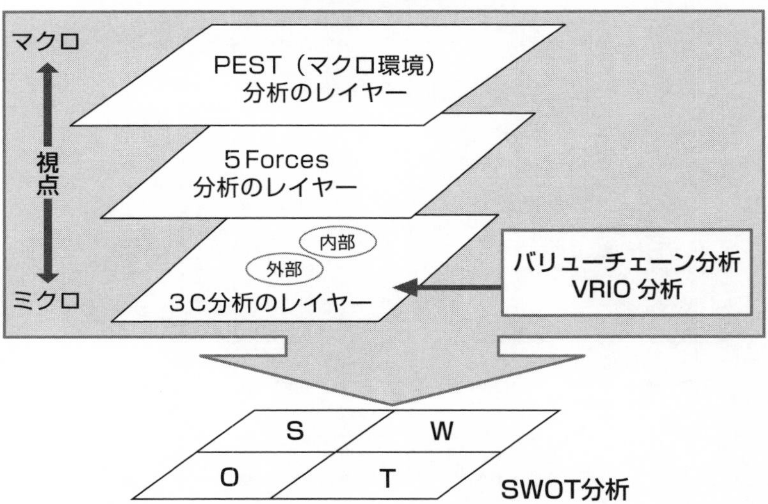

これらの分析結果は互いに関連しています。たとえば、政府が輸入に対する規制を強化した（PEST分析のレイヤー）結果、特定の原料の確保が困難になり、供給業者の交渉力が増し（５Forcesのレイヤー）、国内供給業者との関係性が強い競合の優位性が増す（３C分析のレイヤー）というように各レイヤーの事象に因果関係が認められることもあります。

ロジカルシンキングの技術も活用して、単に情報をフレームワークにあてはめるのではなく、取捨選択され、構造化された情報から有効な打ち手に結びつくような示唆を導出することが環境分析のポイントです。

▶外部要因重視か？　内部要因重視か？

第１章で触れたように、戦略論においては、「企業が競争優位を構築するためには、外部要因（企業が置かれている状況）を重視すべきか、内部要因（企業が持っている強み・能力）を重視すべきか」といった論点が存在します。外部要因を重視する考え方を「ポジショニング理論」といい、５Forces分析を考案したポーター教授が代表的な論者です。内部要因を重視する考え方を「リソース・ベースト・ビュー（経営資源に基づく企業観）」といい、VRIO分析を考案したバーニー教授が代表的な論者です。これらのフレームワークには、競争優位性構築に対する考え方の違いが反映されています。

しかし、これらのフレームワークは補完関係にあると考えることもできます。実務では、いままで紹介してきたように外部環境に関する分析と内部環境に関する分析を行なった後で、SWOT分析でこれらの分析結果を統合して戦略を策定していくことになります。

◎ポジショニング理論 vs. リソース・ベースト・ビュー◎

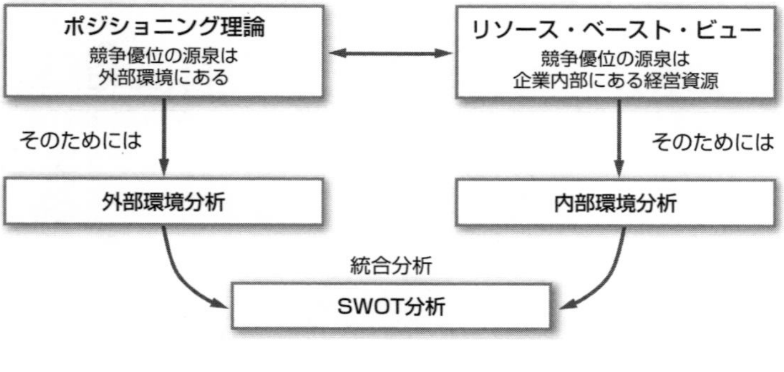

出典：『企業戦略を考える』（淺羽茂／須藤実和 著、日本経済新聞出版）より作成

2 7 適切なドメイン(事業領域)の設定

"思い""現状"を踏まえて、事業としての取り組み範囲を設定する

▶ドメイン（事業領域）は事業・自社の取り組み範囲を示す

ドメイン（事業領域）は、事業・自社として展開する取り組み範囲を示す概念です。具体的な戦略策定に先駆けて、個別事業としての展開範囲、全社としての展開範囲を設定します。

ドメイン設定には、「①基本理念・ビジョンといった企業としての"思い"を基に設定するという側面」「②環境分析によって明らかになった企業が置かれている"現状"を踏まえて設定する」という２つの側面が存在します。

実際の戦略策定の流れにおいては、まずは基本理念やビジョンを踏まえて中長期の広範なドメインを設定したうえで、環境分析を踏まえて注力する範囲を絞り込み、ドメインを見直すというように、２つの側面を考慮しながら、適切なドメインを設定していきます。

ドメインをどう設定するかによって、事業戦略と全社戦略の検討範囲は異なってくるため、戦略策定の前提として、ドメイン設定は重要といえます。

◎ドメイン設定の２つの側面◎

基本理念共有・ビジョン策定
ドメイン（事業領域）設定
環境分析
①企業としての「思い」を基に設定する
○事業・自社としての取り組み範囲を設定する
②企業が置かれている「現状」を基に設定する

▶ドメインは狭すぎても広すぎてもダメ

事業というと、一般的には、「提供する製品・サービスの単位で設定する」というイメージが強いかもしれません。しかし、現状の製品・サービスばかりをベースにドメインを設定すると、狭い範囲での競争に固執してしまい、大きな環境変化に対応できないといった問題が生じます。次項で説明する「マーケティング近視眼」は、その代表例といえます。

一方、あまりに広いドメインを設定してしまう（あるいはドメインをあらかじめ設定しない）と、戦略の検討範囲があまりに広くなってしまうとともに、投下できる資源が分散してしまうというリスクがあります。戦略策定のポイントで示したように、有限な経営資源・時間を使って優位性を構築するためには、優先順位（メリハリ）をつける、「選択と集中」を実施することがポイントになりますので、広すぎるドメイン設定は望ましくありません。

以上のように、「過度に集中してしまい柔軟性を失う」「あまりに対象が広すぎて経営資源が分散してしまう」といったリスクを防ぐために、適切な範囲のドメインを設定することが求められます。

◎事業領域の適切な範囲◎

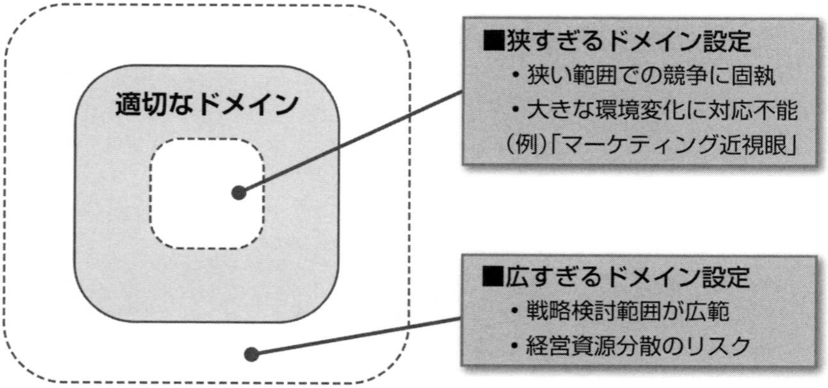

▶「マーケティング近視眼」に学ぶ顧客視点の重要性

ドメインの設定を語るうえでの代表的な理論として、レビットによる「マーケティング近視眼」があります。

レビットが取り上げている有名な事例として、「鉄道会社の衰退」があります。彼は、「鉄道会社は、自社のドメインを“鉄道事業”ととらえた結果、顧客から見ると代替的な手段である自動車（乗用車・トラック）、航空機等の台頭に対応できず衰退してしまった。本来であれば、ドメインを“輸送事業”ととらえるべきだった」と指摘しています。

同様に映画会社の衰退についても、「映画会社は自社のドメインを“映画事業（映画を制作する事業）”ととらえたため、環境変化に対応できずに衰退したが、本来は“娯楽事業（娯楽を提供する事業）”ととらえるべきだった」としています。

このように、ドメインを設定する際に、自社が現在提供している事業形態、現在保有している経営資源にとらわれることなく、顧客の視点に立って、「顧客にとってどのような価値を提供しているのか」を考慮に入れてドメインを設定することが重要となります。

◎セオドア・レビットの「マーケティング近視眼」◎

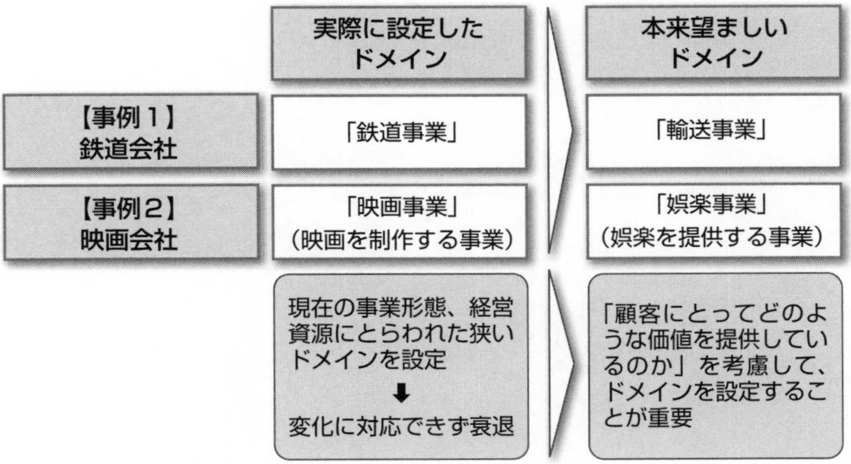

▶“誰に”“何を”“どうやって”提供するかがポイント

「マーケティング近視眼」の考え方を踏まえて、一般的に、ドメイン設定を考える視点として、経営学者のデレク・エイベルが提唱した３つの要素（CFT）があります。

エイベルはレビット同様、顧客の視点を重視し、自社は事業として、どんな「顧客（Customer）」に提供するのか、顧客にどんな「機能（Function）」を提供するのか、自社のどんな「技術（Technology）」によって提供するのか、という３つの要素を踏まえてドメインを設定する方法を提唱しています。この「誰に」「何（どんな機能）を」「どうやって」提供するかを定義することこそがドメインの設定であるといえます。

このドメインにおける3つの要素の考え方は、具体的な戦略策定にも密接に関係しています。たとえば、「コア・コンピタンス」論は自社が提供する「機能」と「技術」に着目して戦略の方向性を検討する理論であり(91ページを参照)、「アンゾフのマトリックス」は、現状の「顧客」と「機能」「技術（製品）」とをベースに新規事業戦略の方向性を考える方法といえるでしょう（77ページを参照)。このような点からも、事業戦略および全社戦略の策定の前提として、ドメインを設定することは欠かせません。

◎デレク・エイベルの「CFT」◎

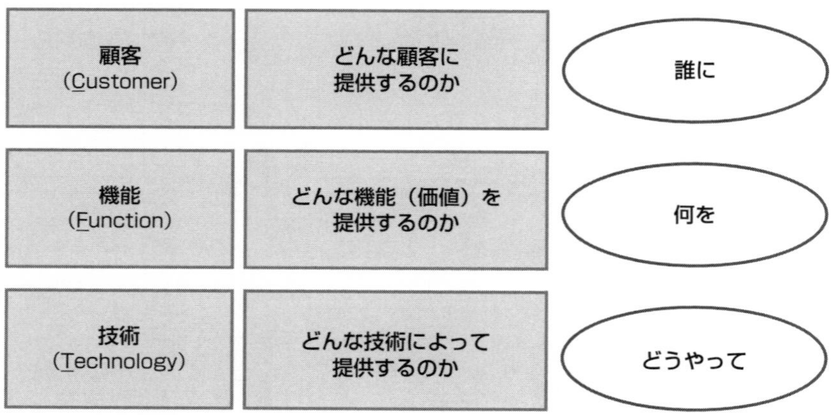

2 8

3つの基本戦略と競争地位別の戦略類型が事業戦略の定石

特定事業で、顧客からの支持獲得競争にいかに勝つかを検討する

▶環境分析結果を基にドメインを具体化し、施策に落とし込む

本節では事業戦略を策定する際の定石について紹介します。事業戦略は単一の事業に関する戦略でその事業において高収益を確保するために、競合に対していかにして差別的優位性を構築し、顧客からの支持を獲得していくのかという点が焦点となります。具体的には環境分析の結果を基にドメイン（事業領域）を具体化し、具体的な施策に落とし込んでいきます。

事業戦略を考える際には過去の研究から最善とされる打ち手策定のポイントがあります。これは将棋や囲碁の定石のようなもので、戦略策定時に多くの示唆を与えてくれます。本書では代表的な事業戦略の定石として、ポーターの３つの基本戦略とコトラーの競争地位別の戦略類型について説明します。ポーターはどのように競争優位を構築するのかという観点から、コトラーは企業の市場における競争地位という観点から必要な打ち手を類型化しており、実際の事業戦略策定時にはそれぞれの観点から打ち手を吟味（ぎんみ）することが必要になります。

▶ポーターが提唱する業界で競争優位を築くための定石

ポーターは前述した業界全体の収益性に影響を及ぼす５Forcesに対処し、業界内で持続的な競争優位を築くための戦略としてコスト・リーダーシップ戦略、差別化戦略、集中戦略という３つの基本戦略を挙げています。

◇３つの基本戦略の内容◇

●コスト・リーダーシップ戦略

業界全体の広い顧客をターゲットにし、他社のどこよりも低いコストを実現することにより競争に勝とうとする戦略。

●差別化戦略

業界全体の広い顧客をターゲットにし、他の企業が持たない特徴で他社との差別化を実現することにより競争に勝とうとする戦略。

●集中戦略

業界の特定市場に的を絞って経営資源を集中し競争に勝とうとする戦略。具体的には、特定市場でコスト優位に立って競争に勝とうとする「コスト集中戦略」、特定市場で差別化を実現し競争に勝とうとする「差別化集中戦略」がある。

◎ポーターの基本戦略◎

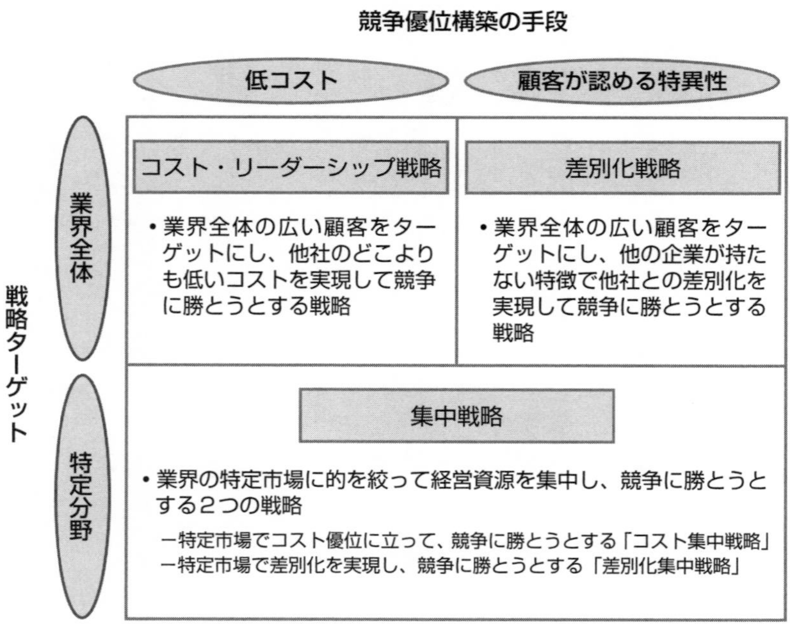
競争優位構築の手段
低コスト
顧客が認める特異性
戦略ターゲット
業界全体
特定分野
コスト・リーダーシップ戦略
・業界全体の広い顧客をターゲットにし、他社のどこよりも低いコストを実現して競争に勝とうとする戦略
差別化戦略
・業界全体の広い顧客をターゲットにし、他の企業が持たない特徴で他社との差別化を実現して競争に勝とうとする戦略
集中戦略
・業界の特定市場に的を絞って経営資源を集中し、競争に勝とうとする2つの戦略
ー特定市場でコスト優位に立って、競争に勝とうとする「コスト集中戦略」
ー特定市場で差別化を実現し、競争に勝とうとする「差別化集中戦略」

出典：『競争の戦略』（マイケル・E・ポーター 著、ダイヤモンド社）より作成

業績不振企業の多くはどの基本戦略も採用していないか、採用していたとしても短期間で戦略を転換してしまう等、戦略に一貫性がないために競争に敗れているといわれています。

①コスト・リーダーシップ戦略

コスト・リーダーシップ戦略をとる企業では競争優位の源泉をコスト優位性に求めるので、「他社よりも低いコストをいかに実現するか」に戦略の焦点が置かれます。

実現のための打ち手としては、「規模の経済（次ページを参照）」の実現、「経験曲線効果（85ページを参照）」の活用、仕入価格やオペレーションコストの削減等が挙げられます。たとえば、大規模生産設備への投資を他社に先駆けて行ない、低めの価格設定によりマーケットシェアを高めようとします。これによって「規模の経済」が働くと同時に、累積生産量も高まるので、「経験曲線効果」によりさらなるコスト優位性が働くという好循環を手に入れることができます。

◎コスト・リーダーシップ戦略◎

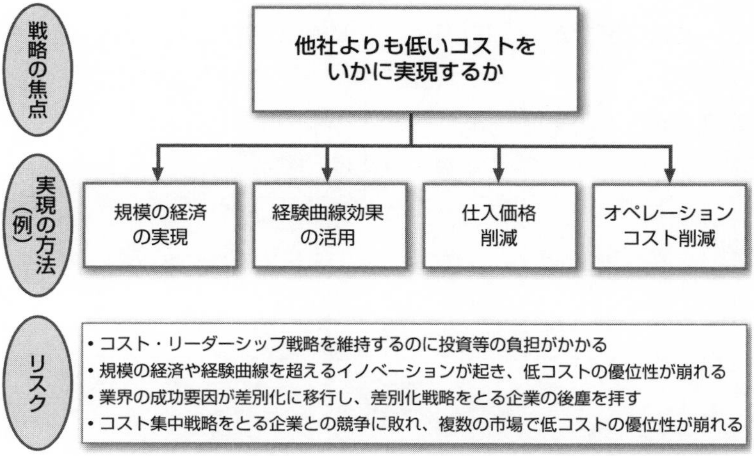

他社に対するコスト優位性を確立できれば、業界の収益性に影響を与える５つの脅威を自社の強みで回避して持続的な競争優位を確保できるといわれています。具体的には、業界の敵対関係に対しては「低コストにより平均以上の収益を確保できる」、新規参入の脅威に対しては「規模の経済を中心とした参入障壁を築ける」、代替品の脅威に対しても「同業者よりは有利な立場を確保できる」、顧客の交渉力・供給者の交渉力に対しては、「顧客の値引き要求や供給者の値上げ要求に対しても柔軟に対応できる」ようになります。

◇規模の経済とは？◇

規模の経済とは、生産量の増加によって製品単位当たりのコストが下がり、効率が上がることを指す。ではなぜ、生産量が増加すると製品単位当たりのコストが減少するのか？　おもな理由として、「生産量が増加するほど固定費が分散される」「大量購買することによって値引きの要求が通りやすくなる」という２点が挙げられる。

生産量が増加するほど固定費が分散されることについて、ラーメン店の開店を例に説明する。コストは生産量に比例して増える変動費と、生産量とは関係なく一定量発生する固定費に分解できる。原材料にかかるお金等は、生産量に連動して増加するので変動費となる。店の賃料、食器、店舗設備にかかるお金等は生産量が変わっても一定なので、固定費となる。１日の売上が50,000円でも100,000円でも、かかるコストが一定であれば、固定費に関してはたくさんつくったほうのコスト効率がよくなる。

◎生産量と固定費の関係◎

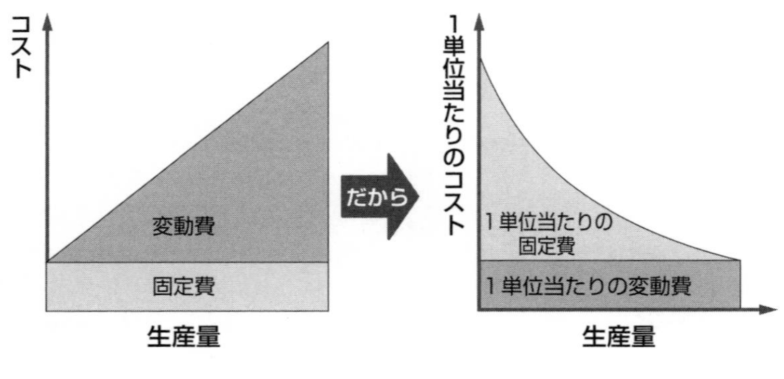

②差別化戦略

差別化戦略をとる企業では競争優位の源泉を独自性に求めるので、「競合他社といかに差別化して、顧客から評価を獲得するか」ということに戦略の焦点が置かれます。

差別化を実現するための打ち手はたくさんありますが、競争優位を一時的なものではなく、持続的なものとするためには、一時的な製品・サービスレベルの差別化ではなく、自社独自の経営資源を活用した事業の仕組みレベルでの持続的な差別化が必要になるといわれています。そのためには、前述のVRIO分析を活用した打ち手の立案が効果的です。最近では多くの企業がブランド等をキーワードに、事業の仕組みレベルでの差別化をめざしています。

他社に対する差別化で顧客からの評価を獲得できれば、業界の収益性に影響を与える５つの脅威を自社の強みで回避して、持続的な競争優位を確保できるといわれています。具体的には、「業界内の敵対関係」に対しては高い顧客ロイヤルティにより、高マージンでの販売が可能になり、「新規参入の脅威」に対してはブランド力が参入障壁として機能し、「代替品の脅威」に対しても同業者よりは有利な立場を確保でき、「顧客の交渉力」に対しては独自性で優位に立つことができ、「供給者の交渉力」に対しては高マージンのため柔軟な対応が可能になります。

◎差別化戦略◎

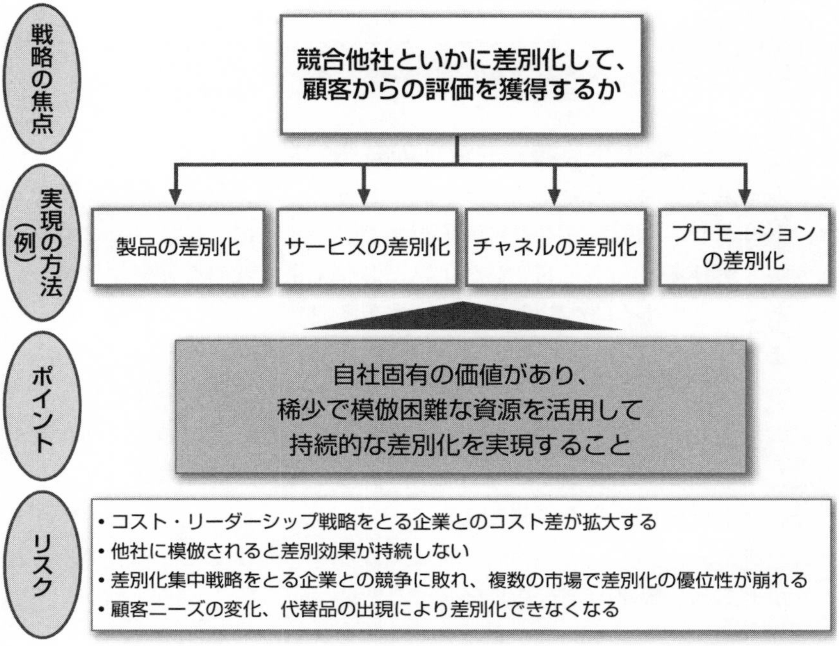

戦略の焦点
競合他社といかに差別化して、顧客からの評価を獲得するか
実現の方法（例）
製品の差別化
サービスの差別化
チャネルの差別化
プロモーションの差別化
ポイント
自社固有の価値があり、稀少で模倣困難な資源を活用して持続的な差別化を実現すること
リスク
• コスト・リーダーシップ戦略をとる企業とのコスト差が拡大する
• 他社に模倣されると差別効果が持続しない
• 差別化集中戦略をとる企業との競争に敗れ、複数の市場で差別化の優位性が崩れる
• 顧客ニーズの変化、代替品の出現により差別化できなくなる

③集中戦略

集中戦略をとる企業では、経営資源の分散を防ぐために特定セグメントに経営資源を集中し、低コストまたは差別化によってそのセグメントにおける競争優位を構築します。具体的には、「製品・サービス」「顧客層」「エリア」等の分野の絞込み等が挙げられます。自動車業界で小型車・軽自動車に資源を集中しているスズキがその好例です。

集中戦略に成功することは、特定分野においてコスト優位性または差別化を確立していることになるので、その分野において5つの脅威を自社の強みで回避して、持続的な競争優位を確保できるといわれています。

◎集中戦略◎

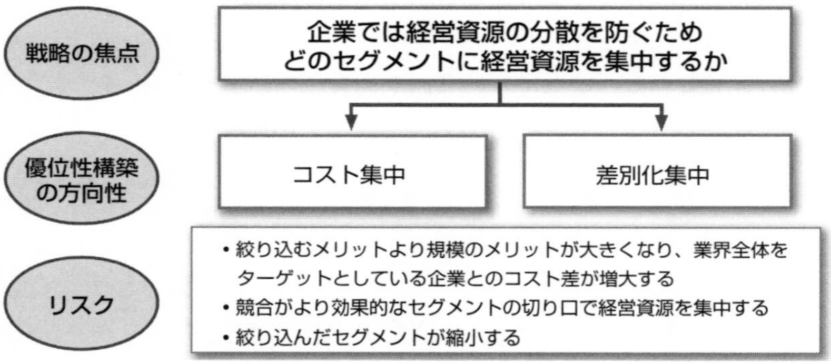

▶コトラーが提唱する競争地位別の戦略の定石

どの企業でも同じ視点で戦略を検討すればよいのでしょうか？　たとえば、トヨタとスズキが日本の自動車市場において、あるいはコカ・コーラとカゴメが日本のソフトドリンク事業において事業戦略を検討する場合には、とるべき事業戦略への考え方がそもそも異なるのではないかという気がします。

このことについて、ノースウエスタン大学ケロッグスクールのフィリップ・コトラー教授は、「業界における競争上の地位によってとるべき戦略の定石は異なる」として「競争地位別の戦略類型」という考え方を示しました。コトラーは企業を業界内の競争地位に応じて「①リーダー」「②チャレンジャー」「③ニッチャー」「④フォロワー」の4つに分類して、それぞれがとるべき戦略の定石を規定しました。

◎競争地位別の戦略類型◎

	特徴	戦略の方針	戦略定石
リーダー	業界トップであり、質的にも量的にも競合よりも優位な資源を保有	全方位	・周辺需要拡大 ・同質化 ・非価格対応
チャレンジャー	業界上位だが、リーダー企業に比べて相対的に経営資源が劣位	差別化	・リーダー企業の制約をつくような差別化戦略
ニッチャー	業界上位ではないが、特定領域において独自の地位を築けるだけの技を保有	集中化	・特定セグメントに特化して、その中でミニ・リーダーとなる
フォロワー	量的にも質的にも競争優位を発揮できるような経営資源を持たない	効率化 （模倣）	・上位企業の模倣による効率的利潤確保 ・将来に向けた経営資源蓄積

まず、リーダーとは業界の市場シェアがトップの企業で、量的にも質的にも優れた経営資源を保有している企業です。日本の自動車業界におけるトヨタをイメージすればわかりやすいでしょう。

次にチャレンジャーは、市場で２番手のシェアを持つ企業群に属し、リーダー企業に挑戦している企業です。日本の自動車業界における日産やホンダといえます。

ニッチャーとは、市場シェア上位のリーダーやチャレンジャーと棲み分けており、特定領域において規模は小さくても、独自の地位を築くことに成功している企業を指します。日本の自動車業界において、軽自動車や小型自動車で独自の地位を築いているスズキをイメージすればわかりやすいでしょう。

最後にフォロワーとは、リーダーの動きに追随する市場シェア下位の企業で、チャレンジャーのようにすぐにリーダーの地位を狙うことができない企業で、かつ、ニッチャーのように特定領域で独自の地位を築けていない企業を指します。

企業がどの競争地位に属するのかに関しては、その企業が保有する経営資源の質と量を業界内で比較することによっても分類できます。

◎相対的経営資源による企業の分類◎

経営資源の質 ＼ 経営資源の量	大	小
高	リーダー	ニッチャー
低	チャレンジャー	フォロワー

出典：『統合マーケティング』（嶋口充輝 著、日本経済新聞社）より作成

①リーダーの戦略

業界トップであり、質的にも量的にも競合より優位な資源を保有するリーダー企業の戦略の方針は、基本的には全方位です。市場内の競争だけではなく、市場全体の発展にも気を配ります。また、競争に関してはもっとも魅力的な市場を優先しながらも、周辺市場についても対応してきます。おもな打ち手としては、「周辺需要の拡大」「同質化」「非価格対応」が挙げられます。

◇リーダーの戦略の詳細◇

●周辺需要拡大

リーダー企業は、市場全体の規模が拡大すればもっとも得をするので、積極的に市場全体を育成する。市場全体の規模を育成するための打ち手として、コトラーは新規ユーザーの探索、新しい用途の開発・使用量の増加を挙げている。たとえば、エステ業界が男性向けサービスを開発、プロモーションしているのは新規ユーザーの探索にあたる。また、大塚製薬が「ポカリスエットはお風呂上がりやお酒を飲んだあとの水分補給にも適している」という新しい商品の使い方を消費者に提案することにより、売上を伸ばそうとしたのは新しい用途開発にあたるといえる。

●同質化

同質化競争を展開すると、経営資源の大きいほうが優位であるため、リーダー企業は同質化対応する。たとえば、シェア下位の企業が斬新な商品を開発した際に、リーダー企業が迅速に同様の商品を導入すれば、チャネルカバレッジ（流通経路ごとの市場配荷率）や過去のイメージ等、他の要素での優位性を活かして効率的に収益を上げることができる。松下電器（現パナソニック）が「マネシタ」と揶揄（やゆ）されていた裏には、家電メーカーのリーダーであった同社の同質化対応があった。

●非価格対応

業界トップのリーダー企業が値引きをすれば、競合他社もそれに追随する可能性が高く、結果的に、業界全体が低価格化のために利益を減少させる。この場合に、最大シェアを持つリーダーがもっともダメージを受ける。また、価格を下げたことによりイメージの低下等の悪影響が出ることもあるので、安易な値下げは避けるべきといわれている。

②チャレンジャーの戦略

チャレンジャー企業がリーダー企業と同じ方針をとると、同質化競争に陥（おちい）り、競争に敗れる可能性が高くなります。なぜならば、チャレンジャー企業は業界上位ですが、リーダー企業に比べて相対的に経営資源が劣位にあるためです。そこで、チャレンジャー企業の戦略方針は「差別化」が基本となります。

具体的な差別化の打ち手は製品での差別化、価格での差別化、流通経路での差別化、プロモーションでの差別化等さまざまなものがありますが、ポイントはリーダー企業が同質化対応できないような差別化を図ることです。リーダー企業の保有する経営資源自体が制約となるような差別化を図ることがもっとも有効です。

たとえば、中小流通業者の系列化に成功してリーダー企業の地位についた企業に対して、チェーンストアといった流通の新興勢力へいち早く対応し、流通面で差別化することが挙げられます。これは「リーダー企業が系列の流通業との関係性から、他の流通勢力に対して積極的に取り組めない」という制約をついた事例といえるでしょう。

③ニッチャーの戦略

ニッチャー企業は、業界で上位のシェアをとるほどの経営資源の量は保有していませんが、特定領域において独自の地位を築けるだけの技を持っています。そこで、ニッチャー企業の戦略方針は集中化が基本となります。

具体的には市場を細分化して、独自の技が活かせる市場を発見し、そこに限られた経営資源を集中的に投下することによって、その分野でのミニリーダーになることをめざします。日本の自動車業界におけるスズキや、マーケティングリサーチ業界でインターネット調査に特化して成功したマクロミル等が挙げられます。ただ、特化した市場が衰退するリスクもあるので、特化する領域は慎重に選定する必要があります。

④フォロワーの戦略

フォロワー企業は、量的・質的に競争優位を発揮できるような経営資源を持たないので、企業が存続しうるレベルでの利潤の確保をめざしながら、チャレンジャーまたはニッチャーになれるような経営資源の蓄積に努力することになります。そこでフォロワー企業の戦略方針は模倣(もほう)化が基本となります。フォロワー企業は上位企業と直接競争するのではなく、むしろそのやり方を利用して効率的に成果を得ることをめざします。

具体的には、上位企業がうま味のある市場で成功したやり方を模倣し、相対的に魅力度が見劣りする市場で展開します。これにより研究開発コストが減るだけではなく、リスクの少ないやり方を効果的に選定できます。経営資源が少ない分、「他人のふんどしで相撲をとる」というわけです。

29 脱競争の事業戦略「ブルー・オーシャン戦略」

新たな需要を掘り起こし、競争のない市場空間を切り開く

▶競争を脱し、未開拓の市場空間を創造する

前節では代表的な事業戦略の定石として、ポーターの３つの基本戦略とコトラーの競争地位別の戦略類型について解説しました。どちらも特定事業で競合に勝ち、高収益を確保するための戦略で、「競争戦略」とも呼ばれています。

Ｗ・チャン・キムとレネ・モボルニュは、市場での競争に焦点をあてるのではなく、競争のない新たな市場空間を創造することで高収益を確保するという新しい視点の戦略を提唱しました。競争が激化して収益率が低下している既存市場は「レッド・オーシャン」と呼ばれ、レッド・オーシャンでの競争から脱し、競争相手のいない未開拓の市場は「ブルー・オーシャン」と呼ばれ、そのブルー・オーシャンを創造する戦略という考えから「ブルー・オーシャン戦略」と呼ばれています。

◎レッド・オーシャン（競争）戦略とブルー・オーシャン戦略◎

レッド・オーシャン戦略	ブルー・オーシャン戦略
既存の市場空間で競争する	競争のない市場空間を切り開く
競合他社を打ち負かす	競争を無意味なものにする
既存の需要を引き寄せる	新しい需要を掘り起こす
価値とコストの間にトレードオフの関係が生まれる	価値を高めるコストを押し下げる
差別化、低コスト、どちらかの戦略を選んで、企業活動すべてをそれに合わせる	差別化と低コストをともに追求し、その目的のためにすべての企業活動を推進する

出典：『[新版] ブルー・オーシャン戦略』（W・チャン・キム／レネ・モボルニュ 著、入山章栄 監訳、有賀裕子 訳、ダイヤモンド社）

ブルー・オーシャン戦略では既存業界の枠組みや競合との競争ではなく、コストを押し下げながら、買い手にとっての価値を高めることによって、新たな需要を創造することに焦点をあてる「バリューイノベーション」という考え方が土台になっています。

バリューイノベーションではコストを下げるために業界の常識として競合が提供している要素を削ぎ落とし、競合が提供していない業界にとって未知の要素を加えることにより、買い手にとっての価値を組み立て直していきます。差別化か低コストかの二者択一ではなく、両方を追求するという点で従来の競争戦略とは大きく異なります。

▶ブルー・オーシャン戦略の策定

①戦略キャンバスで既存の市場空間・競合の状況を理解する

ブルー・オーシャン戦略では「戦略キャンバス」という分析フレームワークを用いて買い手の視点で市場と競合の状況を分析します。

戦略キャンバスでは横軸に業界各社が力を入れている競争要因を置き、それぞれの要因について買い手がどの程度の価値を享受しているかをスコア化して縦軸にプロットします。それぞれのスコアを結んだラインは「価値曲線」を呼ばれ、競争要因ごとに各社が買い手に提供している価値のパフォーマンスを表わしています。

◎戦略キャンバス◎

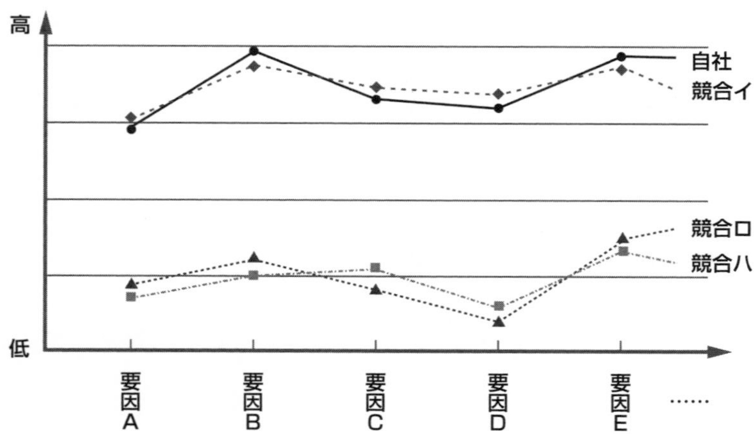

出典：『[新版] ブルー・オーシャン戦略』（W・チャン・キム／レネ・モボルニュ 著、入山章栄 監訳、有賀裕子 訳、ダイヤモンド社）より作成

多くの市場では競争が激化し、高級セグメント・低価格セグメントといった業界内の同一の戦略グループ内では価値曲線に大きな差異が見られないのが現状です。差別化戦略をとっているはずの企業であっても、買い手は大きな価値の差異を認識できていないケースをよく目にします。このように競争が激しく製品のコモディティ化が進み、収益性が低下している市場をキムとモボルニュは「レッド・オーシャン」と呼んでいます。

②顧客への価値曲線を見直す４つのアクションを検討する

レッド・オーシャンを離れブルー・オーシャンを切り開くためには、買い手に提供する価値を見直して戦略キャンバスに新しい価値曲線を描かなくてはいけません。そのための打ち手を検討するために用いられるのが「４つのアクション」というフレームワークです。具体的には下図のように「取り除く」「減らす」「増やす」「創造する」という４つの問いに答えることによって業界内の競争から離れ、買い手に対する新しい価値曲線を描くために必要なアクションを検討します。

◎４つのアクション◎

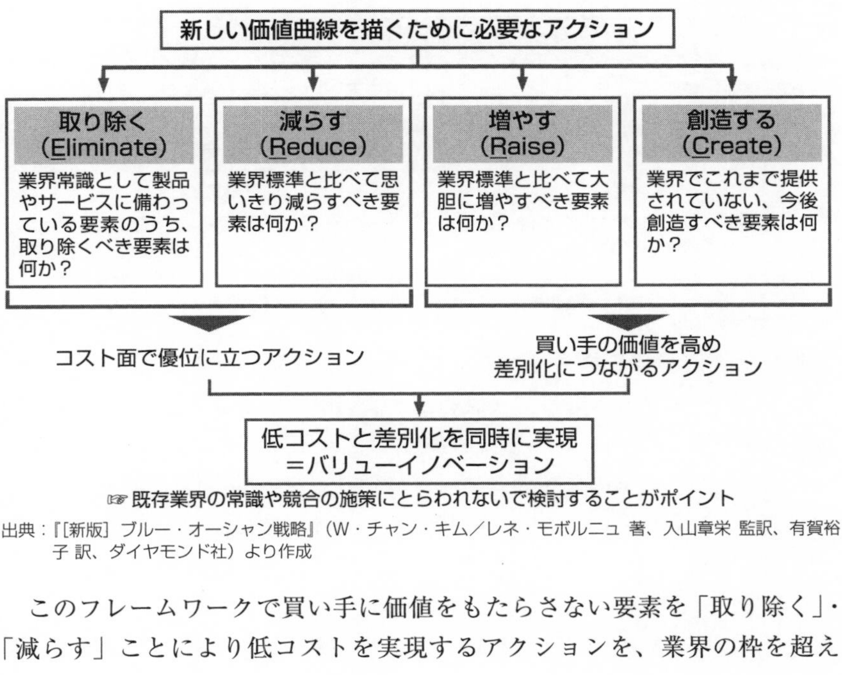

新しい価値曲線を描くために必要なアクション
取り除く (Eliminate)
業界常識として製品やサービスに備わっている要素のうち、取り除くべき要素は何か？
減らす (Reduce)
業界標準と比べて思いきり減らすべき要素は何か？
増やす (Raise)
業界標準と比べて大胆に増やすべき要素は何か？
創造する (Create)
業界でこれまで提供されていない、今後創造すべき要素は何か？
コスト面で優位に立つアクション
買い手の価値を高め差別化につながるアクション
低コストと差別化を同時に実現
＝バリューイノベーション

☞既存業界の常識や競合の施策にとらわれないで検討することがポイント

出典：『[新版] ブルー・オーシャン戦略』（W・チャン・キム／レネ・モボルニュ 著、入山章栄 監訳、有賀裕子 訳、ダイヤモンド社）より作成

このフレームワークで買い手に価値をもたらさない要素を「取り除く」・「減らす」ことにより低コストを実現するアクションを、業界の枠を超え

てターゲット顧客の価値を向上させる要素を「創造する」・「増やす」ことによって差別化で価値向上を実現するアクションを検討します。この4つのアクションを漏れなく検討することによって、低コストと差別化を同時に実現し、バリューイノベーションを成し遂げていきます。

この4つのアクションに関連した問いについて考え、4つのアクションを漏らさずに価値曲線に反映させるためのツールがERRCグリッドです。ERRCグリッドは、新たな価値曲線を描くために必要な4つのアクションを具体的に書き込むためのツールで、取り除く（Eliminate）、減らす（Reduce）、増やす（Raise）、創造する（Create）の頭文字をとって「ERRCグリッド」と呼ばれています。

◎ERRCグリッドの事例（ＱＢハウス）◎

取り除く（Eliminate）	増やす（Raise）
・タオル、肩もみ、コーヒー等の感性志向のサービス ・ヘアトリートメント ・予約・受付担当 ・レジ	・利便性（時間短縮） ・衛生面への配慮 （椅子ごとに滅菌器　など）
減らす（Reduce）	**創造する（Create）**
・接客サービス ・店舗スペース	・エアーウォッシャー・システム ・自動販売機 ・信号機による待ち時間表示
▼ 人件費・賃料・材料費削減による低価格の実現	▼ 利便性（時間短縮）・衛生的という差別化の実現

出典：『[新版] ブルー・オーシャン戦略』（W・チャン・キム／レネ・モボルニュ 著、入山章栄 監訳、有賀裕子 訳、ダイヤモンド社）より作成

③新たな価値曲線を描きブルー・オーシャンを創造する

ERRCグリッドを活用して検討した4つのアクションを反映した新しい価値曲線を戦略キャンバスに描きます。キムとモボルニュは優れたブルー・オーシャン戦略の価値曲線にはメリハリ、高い独自性、訴求力のあるキャッチフレーズという3つの特徴があると述べています。

優れた戦略には必ずメリハリがあり、それは価値曲線にも表われます。キムとモボルニュの著書『ブルー・オーシャン戦略』の中で、日本の理容業界でブルー・オーシャンを創造した企業の事例として登場するＱＢハウ

スの価値曲線を見れば同社が利便性（顧客の時間短縮）と衛生に絞って力を入れていることがわかります。逆にいえば、それ以外の要素（タオル、肩もみ、コーヒーやお茶の提供といった感性志向のサービスや、その他の接客サービス、ヘアトリートメント、予約等）を廃止・削減し、人件費、賃料、材料費にコストをかけずにいるからこそ、他社では実現するのが難しい低価格でサービス提供できているのです。

また、ERRCグリッドを活用して業界の常識にとらわれず、買い手の価値を高め差別化につながるアクションを検討・実現できていれば、ＱＢハウスのように業界内の競合他社とは異なる独自の価値曲線が描けているはずです。ＱＢハウスは利便性（顧客の時間短縮）のために、散髪後に頭に残った髪を吸い取るエアーウォッシャーという独自のシステムを導入しました。これにより通常10分以上かかるシャンプーやブローのようなヘアトリートメントの時間を数十秒で完了することが可能になりました。競合他社に負けまいと受け身で戦略を立てていると、このような独自の価値曲線を描くことはできません。

買い手にとっての価値が高く独自性のある製品やサービスは訴求力のあるキャッチフレーズをつけやすいでしょう。ＱＢハウスも「10分の身だしなみ」という特徴をよく表わしたキャッチフレーズを用いています。

◎ＱＢハウスの戦略キャンバス◎

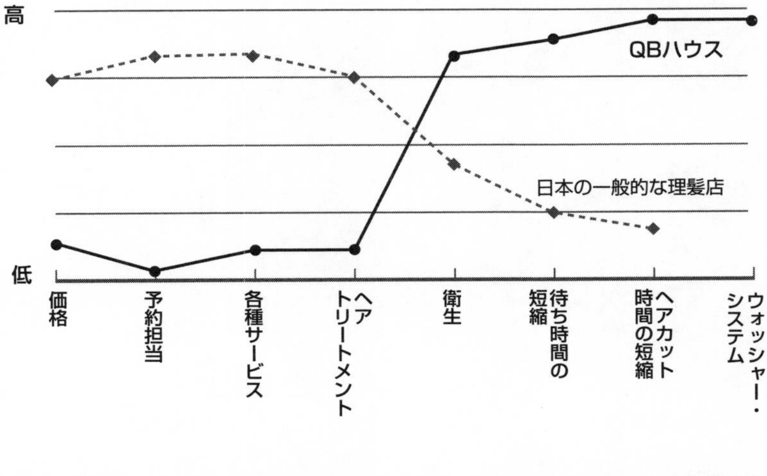

出典：『[新版] ブルー・オーシャン戦略』（W・チャン・キム／レネ・モボルニュ 著、入山章栄 監訳、有賀裕子 訳、ダイヤモンド社）より作成

2 10

「製品×市場」のマトリックスで検討する「成長ベクトル」

会社全体の成長の方向性を検討する

▶全社戦略の２つの論点を押さえる

事業戦略では「単一の事業でいかに高収益を確保するか」という点に焦点をあてていましたが、多くの企業では既存事業の枠を超えて成長機会を探索しなければなりません。トランジスタラジオを製造していたソニーは、いまやエレクトロニクス事業だけでなく、ゲーム事業、映画事業、金融事業等に進出しています。また、このように複数の事業を持つようになった企業は、「複数の事業の間で経営資源をいかに配分していくべきか」という事業ポートフォリオを検討する必要があります。

◎全社戦略と事業戦略の違い◎

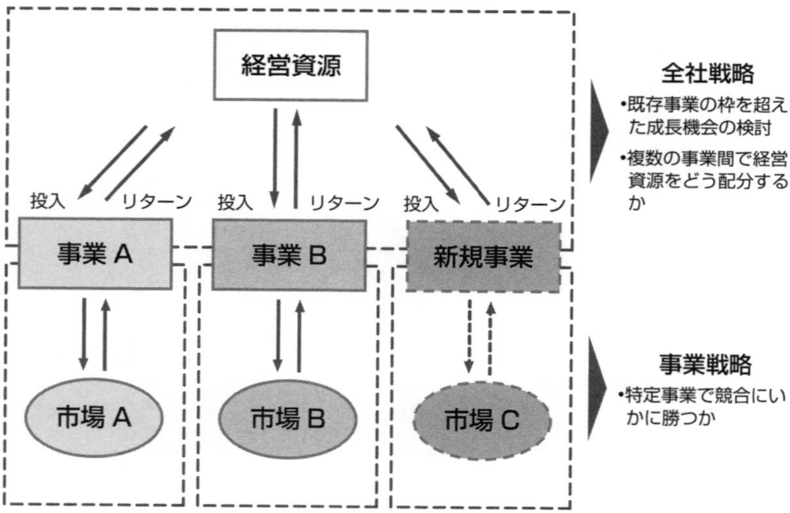

本書では、成長機会の探索の際に用いる代表的なフレームワークとしてアンゾフの「成長ベクトル」、事業ポートフォリオを検討する際の代表的なフレームワークとして、ボストン・コンサルティング・グループが開発した「プロダクト・ポートフォリオ・マネジメント（PPM）」を紹介します。

▶成長ベクトルで企業成長の方向性を検討する

企業がどのような方向で成長を図るかを検討するフレームワークとして、H・I・アンゾフが開発した「成長ベクトル」を紹介します。このフレームワークは、企業が営む事業の範囲を製品と市場という２つの要素に分解し、今後企業が成長のために、どの製品・市場分野で事業展開するのかを検討するものです。

具体的には、下図のように製品と市場をそれぞれ既存か新規かという観点で２つに分けマトリックスに整理することにより、企業が成長するために必要な事業展開の打ち手を大きく４つに分類します。４つのうち、どのセルを選択するかによって、打ち手はまったく異なります。

また、このフレームワークは、ドメインの再設定を検討する際にも活用されます。

◎アンゾフの成長ベクトル◎

		製品 既存	製品 新規
市場	既存	市場浸透	製品開発
市場	新規	市場開拓	多角化

出典：『企業戦略論』（H・I・アンゾフ 著、産能大学出版部）より作成

◇アンゾフの成長ベクトルの概要◇

●市場浸透戦略

企業が現在展開している市場において、既存製品群の売上を拡大することによって成長をめざす戦略。既存顧客の製品使用量や使用頻度の増加をうながす、競合から顧客を奪うといった打ち手を検討する。

●新製品開発戦略

企業が現在展開している市場に対し、新製品を導入することによって成長をめざす戦略。研究開発等により、新たな技術を開発してその技術を活用した製品を導入する、色や大きさを変えた新たな製品ラインを導入する、既存製品に新たな機能を追加するといった打ち手を検討する。

●新市場開拓戦略

既存製品群を新たな市場に導入することによって、成長をめざす戦略。いままで販売していなかったエリアに進出する、新たな市場セグメントに進出するといった打ち手を検討する。

●多角化戦略

新製品を新たな市場に導入することによって成長をめざす戦略。多角化戦略は、「関連多角化戦略」と「非関連多角化戦略」に大きく分類できる。関連多角化戦略とは、新しく開始する事業の製品と市場は異なっても、研究開発活動、原料、生産設備、流通チャネル等、何らかの関連性のある分野での多角化。非関連多角化とは、関連性のない分野での多角化。

多角化は、企業にとっていままでとは異なる分野での事業展開になるため、非常に難しい打ち手であるといわれています。なかでも、自身が蓄積してきたノウハウが活きない非関連多角化は、失敗に終わる確率が高いといわれています。

非常に困難な打ち手であるのにもかかわらず、企業はなぜ多角化をめざすのでしょうか？　多角化戦略による効果として「①事業間のシナジー効果」「②企業内の未使用資源の活用」「③事業バランスの是正によるリスク分散と収益安定化」「④魅力的な市場機会の確保」等が挙げられます。

◎多角化の効果◎

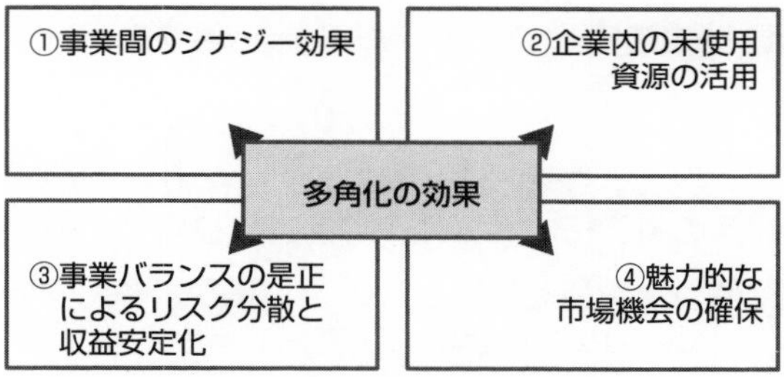

◇多角化の効果の概要◇

①事業間のシナジー効果

多角化におけるシナジー効果とは、「複数の事業間で経営資源を共有することにより、別々に事業を行なうよりもコストを節約できる」と考える「範囲の経済性」をベースにしている。具体的なシナジー効果としては、「販売シナジー」「生産シナジー」「投資シナジー」「マネジメントシナジー」が挙げられる。

販売シナジーとは、流通経路、営業パーソン、営業倉庫、広告、ブランドイメージといった、販売に関する経営資源を複数事業で共有することにより得られる効果。生産シナジーとは、生産人員、生産技術、原材料等を共有することにより得られる効果。投資シナジーとは、工場や研究開発費といった多額の投資がかかる分野について、複数事業間で共有することにより得られる効果。マネジメントシナジーとは、経営陣が過去のマネジメント活動で蓄積したノウハウが活用できるときに現われる効果。

◎シナジーの種類◎

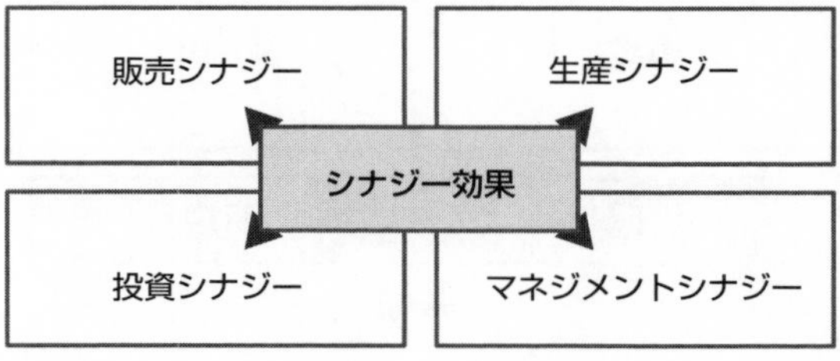

②企業内の未使用資源の活用

社員寮の跡地を活用して、ホテル事業を始めるケースがあてはまる。

③事業バランスの是正によるリスク分散と収益安定化

需要が夏に偏った製品を製造している企業が、冬に需要が高い製品事業に進出するケースがあてはまる。

④魅力的な市場機会の確保

団塊世代の大量退職により、需要の拡大が予想される団塊世代向けサービス事業に進出するケースがあてはまる。しかし、魅力的な市場には多くの参入企業が予想されるので、厳しい競争を想定しておく必要がある。

カリフォルニア大学バークレー校ビジネススクール名誉教授のD・A・アーカーはアンゾフが示した4つの方向性に加えて、垂直統合という成長の方向性を示しています。

◎垂直統合という成長ベクトルのもう1つの方向性◎

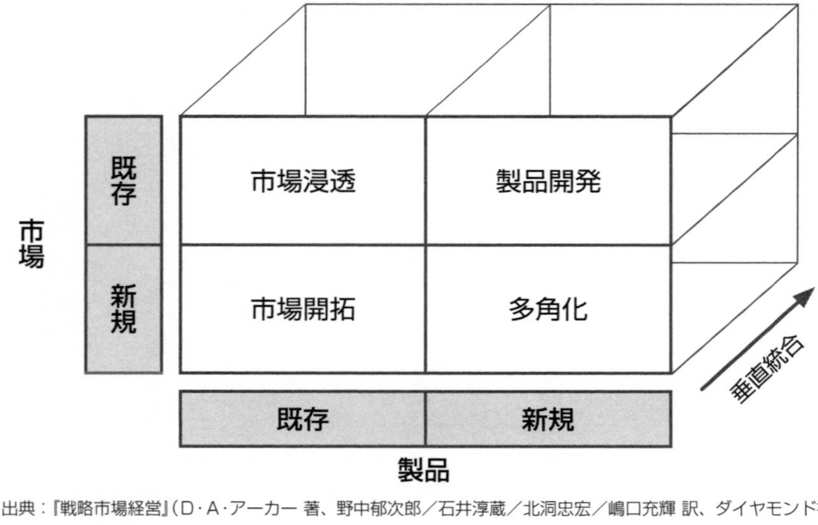

出典：『戦略市場経営』（D・A・アーカー 著、野中郁次郎／石井淳蔵／北洞忠宏／嶋口充輝 訳、ダイヤモンド社）

垂直統合とは、既存事業の商流（貨幣等の商的流通）の前後に事業を拡大することです。自社の商流の川下へ事業を拡大する前方統合と川上へ事業を拡大する後方統合があります。既存事業の商流の前後への進出は、シナジーが期待しやすいといわれています。一方で、その商流全体の需要が縮小した場合に既存事業も拡大後の事業もダメージを受けることから、リスク分散の効果は少ないというデメリットもあります。

なお、最近では垂直統合とは逆に、商流の中でも自社の強みが活きる機能に自社の事業範囲を絞り込む企業も出てきています。

◎垂直統合の例◎

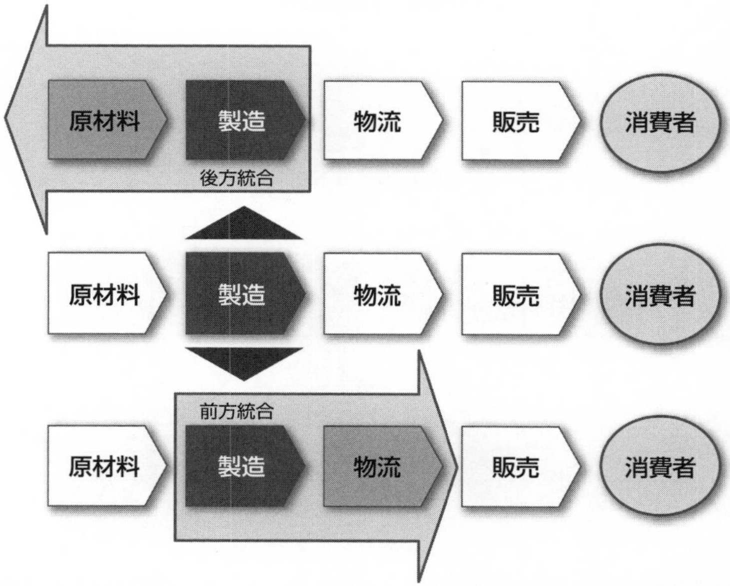

▶成長の方向性を実現するために「成長の方式」を決める

企業が成長機会を探索するための方向性を検討するフレームワークを紹介しましたが、方向性実現の方式は「自社単独で行なう」「外部資源を活用する」という観点から、大きく2つに分類できます。たとえば、多角化戦略において自社単独で行なうケースでは、社内ベンチャーの立ち上げの事例がこれにあたります。また、外部資源を活用するケースでは、M&Aやアライアンスの活用がこれにあたります。

◎成長の方向性と方式◎

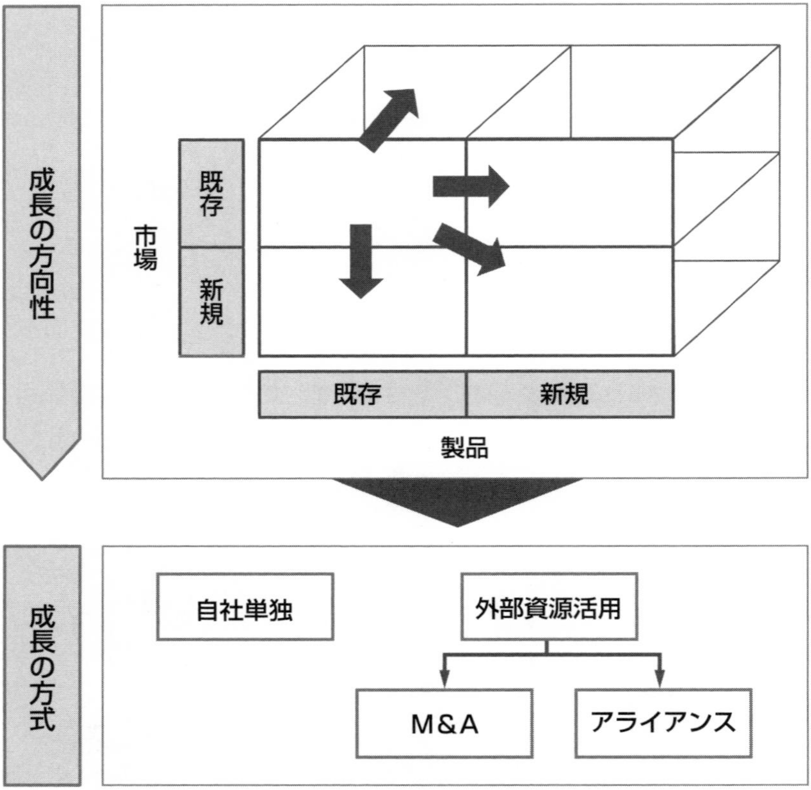

2-11 複数事業間の資源配分を検討する「PPM」

金のなる木のキャッシュをいかに将来性のある事業に投資するかがカギ

▶市場成長率と相対的市場シェアの２軸で評価する

ここまでは企業が継続的な成長のために必要な多角化に関する論点を述べました。次に、多角化に成功した企業が直面する課題について見ていきます。多角化した企業が継続的に発展するためには、個別事業だけではなく、多角化した複数の事業の間で経営資源をいかに配分していくべきかという「事業ポートフォリオ」を検討する必要があります。

事業ポートフォリオを検討するフレームワークとして、プロダクト・ポートフォリオ・マネジメント（PPM）が有名です。PPMはキャッシュフローの観点から複数の事業を分類し、企業全体として効率のよい資源配分を検討するうえでの示唆を与えてくれるフレームワークです。

具体的には、企業が展開している複数事業を「市場成長率」と「相対的市場シェア」という２つの軸で評価し、スター、金のなる木、問題児、負け犬の４象限に分類します。

相対的市場シェアとは聞き慣れない言葉ですが、自社を除いた業界トップ企業のシェアを１とした場合の自社のシェアを指します。たとえば、自社のシェアが20%で業界トップ企業が40%である場合の相対的市場シェアは0.5になりますし、自社シェアが60%で、自社を除いた業界トップ企業が20%である場合の相対的市場シェアは３となります。

◎PPMの概要◎

市場成長率 ＼ 相対的市場シェア	高	低
高	スター	問題児
低	金のなる木	負け犬

では、なぜ「市場成長率」と「相対的市場シェア」という２軸を使って事業を分類するのでしょうか？　結論から先にいうと、市場成長率は「各事業がどれだけキャッシュを必要としているのか？」という観点、相対的市場シェアは「各事業からどれだけキャッシュが入ってくるのか？」という観点で事業を見るためです。

▶市場成長率の背景にある「プロダクトライフサイクル（PLC）理論」

市場成長率に注目した場合、PPMの前提には、「プロダクトライフサイクル（PLC）理論」という考え方があります。簡単にいえば、「どの製品の市場にも生き物と同じように、誕生 → 成長 → 成熟 → 老化 → 死といった一生がある」という考え方です。具体的には、製品の誕生から時間の経過とともに導入期、成長期、成熟期、衰退期という４段階の経路をたどるものです。

◎プロダクトライフサイクル（PLC）理論◎

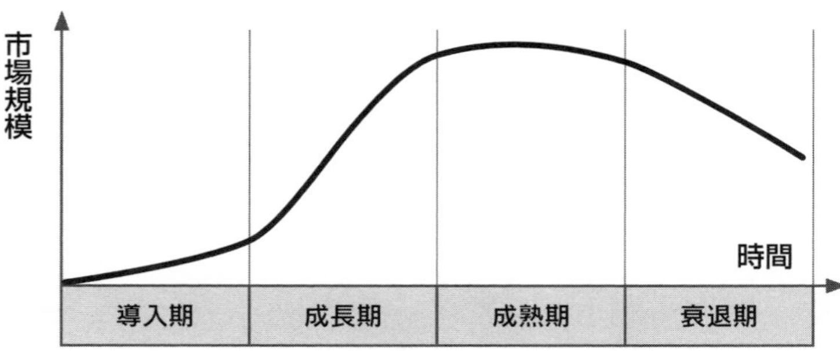

	導入期	成長期	成熟期	衰退期
市場規模	低水準	急速上昇	緩慢な上昇	下降
支出	高水準	高水準 （割合は低下）	低下	低水準
利益	マイナス	増加	高利益	下降
競合	ほとんどなし	激化	減少・安定	さらに減少
戦略の焦点	市場拡大	市場浸透	シェア維持	生産性向上

ここでのポイントは、プロダクトライフサイクルの各段階において必要とされる支出です。「導入期」においては製品を認知してもらうために多

額の支出がともないます。また、「成長期」においては競合が多数参入し競争が激しくなるために、割合は低下することが多いものの、やはり多額の支出が必要になります。しかし、「成熟期」「衰退期」に入ると投資額は減少すると考えられています。つまり、市場成長率の高さと事業に必要な資金は相関関係にあると考えられるのです。

▶相対的市場シェアの背景にある「経験曲線効果」

相対的市場シェアに注目した場合、PPMの前提には、「経験曲線効果」という考え方があります。簡単にいうと、「製品の累積生産量が大きくなるほど、その製品にかかる単位当たりのコストが一定の割合で低下する」という考え方です。

コストが低下する理由としては、経験を重ねることによって効率的に作業ができる学習効果、製造方法等の改善よる効果、経験に基づく製品設計や購買の見直しによる効果等が挙げられます。

◎経験曲線効果◎

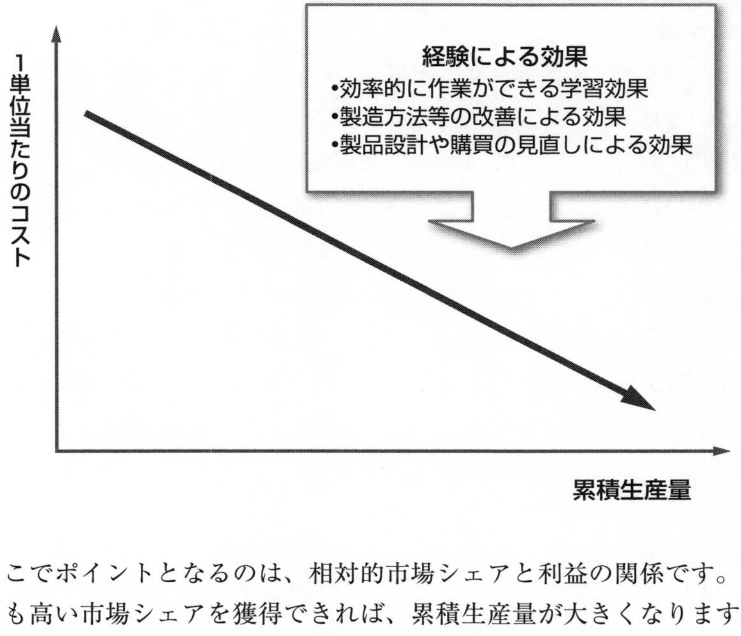

ここでポイントとなるのは、相対的市場シェアと利益の関係です。競合よりも高い市場シェアを獲得できれば、累積生産量が大きくなります。ここに経験曲線効果の考え方を適用すると、相対的市場シェアが１以上であ

れば競合よりも製品単位当たりのコストが低下するので、競合より高い収益を得ることができると考えられます。つまり、「相対的市場シェアの高さと事業から得ることができる資金は相関関係にある」と考えられるのです。

以上を踏まえて、PPMで４つに分けられた象限を見ていきましょう。

◇PPMの４つの象限の概要◇

①スター

相対的市場シェアが高く、市場成長率が高い事業。競争力があるために利益は大きいものの、成長期にあるため、市場で競合に打ち勝つために多額の投資が必要になる。現段階では、この事業からは多額のキャッシュ創出が見込めない。しかし、将来的に市場が成熟期に入れば、必要となる資金が減少し、キャッシュを生む事業になることが予想されるので、現在の相対的市場シェアの拡大・維持がこの象限にある事業の命題になる。

②金のなる木

相対的市場シェアが高く、市場成長率が低い事業。競争力があるために利益が多いだけではなく、成長のための多額の投資も必要ない。現段階において、この事業からは潤沢なキャッシュを得ることができる。しかし、事業全体の成長率は落ちているので、将来的にこの事業が創出するキャッシュは減少していくことが予想される。したがって、将来の柱となる他の事業を育てるためにも、現在のシェアを維持してキャッシュを収穫し、研究開発、新規事業開発、「問題児」に分類される事業に投入する資金の原資を確保することが金のなる木事業の命題となる。

③問題児

相対的市場シェアが低く、市場成長率が高い事業。この事業は競争力が低いため、低収益となる。また成長期にあるため、市場で競合に打ち勝つために多額の投資が必要になり、現段階でのキャッシュフローは大きくマイナスになる。しかし、市場成長率は高いので、相対的市場シェアを上げることができればスターになる可能性がある事業ともいえる。一方、相対的市場シェアを上げることに失敗すれば、どんどん全社のキャッシュを食いつぶし、全社経営に悪影響を及ぼす可能性もある。したがって、事業の将来性の見極めによる「選択と集中」が問題児事業の命題となる。

④負け犬

相対的市場シェアが低く、市場成長率が低い事業。この事業は競争力が低いために低収益となる。また市場成長率は低く、成長に向けた投資もほとんどなく、資金の流出は少ないとされている。現段階でも収益が上がらず、将来的にも大きな飛躍が期待できない負け犬事業については、撤退を検討する必要がある。

◎PPMでの各象限の特徴◎

	支出	収入	キャッシュフロー	戦略課題
スター	多	多	トントン	シェア拡大・維持
金のなる木	少	多	＋	収穫
問題児	多	少	−	将来性の見極めと選択と集中
負け犬	少	少	トントンまたは−	撤退の検討

PPMを用いて各事業間の資源配分を考えるときのポイントは、「“金のなる木”に属する企業群から得られるキャッシュを活用して、企業の将来を支える事業をいかに育てられるか」という点になります。具体的には研究開発や新規事業開発、将来性のある「問題児」事業への投資を通じて、「スター」事業へと成長させ、将来の「金のなる木」を育成していくという好循環をいかに生み出せるかが重要になってきます。

◎PPMにおける事業間での資金の流れ◎

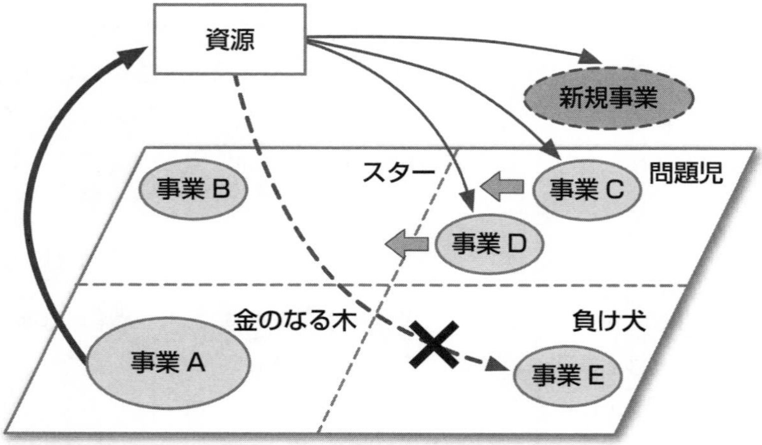

▶PPMの限界を知る

ここまで、事業ポートフォリオの検討に際して多くの示唆を与えてくれるPPMのフレームワークを説明してきましたが、このフレームワークにはいくつかの問題点があることも指摘されています。代表的なものを次に紹介します。

①PPMの縦軸に対する問題点

まず、PPMの縦軸の前提となっているプロダクトライフサイクル理論に対する問題点について説明します。この理論は前述のようにどの製品も誕生から時間の経過とともに「導入期」「成長期」「成熟期」「衰退期」という4段階の経路をたどると考えるものですが、実際にはこのようなサイクルを経ないことも散見されます。たとえば、成熟期あるいは衰退期にあると思われていた焼酎市場は、消費者の志向の変化と企業努力により再び成長しました。PPMのフレームワークにより市場は成長しないと判断された「金のなる木」「負け犬」事業でも、プロダクトライフサイクル理論を覆して成長する可能性があります。

逆にいえば、これらの事業への投資を怠(おこた)ったことにより、さらなる成長の機会を逸するリスクもあるということです。この問題点を踏まえると、単に定量的な数字から事業の成長を判断するのではなく、再成長のポテンシャルを検証することを忘れてはいけません。

②PPMの横軸に対する問題点

次に、PPMの横軸に対する問題点を説明します。PPMでは横軸に相対的市場シェアをとりますが、これは累積生産量が大きい事業では経験曲線効果により、低コストでの展開が可能になり収益が高いという考え方が前提にあります。しかし、「①イノベーションの可能性を押さえていない」「②差別化戦略（差別化集中戦略も含む）にはあてはまらない」という2つの問題点が指摘されています。

①に関しては、低コストでの事業展開を可能にするのは経験曲線効果だけではなく、技術の転換をともなうようなイノベーションによる非線形のコスト低減の可能性もあるという指摘です。

②に関しては、前述した「コスト・リーダーシップ戦略」をとっている事業では低コストが高収益につながる一方、「差別化戦略」をとっている企業では競合と比べ、高コストであっても高収益を上げているケースがあるという指摘です。「差別化戦略」をとっている企業においては、横軸に営業利益率など代替指標を使って事業ポートフォリオを検討するケースもあります。これは、横軸がそもそも「この事業からどれだけキャッシュが入ってくるのか？」を測るための指標だったことから、営業利益で指標を代替したものです。このように盲目的にフレームワークを使うのではなく、自社の置かれている環境に応じた形にカスタマイズして活用するのがフレームワーク活用のポイントです。

③各事業間でのシナジーが考慮されていない

また、各事業間でのシナジーが考慮されていないという指摘があります。これはPPMがヒト・モノ・カネ・情報などの経営資源のうち、カネという観点のみで事業を分類しているために起きる本質的な問題点だといえます。

先述したように各事業間にはさまざまなシナジーがあり、相互に複雑に絡み合って補完関係にあるものもあります。これらの効果を考慮せずにある事業の撤退を意思決定すると、他の事業の収益を圧迫する場合もあるのが実情です。

④長期的な成長に必要な新規事業開発の方向性に関する示唆がない

最後に、PPMからは事業の整理・統廃合への豊富な示唆が得られる反面、企業の長期的な成長に必要な新規事業開発の方向性に関する示唆がないという指摘があります。シナジーに関する指摘や新規事業開発への示唆に対する指摘については、PPMがあくまでキャッシュフローという観点から事業を分類しているということを念頭に置いて、他の観点から事業を検証することを忘れてはいけないという警鐘ととらえることができます。

▶PPMの限界を克服する新たな手法・考え方

以上、PPMの問題点について述べてきました。ここからはPPMが抱える限界を克服する新たな手法や考え方を紹介していきます。

前述した横軸に営業利益率といった代替指標を使う手法以外では、PPMの縦軸と横軸に関する問題点を克服するための手法としてゼネラル・エレクトリック（ＧＥ）社とマッキンゼー・アンド・カンパニー社が開発したビジネス・スクリーンという手法が有名です。これは市場成長率の代わりに市場規模、成長率、安定度、社会動向などの複合尺度である「業界魅力度」、相対的市場シェアの代わりに市場における地位、競争上の優位、相対的収益率などの複合尺度である「事業地位」を用いるものです。

PPMのように単一の指標ではなく、複数の変数を組み合わせることでPPMの問題点を克服している反面、主観的にならざるをえず、客観性に欠けるという問題点もあります。

◎ＧＥのビジネス・スクリーン◎

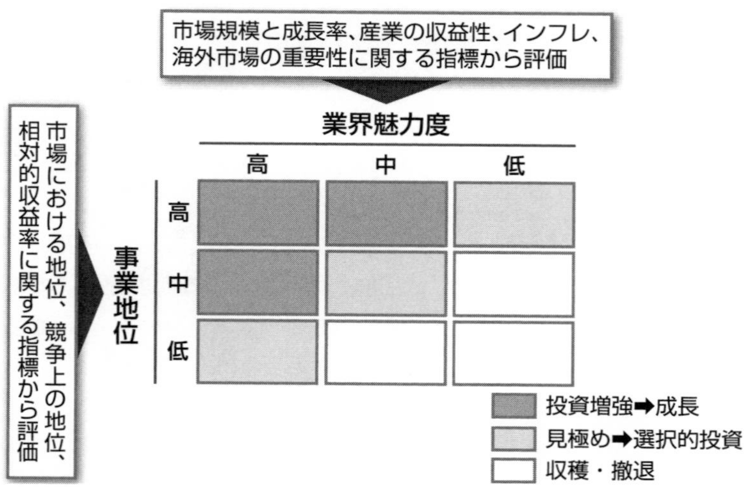

出典：『新版 MBAマネジメント・ブック』（グロービス・マネジメント・インスティテュート 編著、ダイヤモンド社）より作成

一方で、シナジーに関する指摘や新規事業開発への示唆に対する指摘を克服する考え方として、経営学者のG・ハメルとC・K・プラハラードは「コア・コンピタンス論」を唱えました。コア・コンピタンスとは、「他社にはマネできない独自の価値を顧客に提供する企業の中核能力」と定義されます。つまり、「①競争相手が模倣困難であること」「②顧客に対する価値創出につながること」「③多様な市場への展開を可能にすること」という3つの要件を満たすような技術・ノウハウといった企業の能力を指します。

たとえば、ソニーの小型化技術等がこれにあたります。つまり、トランジスタラジオやウォークマンといった具体的な製品ではなく、それらの製品を世に出すことを可能にしたソニーならではのノウハウ・技術といった能力をコア・コンピタンスというのです。

この考え方は、PPMだけでは十分に検討できなかったシナジーを考慮したカネ以外の経営資源の配分や、長期的な成長に必要な新規事業開発の方向性に対する示唆を与えてくれます。

つまり、自社にとってのコア・コンピタンスは何かを明確にして、競争優位の源泉である能力の強化とそのための資源蓄積、コア・コンピタンスを中心とした事業展開の検討が全社戦略を検討する際には必要になります。企業の外部環境に力点を置くのではなく、経営資源の観点から戦略を検討するこの考え方は、前述したリソース・ベースト・ビューの考え方です。また、ドメインを設計する際にも、コア・コンピタンスを意識することが重要になります。

コラム

戦略をどのように実行するかを可視化する「ビジネスモデルキャンバス」

本章では、経営戦略の策定に必要な理論を解説してきました。戦略を策定したら、実行するためのオペレーションや、それを支える経営資源といった仕組みも含めたビジネスモデルを検討する必要があります。このコラムでは、ビジネスモデルを可視化する代表的なフレームワークである「ビジネスモデルキャンバス」を紹介します。

ビジネスモデルキャンバスは、アレックス・オスターワルダーとイヴ・ピニュールによって取りまとめられたフレームワークで、ビジネスモデルを９つの要素に分類し、１つのチャートで見える化したものです。このフレームワークは、ビジネスモデルに必要な要素が網羅的に整理されているだけでなく、直感的に理解しやすいシンプルな構造になっています。そのため、多くの企業や大学で高く評価され、活用されています。

ビジネスモデルキャンバスでは、下図のように価値提案を中心に左側に企業サイド、右側に顧客サイドの要素が整理されています。

◎ビジネスモデルキャンバス◎

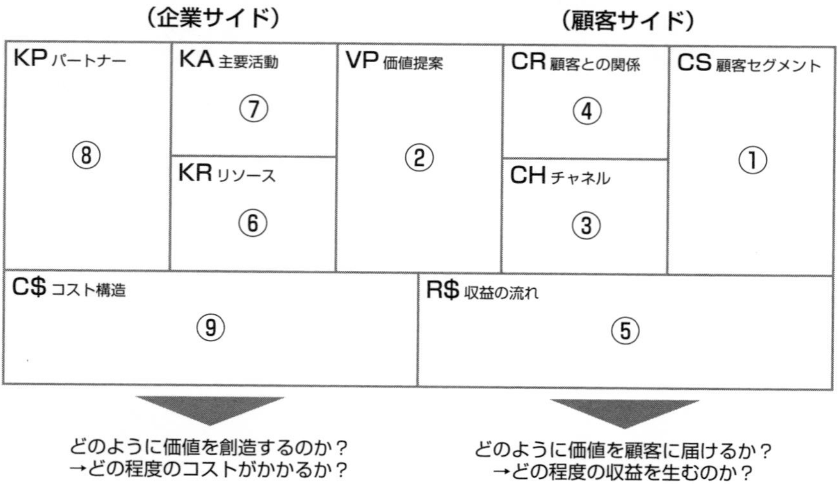

出典：『ビジネスモデル・ジェネレーション　ビジネスモデル設計書』（アレックス・オスターワルダー 、イヴ・ピニュール著、小山龍介訳、翔泳社）より作成

注：ビジネスモデルキャンバスの外の文言は本書著者が加筆。

企業サイドを見れば、「企業がどのように価値を創造するのか？」と「価値の創造にかかるコスト」が、顧客サイドを見れば、「どのように価値を顧客に届けるか？」と「価値の対価として顧客から得ることのできる収益」がわかる構造になっています。

オスターワルダーとピニュールは、ビジネスモデルを「どのように価値を創造し、顧客に届けるかを論理的に記述したもの」と定義していますが、ビジネスモデルキャンバスは文字どおりビジネスモデルがわかりやすく描かれたキャンバスだといえます。

＜ビジネスモデルキャンバスの各要素の概要＞

①顧客セグメント（CS : Customer Segments）

その事業（または企業）が関わろうとする顧客について定義。必要に応じて顧客を要素分解しセグメントに分け、どのセグメントをターゲットとし、どのセグメントに関わらないかを意思決定。正しい意思決定をするには、セグメントごとのニーズと需要を把握することが重要。

②価値提案（VP : Value Propositions）

①でターゲットとした特定の顧客セグメントに向けて提供する製品とサービスについて顧客のどのような価値を提案するのかを記述。そのセグメントの顧客が抱えているニーズを満たす要素を組み合わせた価値提案になっていることが重要。

③チャネル（CH : Channels）

ターゲットとした顧客セグメントに対して、どのチャネルでコミュニケーションし、価値を届けるかを記述。顧客の特性を踏まえ、認知・評価・購入・提供・アフターサービスの各フェーズで、どのチャネルで、どのようにリーチすれば費用対効果が高いかを検討。

④顧客との関係（CR : Customer Relationships）

ターゲットとした顧客セグメントと、どんな関係を構築するのかを記載。どのような目的（顧客獲得、顧客維持、クロスセルやアップセル等の販売拡大）で、どのくらいのコストをかけて、どのような関係を構築するのかを検討。

⑤収益の流れ（R$: Revenue Streams）

その事業（または企業全体）で企業がターゲットとした顧客セグメントから生み出す現金の流れを記載。販売、使用料、リース料、ライセンス料など、収益の種類ごとに検討。この収益からコストを引くと利益になる。

⑥リソース（KR : Key Resources）

ビジネスモデルの構築に必要な経営資源について記載。経営資源には物理的なリソース（モノ）だけでなく、ヒト、カネ、情報、知的財産なども含まれる。重要な経営資源は何で、どのくらい必要か、どのように調達するかを検討。

⑦主要活動（KA : Key Activities）

ビジネスモデルを構築するうえで重要な活動を記載。ターゲットとした顧客に価値を提案・提供し、長期的に関係を構築していくうえで重要な活動について検討。

⑧パートナー（KP : Key Partners）

ビジネスモデルを構築するうえで必要なサプライヤーやパートナーについて記載。重要なリソースを獲得・重要な活動を実施するうえで必要なパートナーについて検討。

⑨コスト構造（C$: Cost Structure）

ビジネスモデルを実践するうえで発生するコストについて記載。どのような種類（変動費、固定費）の、どのようなコストが、どのくらい発生するのか、重要なコストは何かを検討。

ビジネスモデルキャンバスを描く際には、細かい論点に陥ることなく、重要な論点に絞って検討すること、各項目間のつながり・整合性を意識すること、戦略がきちんと具現化されているかを検証することが重要になります。ビジネスモデルがわかりやすく整理できるビジネスモデルキャンバスは、戦略が絵に描いた餅にならないように、「戦略をどのように実行するのか」が示された設計図としても活用できる有効なフレームワークです。

また、「リーンスタートアップ（第7章参照）」を提唱したエリック・リースがゼロからの新規事業を検討する際に有効な「リーンキャンバス」を考案するなど、ビジネスモデルキャンバスの改良版も存在します。

第3章

戦略を動かすための仕組みづくり

③1

優れた戦略を動かすためには「仕組み」が必要

戦略を「絵に描いた餅」と呼ばせないためには、どうすればいいか？

▶「よい戦略」と「絵に描いた餅の戦略」は実現性が違う

時間をかけて深く考えて、一見立派に思える戦略を考えても、後々振り返ると、「あの戦略はまったく役に立たなかった」ということは起こりうることです。「絵に描いた餅」ではお腹が一杯にならないように、すばらしいと思える戦略でも、実際には役に立たないのでは何の意味もありません。戦略は、ビジネス上の競争優位の獲得や、競争優位によって実現できる事業の継続、売上の成長、利益拡大の達成といったことを狙っているはずです。これが実現されなければ、戦略にはまったく意味がありません(頭のトレーニングにはなるかもしれませんが)。

労力をかけた戦略が、絵に描いた餅になってしまう理由には、２つのパターンがあります。

１つは、「そもそもあまりに現実味のない、突飛な戦略をつくってしまっている」パターンです。この場合は、ロジカルシンキングの技術などを用いて、戦略をつくり直す必要があります。

もう１つは、「優れた戦略を立てても、それを実行する仕組みを持ち合わせていない」パターンです。この場合、この章で紹介する戦略を動かすための仕組みをつくることで、絵に描いた餅の戦略から抜け出して、よい戦略へと生まれ変われます。

◎「絵に描いた餅」の戦略か？　よい戦略か？◎

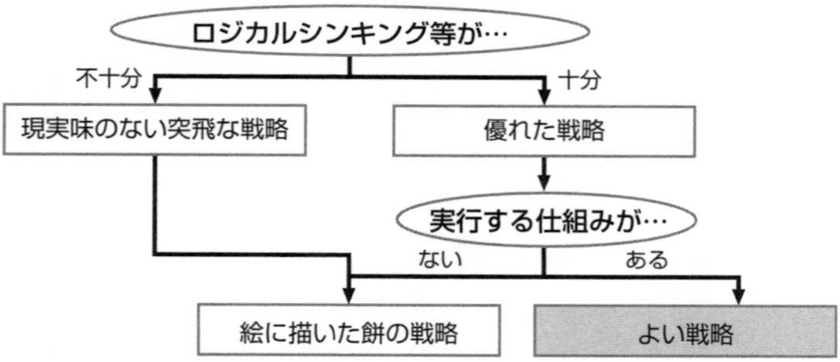

▶戦略だけでなく、経営管理と組織も考える

絵に描いた餅ではない、競争優位の獲得等が達成されるよい戦略には、戦略が実際に実行される「仕組み」が不可欠です。この仕組みは、「経営管理」と「組織」に大きく分けて考えることができます。そして、経営管理はさらに、「計画」と「評価」の２つに分けられます。

戦略を動かしていくためには、「具体的に何をしたらよいのか」「戦略がしっかりと実行されて前に進んでいるのか」といったことに気を配らなければなりません。

戦略を動かすために日々取り組む仕事を明確化すること（計画）や、それら取り組みがうまく行なえているかをチェックすること（評価）等に関することを、本書では「経営管理」と呼びます。

また、戦略を実行するためには、「戦略を実行するヒト」や「実行するために必要なおカネや設備などの経営資源」を準備しておかなければなりません。このように、戦略を動かすための体制を整えることに関することを、本書では「組織」と呼ぶことにします。

以降、「計画」「評価」「組織」を順に見ていきます。

◎よい戦略には、よい「仕組み」が必要◎

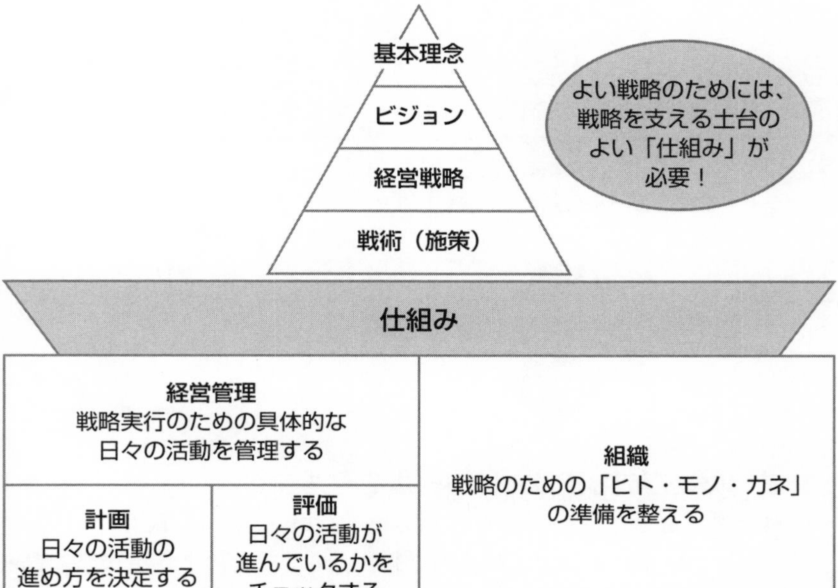

③2 ゴール設定と細分化で戦略を計画に落とし込む

戦略を動かす計画と計画の決め方を検討する

▶戦略を基に計画を立てなければならない

優れた戦略であっても、企業に属する1人ひとりにとっては、「戦略を踏まえて何を行動したらよいか」がわからないことは少なくありません。多くの場合、戦略は個人にとって抽象的すぎるのです。

そのため、戦略は「何をすべきかがわかりやすいものへと加工される」必要があります。つまり、戦略を立てたあとには、具体的な活動をイメージすることができるように、抽象的なものから注意点がわかるレベルへと落とし込まなければならないのです。

戦略をわかりやすくしたものを「計画」といいます。戦略を立てたあとには、戦略を動かすための計画を立てる（戦略を計画に落とし込む）必要があります。

◎戦略を計画に落とし込むフロー◎

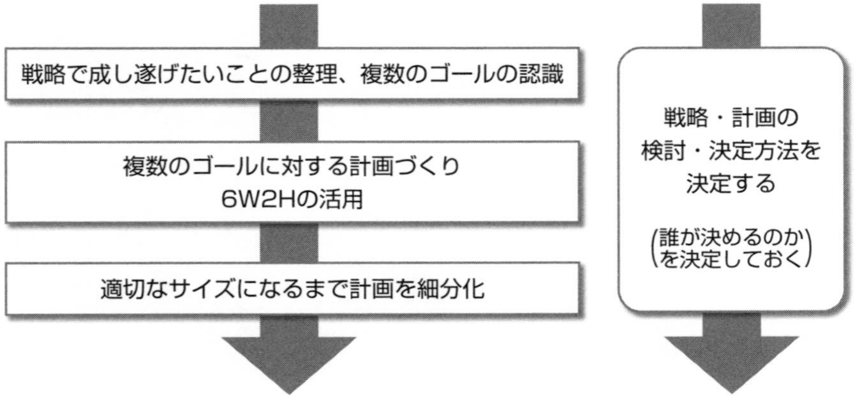

▶まずは戦略で成し遂げたいゴールを整理する

戦略を考えるとき、いくつかの「実現したい何か」「解決したい何か」と向き合っているはずです。戦略の実施によって、どのような状態を実現したいのか、どの程度まで状況を改善したいのかという「あるべき姿」を意識することで、戦略のゴールが見えてきます。戦略を通じて成し遂げたいことを整理することが、戦略を動かす計画づくりの第一歩です。

成し遂げたいことを整理し、ゴールを見せることで、個人は戦略をより具体的に感じられるようになるはずです。

▶6W2Hの枠組みを意識して計画を立てる

戦略で成し遂げたいことを整理したあとで、何をしたらよいかを明らかにするためには、「6W2H」の枠組みを意識しながら計画を立てることが有効です。

戦略で成し遂げたいことを、「誰が（リーダーやメンバーは？）」「いつまでに（スケジュールは？）」「どのように（予算や活用する経営資源は？）」といった観点で整理できれば、さらに戦略を具体化できます。

8つの疑問詞「Who」「When」「Where」「What」「Whom」「Why」「How」「How much」を活用しましょう。

この6W2Hを意識することで、計画づくりがスムーズになり、さらに計画時のモレを減らせます。

◎することを具体化する6W2H◎

6W2H	意味	例
Who（誰が）	計画を実行する人を明らかにする（担当を決定する）	・A作業担当:吉田 ・B商品担当:佐藤
When（いつ）	計画を実行する時期や期間を明らかにする。あるいは、実行の頻度を決定する	・4月～9月 ・週1回
Where（どこで）	計画を実行する場所・地域を明らかにする	・札幌地区 ・インターネット
What（何を）	計画で扱う対象を明らかにしたり、状態をよくしたいものを再確認したりする	・サンプル商品 ・X商品の知名度
Whom（誰に）	計画で働きかけたい相手を明らかにする	・既存重要顧客 ・20代女性
How（どうやって）	計画を実行するための方法、用いる機材等を明らかにする	・直接配布 ・SNS活用
How much（いくらで）	計画を実行するための費用を明らかにする	・30万円以内 ・昨年度予算比
Why（なぜ）	計画を実行する意味を、戦略に照らし合わせて再考する	・有望顧客像を明らかにする ・潜在顧客を拡大する

◎６Ｗ２Ｈを意識した計画例◎

【成し遂げたいこと】 既存商品の売上を増やすために、有望な新規顧客を明らかにする
計画１ （Who）　吉田さんが、 （When）　4月～9月の半年間に、 （Where）　札幌地区で、 （What1）　サンプル商品を、 （Whom）　既存重要顧客に、 （How）　直接配布して、 （What2）　どのような点に満足しているかを明らかにすることを、 （How much）　30万円以内で実施する。 （Why）　この活動を通じて、同様の満足を得たいと考えている有望顧客像を明らかにする。
計画２ （Who1）　佐藤さんが、 （Who2）　自分自身とアルバイトで、 （Where）　インターネットを通じ （What）　Ｘ商品の知名度を、 （Whom）　20代女性に対して、 （How1）　SNSの活用を通じて、高めていく。 （How2）　そのために、商品に関するショート動画を制作し、 （When1）　週1回の頻度で投稿する。 （When2）　制作と投稿の作業は、毎週１日かけて実施する。 （Why）　現在あまり商品を購入してくれていない20代女性への販売を促進するために、まずは知名度を高めて潜在顧客を増やしていく。

※６Ｗ２Ｈは、あくまで計画を立てる際の道具なので、６Ｗ２Ｈを綺麗に整理することにこだわりすぎる必要はない
※場合によっては、どれか１つの項目が複数回登場することがあるだろうし、まったく使われない項目がある場合もある
※大切なのは、計画を考える際のモレをなくすこと

▶適切なサイズまで戦略を細かくする

戦略を動かすために、戦略を“具体的”なものまで細かくすることは重要です。いくら戦略を細かくしても、抽象的なレベルで留まっていたのでは、せっかく計画を立てた意味がありません。そのため、戦略は十分に細かくする必要がありますが、際限なく細かいだけの計画を立てることは得策ではありません。

あまりに細かい計画をつくろうとすると、膨大な労力がかかってしまいます。さらにビジネスの世界では、どんなによい戦略立案をしても、想定したような展開になるとは限りませんから、計画がムダになってしまうこともあります。そのため、「戦略や計画に情熱を注いでも、必ずしも活用できるとは限らない」ことを認識したうえで、戦略の計画への落とし込みを進めなくてはなりません。

◎計画の適切な細かさを考える◎

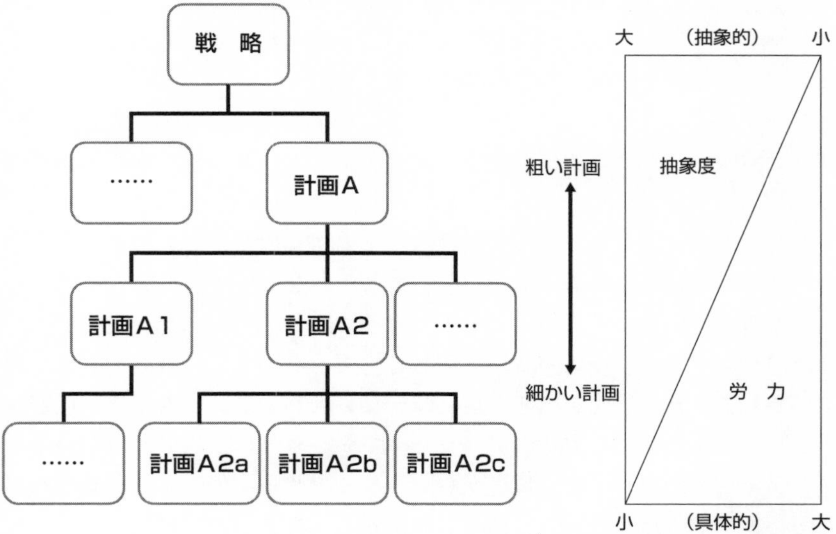

▶意思決定アプローチの「トップダウン」「ボトムアップ」を理解する

戦略を立ててから計画に落とし込む際には、“誰か”が戦略や計画の採用を検討・決定しなければなりません。この意思決定を誰にするかは、「トップダウン方式」「ボトムアップ方式」という、2つのアプローチに大きく分けられます。

◎トップダウンとボトムアップのイメージ◎

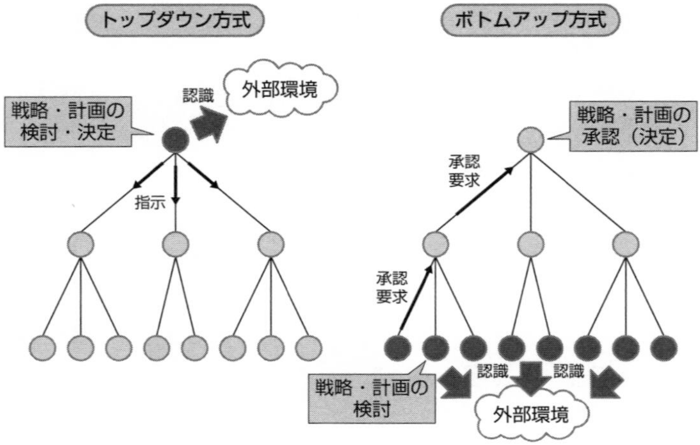

▶トップが計画を策定するトップダウン方式

トップダウン方式では、企業や部門のトップ（経営層や部門長等）が外部環境の変化等を認識して、戦略や計画を検討・決定します。

トップダウン方式のメリットは、トップがよい戦略や計画を策定できれば、計画の実行が効率的になることです。まずトップ以外の人たちは計画の実行に集中できます。

また、トップが企業としてすべきことを適切に分割できれば、ムダがなく、効率的な状態の組織（隣の部署が同じことをしている、といったことにはならない）をつくり出すこともできます。

ただし、トップが現場の状況を正しく把握しないままに戦略や計画を決定してしまうと、達成が困難で現実味がない戦略や計画になる危険性が高いことがトップダウン方式のデメリットです。さらに、思いがけないトラブルが発生した場合には、現場からトップまで状況を伝達したうえで対処方法を決定するために、対応に時間がかかってしまい、すばやくトラブルを解決できない危険性も高まります。

▶前線で計画を策定するボトムアップ方式

ボトムアップ方式では、現場・ビジネスの前線で働く人たちが、外部環境の変化等を認識して、戦略や計画を検討します。そのあと、トップの承認をとりつけることで、最終的に戦略や計画が決定されます。

ボトムアップ方式のメリットは、現場の状況（日々の課題や、顧客の声等）をよく反映した、現実味のある戦略や計画を立てられることです。

ただし、目の前の課題ばかりに注意が向いてしまう危険性があり、短期的な戦略や計画ばかりが考えられたり、優先的に実行されてしまう傾向が強まることが、この方式のデメリットです。

また、会社を広く見渡した観点が抜け落ちてしまう（部分最適に陥る）、実行が簡単な戦略や計画ばかりがつくられて、チャレンジ精神がなくなってしまう危険性がある点も、ボトムアップ方式のデメリットです。

▶２つのアプローチを組み合わせたミドルアップダウン方式

トップダウン方式とボトムアップ方式の中間的な、「ミドルアップダウン方式」という考え方も存在します。これは、トップ層と現場層の中間層（たとえば部長や課長といった管理職層）が中心となって、戦略や計画を決定していくというものです。

この考え方は、２つのアプローチそれぞれのメリットを活かすとともに、各デメリットを減らすこともできるアプローチです。しかし、トップとボトムの中間層に大きな負荷がかかるため、中間層に多大な人員が必要となり、人件費が高くなる等のデメリットも存在します。

▶状況に応じて意思決定アプローチを選択する

トップダウン、ボトムアップ、ミドルアップダウンのどのアプローチで戦略や計画を決定すればよいかは、事業や組織の事情によって異なります。

たとえば、一般的に「外部環境の変化が激しいときにはボトムアップが向く」といわれますが、ボトムアップが適している状況であっても、ボトムアップのデメリットがなくなるわけではありません。また、「戦略や計画を決定する人が管轄する人数を増やさなければ、トップダウンでも対応できる」ともいわれています。しかし、管轄人数を少なく制限したトップダウンは、ミドルアップダウンの特徴と類似してしまい、人件費が高くなる等のデメリットを抱えることになります。

どのアプローチがよいとは一概にはいえません。なぜならば、外部環境やゴールの違い、計画の適切な細かさの度合いによって、どのように戦略を計画に落とし込むべきかが異なるからです。そのため、自社に適したアプローチを探し続けることが、計画の決め方を検討するうえで重要です。

③3 進捗と結果を評価するためにKPIを設定する

戦略をうまく進めるために、BSCを活用した指標で人と組織を動かす

▶戦略の進捗と結果を測るための指標が必要

戦略を計画に落とし込んでいくときには、成し遂げたいことを整理する必要があると前節で説明しました。成し遂げたい「あるべき姿」に対して、どの程度まで近づいているのかを知ることができなければ、自分たちの戦略や計画の実行が順調かどうかを判断できません。

そのため、優れた戦略は、戦略の進捗と結果を評価する仕組みも持ち合わせていなければならないのです。

そこでまずは、戦略や計画がうまくいっているのかどうかを知ることのできる指標を設定する必要があります。

▶どのようなものを指標に設定するか考える際の３つの観点

指標を考える際、「比較することが可能か」「客観的に測定できるか」「比較的簡単に入手することができるか」という３つの観点がとくに重要になります。

◎戦略の進捗と結果を測る指標の３つの観点◎

指標	比較することが可能か	過去と現在、自社と他社、A部門とB部門などで比べられるか？
	客観的に測定できるか	主観が入り込まない、数値データなどを用いているか？
	比較的簡単に入手することができるか	必要なときに、指標を入手する見通しが立っているか？

出典：『戦略評価の経営学』（ロバート・サイモンズ 著、伊藤邦雄 監訳、ダイヤモンド社）より作成

まず、比較可能なものを指標として設定しましょう。過去と現在、自社と他社、A部門とB部門等、何かと比べられなければ、「よいか、悪いか」「進んでいるか、遅れているか」といった評価を下せません。そのため、戦略の進捗や結果を測る際には、比較できる指標を用いることが欠かせま

せん。

次に、数値データ等、定量的な比較が可能なものを指標としましょう。もし指標に主観が入り込んでしまうと、自分たちに有利な状況を想定してしまいがちで、戦略に対して誤った評価を下す原因になります。そのため、客観的に測定できる指標を設定することが重要です。

そして指標には、入手が容易なことも求められます。もし、指標を入手することがあまりに困難だとすると、頻繁に戦略を評価することができません。適切ではない戦略が実行され続けられていることに気づかないといったムダを避けるためにも、比較的簡単に入手できるものを指標としましょう。

▶バランスト・スコア・カードで指標に多角的な視点を導入する

戦略や計画の実行が順調であるかどうかを判断するときには、さまざまな視点から分析・考察しましょう。１つの視点からだけの分析では、何かを見落としてしまうこともあります。

たとえば、「戦略を通じて売上や利益が増えているかどうかを評価する」財務的な指標は重要な視点といえます。しかし財務的な指標は、戦略が実行されてからある程度の時間を経なければ、数値が改善しない場合がほとんどです。そのため、たくさんの財務的な指標を評価に用いても、網羅的に現在の戦略や計画を評価できていない危険性があります。

◎多角的な視点が必要◎

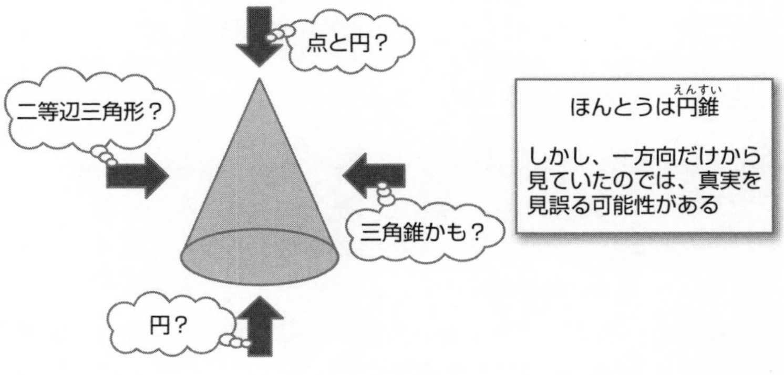

戦略や計画が効果的かどうかを、より早い時点でとらえられる指標があれば、財務的な視点と組み合わせることで、より適切に戦略や計画を評価

できるようになります。

このように、戦略や計画によって生み出される変化を、時間的な広がりを持ってとらえることができるように、指標に多角的な視点を導入することは重要です。多角的な視点を導入する際の代表的な手法として、バランスト・スコア・カード（BSC：Balanced Score Card）があります。

◎バランスト・スコア・カード（BSC）の4つの視点◎

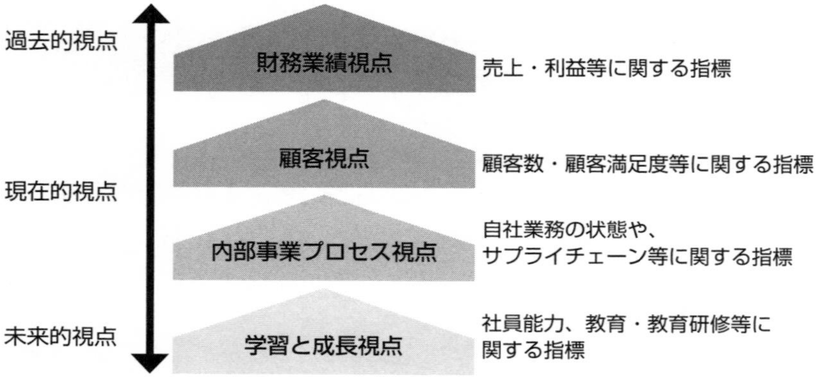

出典：『戦略評価の経営学』（ロバート・サイモンズ 著、伊藤邦雄 監訳、ダイヤモンド社）より作成

BSCの考え方では、財務的な指標の他に、顧客視点や事業（業務）プロセスの指標、学習や成長の指標も取り入れようとします。これらの指標は一般的に、財務的な指標よりも先に数値が改善します。

それゆえ、BSCを意識して多角的に指標を設定すれば、戦略や計画の実行が順調であるかどうかを、より早い時点で把握できるようになるのです。

▶ほんとうに必要な指標（KPI）を考える

ここまで述べてきたように、戦略や計画を評価するために指標は必要不可欠ですが、あまりにもたくさんの指標を設定することは望ましくありません。なぜならば、指標を測ることには、多かれ少なかれ時間やコストがかかるからです。あまりに多すぎる指標を設定しようとすると、企業の活動は鈍ってしまったり、混乱してしまいます。

そのため企業は、自分たちにとってほんとうに重要な指標（KPI：Key Performance Indicator）を見つけ出さねばなりません。

BSCの多角的な視点などを意識しながら、ほんとうに必要な指標を考えましょう。ほんとうに必要な指標の種類や数は、そのときによって異なるはずなので、戦略や計画ごとに、常に適切なKPIを考えることが求められます。

◎小売店舗におけるKPIの設定例◎

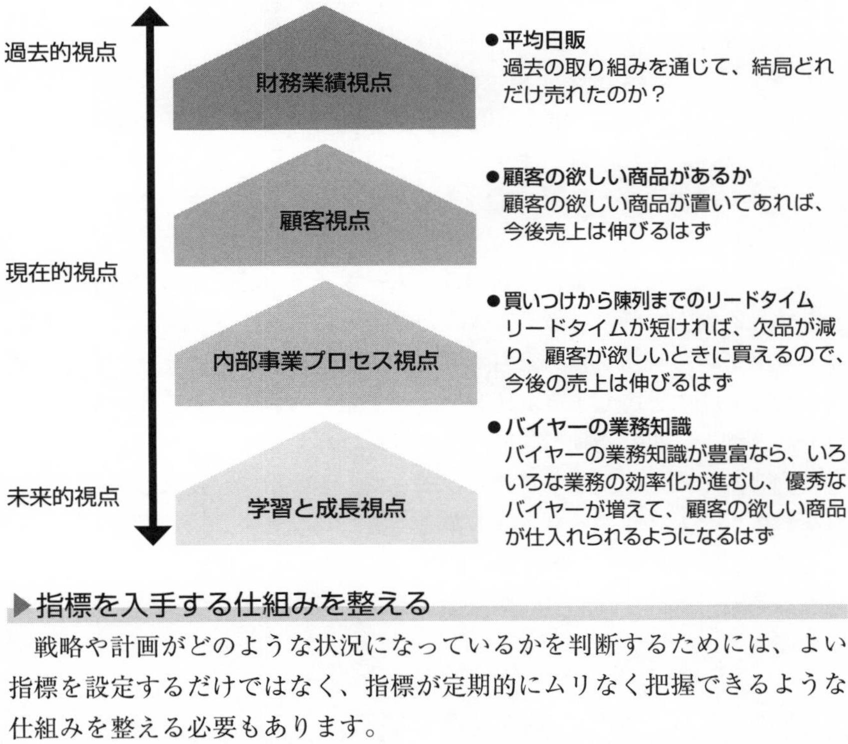
過去的視点
現在的視点
未来的視点
財務業績視点
顧客視点
内部事業プロセス視点
学習と成長視点
●平均日販
過去の取り組みを通じて、結局どれだけ売れたのか？
●顧客の欲しい商品があるか
顧客の欲しい商品が置いてあれば、今後売上は伸びるはず
●買いつけから陳列までのリードタイム
リードタイムが短ければ、欠品が減り、顧客が欲しいときに買えるので、今後の売上は伸びるはず
●バイヤーの業務知識
バイヤーの業務知識が豊富なら、いろいろな業務の効率化が進むし、優秀なバイヤーが増えて、顧客の欲しい商品が仕入れられるようになるはず

▶指標を入手する仕組みを整える

戦略や計画がどのような状況になっているかを判断するためには、よい指標を設定するだけではなく、指標が定期的にムリなく把握できるような仕組みを整える必要もあります。

戦略の進捗と結果を評価するために指標を活用するわけですから、評価をしようとする際に指標がそろっていなければ意味がありません。そのため、入手しやすい指標を設定するだけではなく、さらに指標を入手するための仕組みまで気を配る必要があるのです。

たとえばコンビニエンスストアは、財務指標の中でも「売上」に着目し、その指標を簡単に入手するためにPOSシステムを整備しました。POSシステムによって、コンビニエンスストアは全体売上だけではなく、商品ごとの売上も簡単に把握できるようになったのです。

その他にも、顧客満足度をアンケート調査しようとすることや、従業員

の業務知識を問う社内試験を定期的に実施することは、あまりムリせず指標を獲得できる手段だといえます。

▶「指標」で人と組織を動かしていく

指標が決められると、人や組織は指標を意識して活動したり、ときに無意識のうちに指標から影響を受けたりしながら、戦略や計画を実行するようになります。

たとえば、指標を改善することができれば、「自分たちが策定した戦略や計画とその取り組みが正しかった」と確認できます。自分たちが正しいと思えれば、人や組織はいままで以上に自信を持てます。その自信を原動力に、より一層自分たちの正しさを強化しようとして、ますます戦略や計画の実行に力を入れていくことでしょう。

また、指標が悪化しているならば、人や組織は自分たちの戦略や計画を振り返り、新たな活動を考えるきっかけを手にすることができます。指標が悪化している理由を自分たちで考え、解決策を導き出そうと、人や組織は動いていくことでしょう。そして、解決策を検討したあとの活動が正しいかどうかを、再び指標で判断して活動を続けていくことができます。

このように指標を設定することによって、その指標が良悪どちらの方向に振れても、人と組織にさらなる動きをもたらします。

それゆえ指標は、「人や組織にどのようなことを注意してほしいか」という、戦略や計画を動かす仕組みをつくる人からのメッセージも含んでいるのです。

▶「評価」で人と組織の動きを促進する

「指標で人々を動かしていこう」という考え方をさらに促進するために、指標の結果を給料等に反映させる手段がとられることがあります。

この典型的な手法として、「目標管理制度」があります。ある人に自分の目標を立ててもらい、その達成度合いを昇給やボーナス等に反映させる考え方です。目標管理制度は、「自分で立てた目標という指標によって個人を動かす」仕組みです。

目標管理制度に限らず、戦略や計画を立てたあとは、その実行が促進されるように気を配らなければなりません。

戦略の進捗と結果を評価するだけではなく、戦略や計画に取り組む人や組織を評価することで、戦略や計画はより動きやすくなるのです。

◎目標管理制度の例◎

20XX年度　期初目標			
配点	目標	達成度	達成された状態
40点	【目標1】リードタイム短縮のための情報システムを今年度中に整備する	S (120)	システムベンダーとうまく連携し、予算や納期を短縮して、トラブルなくシステム導入が終了した
		A (100)	システムベンダーと協力関係を構築して、大きなトラブルもなくシステム導入が終了した
		B (80)	多少のトラブルや予算・納期オーバーはあったが、今年度中のシステム導入は実現した
		C (60)	今年度中のシステム導入が実現できなかった
	・・・		

※自分自身で目標とその達成度・達成状態を、年度の初めに検討・決定する

20XX年度　期末評価				
配点	目標	達成度	得点	コメント
40点	【目標1】	A	40点	予定どおりトラブルなく進んだ
30点	【目標2】	B	24点	・・・・・
・・・	・・・			
・・・	・・・			
合計得点			88点	
年度評価			B+	

※年度末に目標ごとの達成度を評価し、年度の全体評価を作成。その評価に従って、昇給やボーナスを決定する

▶戦略を継続的に管理・修正し、戦略のPDCAを回す

ここまで説明してきたように、重要な指標（KPI）を設定し、その指標を把握していくことによって、戦略の進捗と結果を評価できます。そして、指標の設定によって、人や組織はその指標を意識して動くようになりますから、戦略や計画の実行は促進されます。また、指標の悪化は、戦略や計画を考え直すきっかけも与えてくれます。

このように、指標を通じた戦略の進捗と結果の評価は、戦略を動かし、必要に応じて戦略を修正することを可能にしてくれます。

じっくりと考えた戦略を日々の活動を通じて修正していくことは、恥ずかしいことでも、間違いでもありません。戦略や計画を動かしてみて、初めて気づくことは少なくないでしょう。それゆえ、戦略を継続的に管理して、修正を加えていかなければなりません。

「戦略を決めて実行し、KPIの把握を通じて戦略の修正を行なって、改めて修正した戦略を実行していく」という一連の流れを「PDCAサイクルを回す」と呼びます。

PDCAサイクルを回す仕組みを整えることを通じて、戦略が継続的に管理・修正されていくようになれば、戦略を絵に描いた餅で終わらせずに、戦略を通じて成し遂げたいことが実現されていくことでしょう。

このように、戦略の進捗と結果を評価して、戦略を継続的に管理していく取り組みは、戦略を実行するための仕組みとして欠かせません。

◎PDCAサイクル◎

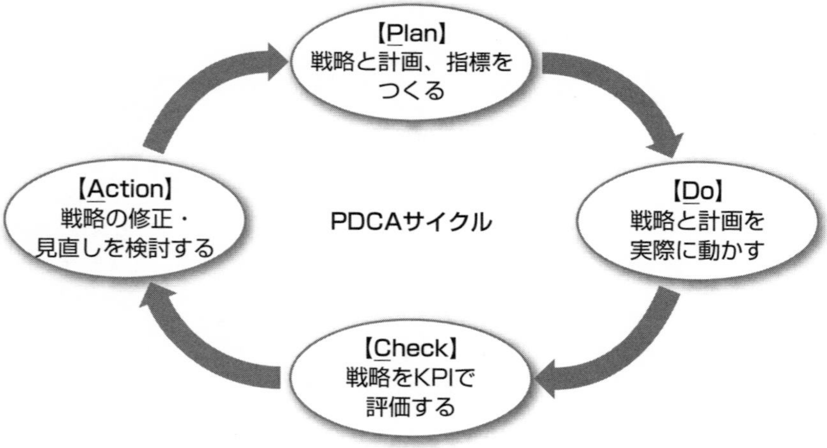

▶戦略の修正とKPIの再設定を連携させる

BSCやKPIを利用して戦略の進捗を評価し、PDCAサイクルによって戦略と計画を修正しますが、KPIも必要に応じて修正・再設定することを求められる場合があります。

なぜならば、外部環境、または戦略と計画が変化すれば、評価のためのもっとも重要な観点も変化することが起こりうるからです。戦略の継続的な管理・修正に応じて、KPIにも修正・再設定が必要となります。

ただし、KPIをあまりに頻繁に再設定することは望ましくありません。評価の視点であるKPIがブレると、戦略と計画の実行に戸惑いや混乱が生じるからです。

KPIを戦略の実行と修正の基準にしながらも、大きな変化に直面した場合には、基準そのものを再設定するというバランス感覚が問われます。戦略修正とKPIの再設定とをうまく連携させる必要があるのです。

◎戦略を実行・評価するフロー◎

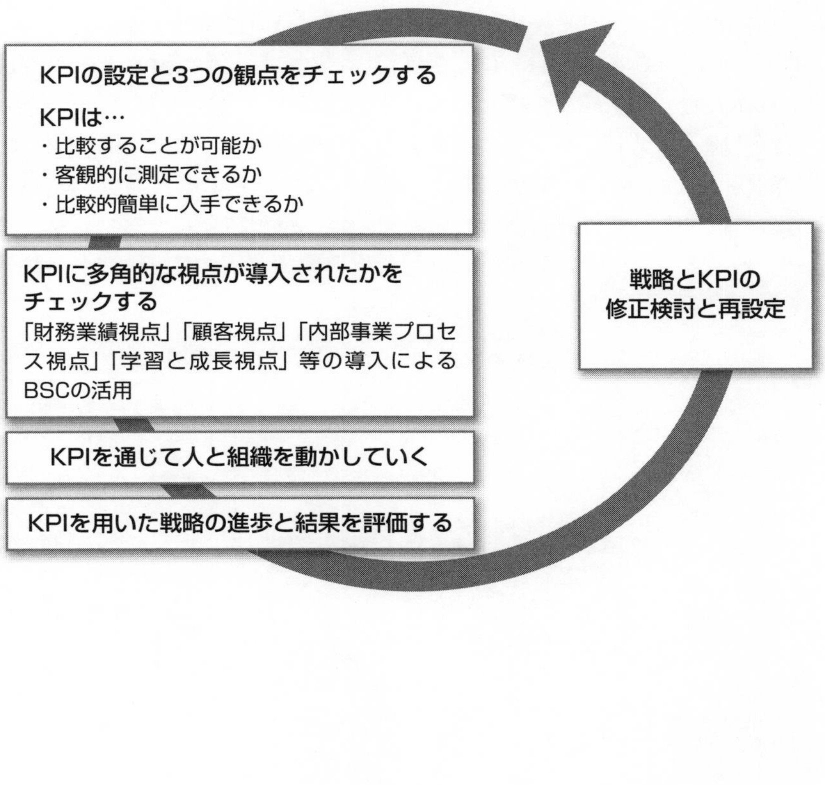
KPIの設定と3つの観点をチェックする
KPIは…
・比較することが可能か
・客観的に測定できるか
・比較的簡単に入手できるか
KPIに多角的な視点が導入されたかをチェックする
「財務業績視点」「顧客視点」「内部事業プロセス視点」「学習と成長視点」等の導入によるBSCの活用
KPIを通じて人と組織を動かしていく
KPIを用いた戦略の進歩と結果を評価する
戦略とKPIの
修正検討と再設定

③ 4 KPIを意識しながら経営管理を実行する

KPIで計画や日々の活動を評価・改善する

▶まずはKPIの候補を考える

ここでは、より具体的な状況を想定しながら、KPIの考え方や活用方法をより掘り下げて、経営管理を実践する方法について述べます。

例として、財務業績視点のKPIを検討してみましょう。財務業績視点に関する代表的・典型的な指標として、「売上」や「利益」が挙げられます。「利益」は、「売上」から「コスト」を引いたものです。また、「売上」は、「客数」、「商品・サービスの単価」、「顧客１人当たりの購買品数」といったものの組み合わせで成り立っています。第２章で紹介した「ロジックツリー」の考え方などを活用することで、財務業績視点のKPI候補が複数見えてきます。

◎ロジックツリーを活用した財務業績視点のKPI候補の検討◎

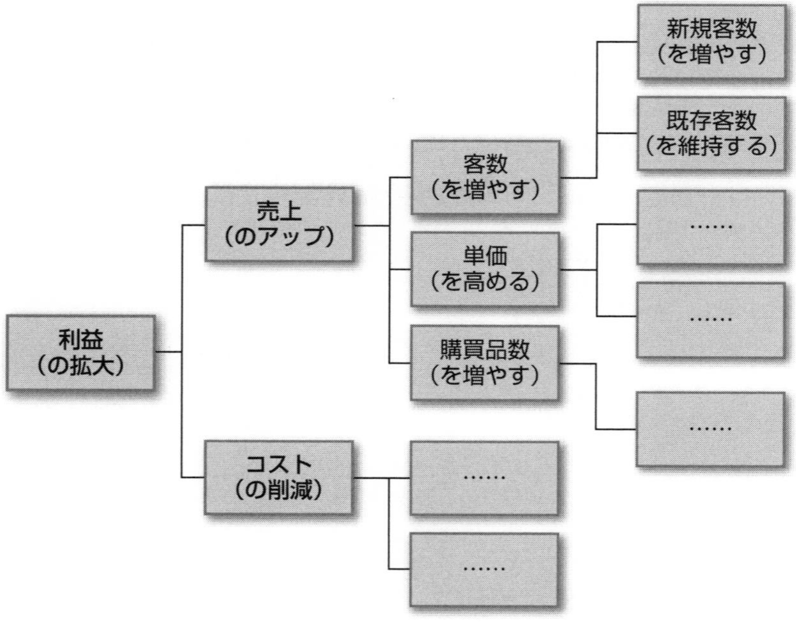

▶戦略や計画に適合したKPIを選択する

KPIは戦略や計画の進捗や結果を評価するために用いるものなので、戦略や計画、あるいは、それを実行する組織の特徴に適したものを定める必要があります。

たとえば、「利益」は、企業全体として重視する指標としてわかりやすいものですが、利益は「売上」と「コスト」の双方の影響を受けます。事業を通じて売上を伸ばすには、一定のコストが必要となりますが、逆に、事業に必要なコストを抑制しようとすると、売上を維持・拡大することが難しくなります。そのため、利益をKPIとして設定するならば、自然と、利益のみならず、売上とコストについても意識する必要が出てきます。

そこで、利益、売上、コストに関し複合的によい状態にすることをめざすならば、「費用対効果を重視する」（コスト当たりの利益、あるいは、売上を高めて最大化していく）ことや、「採算性・利益率のよい商品や顧客を重視する」（あるいは、原価率を低減させる）ことなどが重要だという考えに至るかもしれません。この場合は、KPIとして「利益率」などを採用することが効果的かもしれません。

一方、戦略的に、短期間に顧客数を増やすために積極的にコストを用いることが認められている場合や、逆に、営業部署などが毎年の決められたコストの中でやりくりする前提となっている場合などでは、強くコストを意識する必要が薄くなるために、利益よりも専ら売上に注目して業務を進めるべきということも起こりえます。この際は、売上をKPIとしたほうがよいでしょう。

また、売上は「客数」、「商品・サービスの単価」、「顧客１人当たりの購買品数」などの指標の組み合わせで表現できるので、売上を高めようとするなら、自然とこれらの指標の改善が意識されることになります。

売上を高めたいケースで、もし、単価や購買品数を改善することが容易でないといった事情等があるならば、「客数」や「成約数」などをKPIとすることも考えられます。なお、部署ごとに異なるKPIを設定したほうがよいケースも起こりえます。たとえば、会社全体では利益額の大きさをKPIとしつつも、営業部署では利益率（の高さ）、生産部署では原価率（の低さ）、管理部署ではコスト（の低さ）をKPIとすることで、各部署のKPIを利益とした場合よりも、各部署に日々の業務で意識してほしいことが伝わり、各種活動が促進されることにつながるかもしれません。

▶KPIを達成・実現する方法を考える

KPIを決めた後は、KPIがよい結果を示すような活動を考えて、その活動を進めていく必要があります。ロジックツリーの考え方などを用いて、KPIを構成する要素を洗い出し、それら構成要素がよりよいものとなるような取り組みを検討して進めていくことは、有効な活動につながることでしょう。

また、業務のプロセスに注目する方法も、KPIを踏まえた活動の検討に効果的です。たとえば、法人顧客に対して商品をカスタマイズして販売するようなケースで、KPIを「成約数」としている場合を考えてみましょう。成約に至る前には、「金額交渉」を行なっているはずです。金額交渉の前には、「商品のカスタマイズ提案」をしていることでしょう。そして、提案をする前には、「顧客ニーズの把握」が必要ですし、ニーズに関してやり取りするためには、「顧客との打合せ」を実施している必要があります。

このように、KPIの達成に至るまでの業務を時系列でしっかりと整理することができれば、各ステップの取り組みを強化することで、KPIがよい数値を示し、KPIを達成・実現することにつながっていきます。

▶KPIによる評価・改善を実行する

KPIを定めた後は、KPIがどのような値を示すかによって、戦略や計画が妥当であるか、順調に進んでいるかといった評価を下すことができます。たとえば昨年度の同時期と比べて、KPIがよい値を示しているなら、今年度の戦略や計画がよいものであると見なすことできます。逆に、KPIが悪い値を示しているなら、現在の戦略や計画を見直し、改善策を検討していく必要があります。

このように評価や改善を行なう場合においても、KPIと、KPIを構成する要素を意識することは役に立ちます。ここでは、例として、KPIを業務のプロセスを通じて評価・改善する方法について触れます。引き続き「成約数」をKPIとして、KPI達成に至るまでの業務の各ステップを想定してみましょう。

商品Ａ～Ｄの販売業務における去年１年間の活動実績が、次ページの表のような状態だとします。

商品Ａに注目すると、顧客打合せを200件実施した後、関心を示してくれた顧客150件からニーズ把握ができています。ニーズ把握のできた相手に対して、実際に100件の提案を行なうことができました。提案した先のうち70件は提案を本格的に検討していただくことができ、金額交渉に進みました。そして、最終的に、40件の成約を実現しています。

◎業務のプロセスに注目したKPIによる評価・改善◎

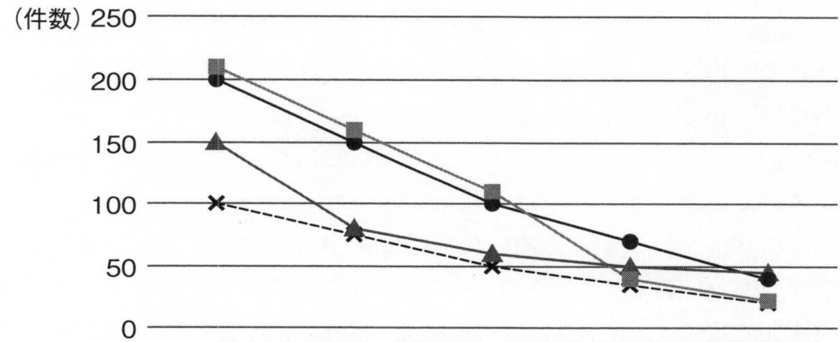

	打合せ	ニーズ把握	提案	金額交渉	成約
―●― 商品A	200	150	100	70	40
-✕- 商品B	100	75	50	35	20
―■― 商品C	210	160	110	40	22
―▲― 商品D	150	80	60	50	45

各ステップに取り組む件数を増やすことができれば、結果として成約数は増えます。それゆえ、まずは顧客との打合せ件数を増やす取り組みを強化することが有効といえます。

さらに、各ステップにおいて次に進むことのできる割合を高めることも重要です。たとえば、よりくわしく顧客ニーズを聞き出すことができれば、より容易に提案内容を取りまとめて、実際の提案につなげることができるようになるはずです。より次のステップへと進むことができるように、業務の計画・活動を検討し、工夫・改善を重ねていくことが求められます。

次に、商品Ｂに注目してみましょう。商品Ｂは、商品Ａと似たような傾向を示しながら、成約に至るまでの各件数が減少しています。それゆえ、打合せ件数を増やすことができれば、商品Ａ並みに成約数を増やすことができそうです。実際に、商品Ｂに関する打合せ件数を増やす方法があるのであれば、そのための活動に時間を割くことが重要です。

ただし、すでに打合せ件数を増やすための努力をかなりしているにもかかわらず、商品Ｂの打合せ件数が商品Ａに比べて大きく劣っているとしたら、そもそも商品Ｂは顧客が限定される商品なのかもしれません。この場合は、商品Ｂに振り向ける労力を、他の商品に振り向けたほうが、部署全体としての成約数や、売上・利益の向上につながるかもしれません。

商品Ｃを見てみると、打合せ～ニーズ把握～提案については、商品Ａと同じような件数になっていますが、金額交渉が大きく下回っています。この場合、提案を通じて顧客の興味を十分に引き出すことができておらず、顧客側がわざわざ金額提示を受けて本格検討をするには値しないと受け止めていると想定されます。

この状況を打破するためには、提案の中身をよりよいものにすることが重要であり、顧客の状況・ニーズをより深く理解して顧客が抱える課題を明確化することや、顧客の課題解決に自社製品が役立つことの訴求、自社商品が競合他社商品よりも優れていることのアピールなどが必要になってきます。つまり、成約数を増やすための勘所は、提案の強化ということが見えてきます。

商品Ｄは、ニーズ把握ができた顧客との間では、その後について比較的順調に進む傾向が見てとれます。商品Ｄはニーズを持つ顧客からは強い興味を持ってもらうことができる傾向にあるのかもしれません。あるいは、部署の戦略や計画がうまく機能しているのかもしれませんし、商品Ｄを担当する営業スタッフが、提案や金額交渉に関するよいノウハウを持っている場合もありそうです。もし、なんらかのノウハウが存在しているなら、営業スタッフ内で共有することで、他の商品の契約数を増やす改善活動を進めていくことにもつなげられそうです。

ここまで説明してきたように、KPIを用いることで、戦略や計画の進捗の評価を行なうことができ、KPIを高めるために必要な日々の活動案・改善案を見つけ出すことができます。

KPIは、戦略や計画が適切に実行されるために必要な「仕組み」のうち、よい「経営管理」を行なうのに、とても役立つツールです。

次節では、「経営管理」と共に「仕組み」に不可欠な、「組織」について説明します。

3 5 戦略実行のために適切な組織を整える

うまく経営管理をしても、組織がダメならば戦略の効果は薄い

▶戦略が円滑に動く組織をつくる

戦略を動かすためには、「計画」「評価」等の「経営管理」だけでは十分ではありません。

戦略を実行する「組織」がきちんと整備されていなければ、どんなにしっかりした経営管理を行なっても、戦略は十分な効果を上げることはできないことでしょう。

戦略実施時の組織の形態や、戦略の実行に必要な経営資源について、適切な状態を整えることで、戦略の動きは一層加速します。下図のフローに従って、組織や経営資源を整えます。

◎戦略のために組織を整えるフロー◎

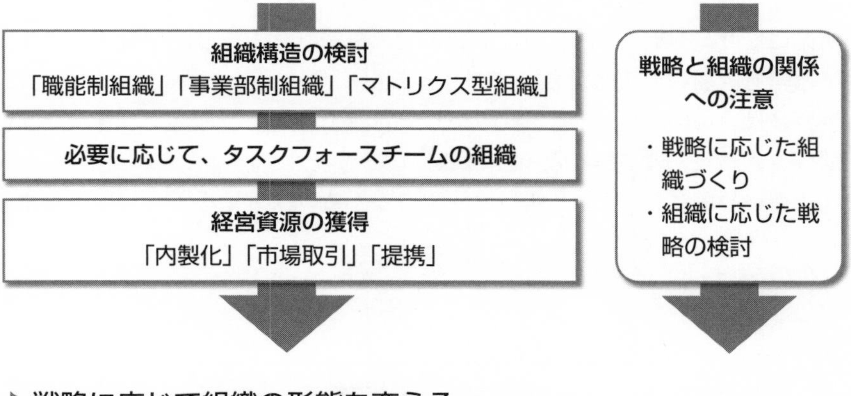

組織構造の検討
「職能制組織」「事業部制組織」「マトリクス型組織」
必要に応じて、タスクフォースチームの組織
経営資源の獲得
「内製化」「市場取引」「提携」
戦略と組織の関係への注意
・戦略に応じた組織づくり
・組織に応じた戦略の検討

▶戦略に応じて組織の形態を変える

どのような戦略や計画を実行しているかによって、どのような組織形態が望ましいかは異なります。戦略によって、組織を変えていく必要があるのです。

戦略や計画に応じて、「どのように組織の構造をデザインするか」「特別な活動単位をつくる必要があるか」といったことを、適宜検討していかなくてはなりません。

▶目的を効率的に達成できるように組織構造をデザインする

まず戦略に応じて、適切な“組織のまとまり”を考える必要があります。戦略で成し遂げたいことを、効率的に実現する組織としてまとまるように、組織構造をデザインしておきましょう。

組織のまとめ方を適切に設定できれば、指揮命令系統がすっきりして意思伝達の効率性が高まったり、組織内でお互いが持つ知見の共有が促進されるといったメリットが期待できます。

典型的な組織構造として、「職能制組織」「事業部制組織」「マトリクス型組織」があります。それぞれに特徴があり、「戦略」や「戦略が対象としている事業内容」等によって、どの組織構造を選択するかを考える必要があります。

①職能制組織

職能（機能）ごとにまとまりをつくる考え方です。たとえば、営業に関する部門、製品の研究開発に関する部門、製品の製造に関する部門ごとに組織をまとめます。

職能別に組織が活動すれば、組織内のメンバーに期待されている役割が明確になり、分野ごとの専門性も効果的に蓄積されることが期待できます。

ただし、組織が大きくなって、扱う製品やサービス、顧客数が増加した場合には、「誰が何に対応するのか」を判断する負荷が増えてしまったり、期待される役割や責任の所在が曖昧（あいまい）になる可能性もあります。

なお一般的には、職能制組織の維持にかかるコストは小さくてすみます。

◎職能制組織◎

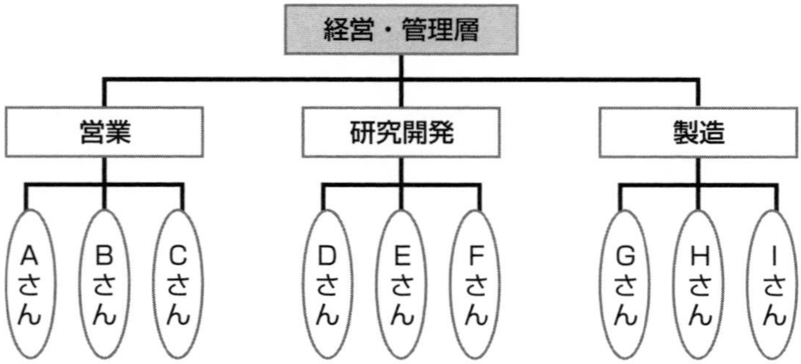

出典：『経営学入門　上・下』（榊原清則 著、日本経済新聞出版）より作成

②事業部制組織

製品・地域・顧客等の観点で事業を区別し、事業ごとにまとまりをつくる考え方です。

たとえば、事業部制組織を小規模な組織に適用する場合、製品別に組織を整理して、組織内のメンバーで営業・研究開発・製造のすべてを行なうことになります。研究開発がわからないと営業がうまくできない場合には、このような組織にまとめることは有効でしょう。

◎小規模な事業部制組織◎

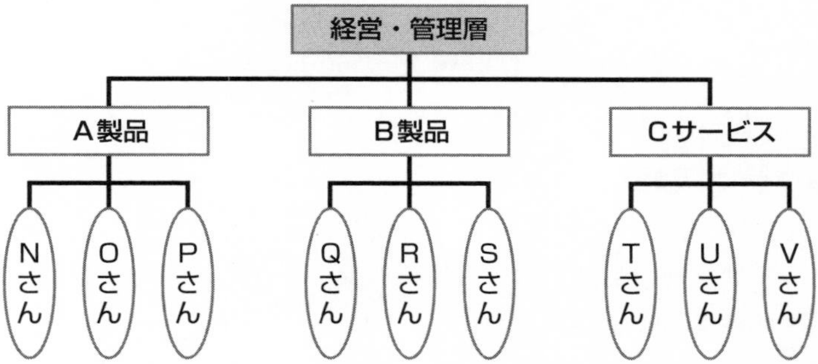

出典：『経営学入門　上・下』（榊原清則 著、日本経済新聞出版）より作成

また、事業部制組織を大規模組織に適用するならば、製品ごとに営業・研究開発・製造の機能を備えた組織をまとめることが考えられます。他にも、「関東」「中部」「関西」等、地域で組織をまとめることも考えられます。

事業部制で活動することになれば、会社全体として製品やサービスが増加しても、メンバーに期待されている役割は明確になります。

ただし、事業のまとまりごとに営業・研究開発・製造の機能を備えることによって、一部機能が重複することによるムダの発生や、事業別に自分たちのことだけを考えて行動してしまう縦割り的・蛸壺（たこつぼ）的な弊害が発生する可能性があります。

なお一般的には、事業部制組織の維持にかかるコストは職能制組織よりも大きくなります。

◎大規模な事業部制組織◎

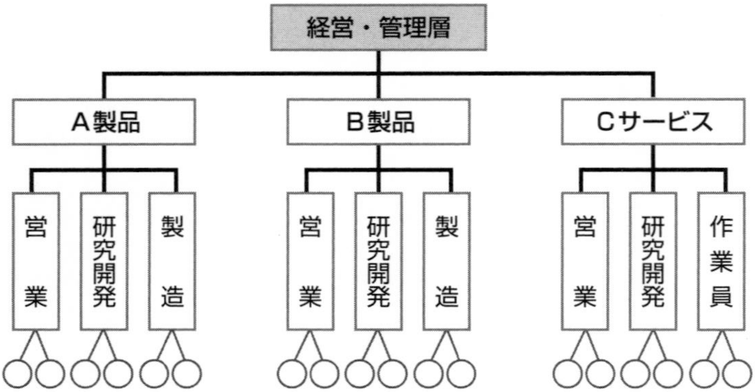

出典：『経営学入門　上・下』（榊原清則 著、日本経済新聞出版）より作成

③マトリクス型組織

職能と事業の両方の観点でまとまりをつくる考え方です。たとえば、あるメンバーは特定の製品に関する組織に属しながら、同時に職能としての営業組織にも属します。

そうすることで、特定の製品を販売するという役割が明確になり、他の営業メンバーから刺激を受けて、縦割り的・蛸壺的な弊害に陥ることなく、営業に関する専門性を蓄積できます。

ただし、メンバーは２つの組織に属するため、指揮命令系統が曖昧になってしまう可能性があります。

なお一般的には、マトリクス型組織の維持にかかるコストは事業部制組織よりも大きくなります。

◎マトリクス型組織◎

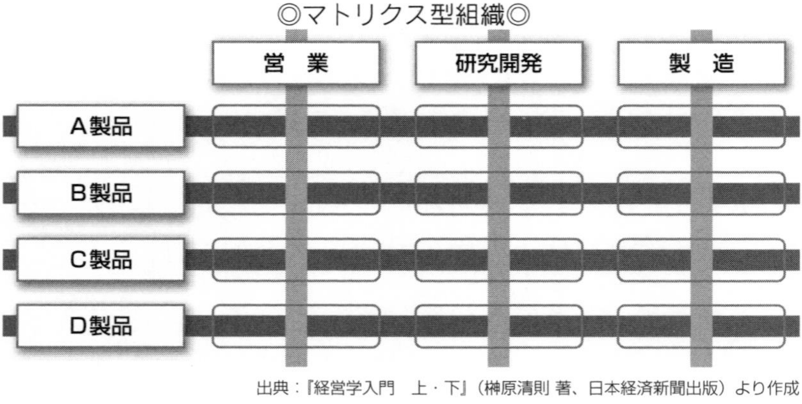

出典：『経営学入門　上・下』（榊原清則 著、日本経済新聞出版）より作成

本書で紹介した3つの組織構造には、それぞれ特徴があります。特徴を踏まえたうえで、戦略や戦略対象の事業内容に照らし合わせて、どの組織構造を選択するかを考えることが肝要です。

▶組織に特別な活動単位（タスクフォース）をつくる

組織構造をデザインすることは、どちらかというと、中長期の戦略に対応しようとする場合に重要となります。

より短期の戦略へ対応しなくてはならない場合、スピードを重視して戦略や計画を動かす必要がある場合には、タスクフォースチーム（プロジェクトチーム）を組織します。一時的に従来の組織構造から外れて動くチームをつくることで、特別な課題に対して柔軟に、かつ、スピーディーに対応します。

たとえば、日産自動車は、1990年代に業績不振に苦しんでいましたが、部門横断のチームをつくり、会社経営の立て直しの中心に据え、1999年には日産リバイバルプランを発表して、その後、業績回復に見事に成功したことが知られています。

一度、組織構造をデザインしたからといって、そのデザインにのみ従って戦略を実行する必要はありません。先述したように、戦略や計画は指標によって評価され、修正されます。修正する必要があっても、組織構造を変えるほどでもないと判断できるときには、タスクフォースチームを組織して対応するのが合理的です。

◎タスクフォースチーム◎

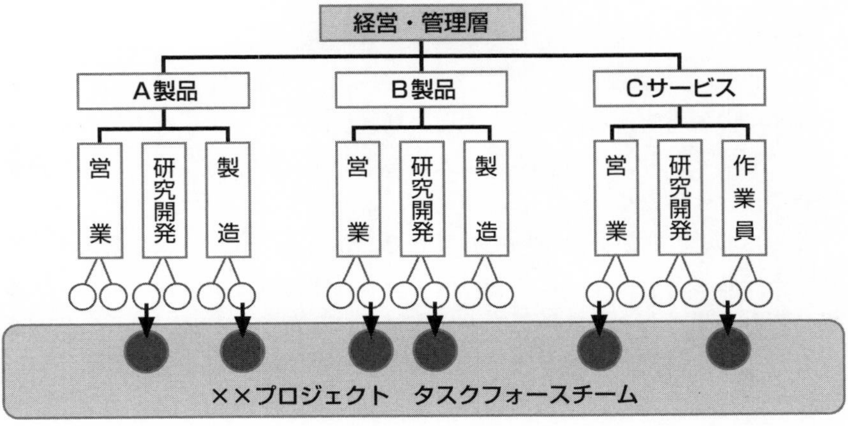

▶戦略のための経営資源を確保する

戦略を実行するためには、対応する組織構造を整えることに加えて、さまざまな原材料、設備、技術、知識等の経営資源を、組織内の必要とされるところに手配することが求められます。多くの場合、これら経営資源は組織のどこかで保有されており、組織構造や組織内連携の仕組みを調整することで手配されます。

しかし、戦略の実行に必要なありとあらゆる経営資源すべてを、自社内の既存の経営資源だけで満たすことは困難です。そのため、新たに経営資源を自社内に取り込む「内製化（自社で確保しようとする）」か、社外から経営資源を調達する「市場取引」を活用しなくてはなりません。

経営資源の確保においては、この「内製化」と「市場取引」のバランスがきわめて重要です。

◎経営資源獲得の３つの形態◎

	内製化	市場取引	提携
長所	・経営資源の集中的管理を実現できる ・他社の影響を排除できる	・必要な経営資源を選ぶ幅が広い ・柔軟さ、経営資源を保有しない身軽さがある	・独特な経営資源の獲得可能性が高い
短所	・経営資源の管理コストが増大する ・経営資源獲得に時間がかかりすぎる ・最終的に獲得できないリスクがある	・多数の企業から取引先を探し出すことが難しい ・貴重な資源を持つ企業に対して立場が弱まる	・信頼関係を構築するために時間やコストが発生する
視点	長期的	短期的	中期的

すべての経営資源を内製化すると、経営資源を管理するための費用がかさんでしまったり、すばやく手に入れることができない（技術の開発等には時間がかかるため）といった問題が起こりえます。

そのため、経営資源を市場での取引で、資源を保有している企業から確保することも必要です。しかし、市場から経営資源を手に入れようとする場合でも、思ったような価格で手に入れることができなかったり、資源を保有している取引先企業を発見できないような問題が起こりえます。

このような理由で、経営資源の特徴に応じて「内製化」と「市場取引」

のどちらを選択するのかを見定めなくてはなりません。

また、内製化と市場取引の中間形態として、「提携」という考え方も存在します。たとえば、共同で技術を開発したり、フランチャイズ方式などでノウハウの提供を受けたりすることは、有力な経営資源の獲得方法です。

これら、「内製化」「市場取引」「提携」のバランスを考えて組み合わせていくことが、戦略を動かしていく経営資源の獲得には欠かせません。たとえば、他社全体や他社の一部の事業を買収するＭ＆Ａは「提携や市場取引で手に入れていた経営資源を内製化してしまう１つのパターン」として理解できます。

▶組織によって戦略が決まる場合もある

ここまで説明してきたように、戦略に応じて適切な組織形態を考えることは、戦略を効果的に実行するために必要です。

そうはいっても、実際には「現状は○○のような組織形態だから、△△のような戦略を立てて、□□のように実行しよう」と考えたり、「○○のような経営資源を持っているから、××のように戦略を実行することがよさそうだ」と考えたりすることもしばしばあります。

ここまで、「戦略に応じて組織を整備する必要がある」と述べてきましたが、場合によっては「組織に応じて戦略を考える」こともありえるのです。戦略と組織は、相互に作用しえます。この観点を踏まえておけば、優れた戦略を実行したり、実際の戦略の修正に役立つことでしょう。

◎組織と戦略の関係◎

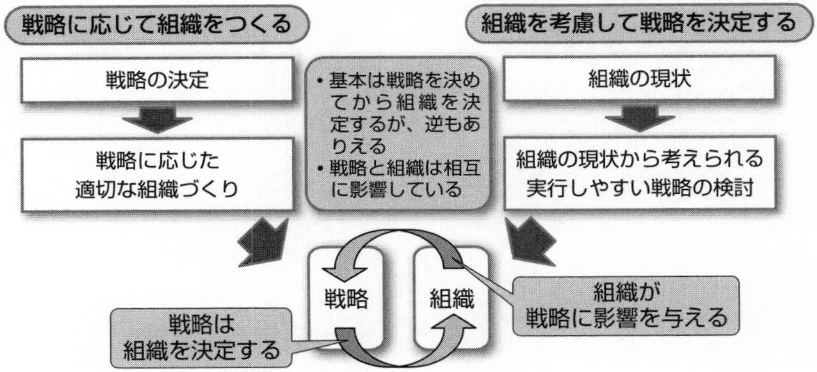
戦略に応じて組織をつくる
戦略の決定
戦略に応じた
適切な組織づくり
組織を考慮して戦略を決定する
組織の現状
組織の現状から考えられる
実行しやすい戦略の検討
・基本は戦略を決めてから組織を決定するが、逆もありえる
・戦略と組織は相互に影響している
戦略
組織
戦略は
組織を決定する
組織が
戦略に影響を与える

第4章

企業全体のパフォーマンスを向上させる全社戦略の実践

④1 経営戦略の全体最適と個別最適を図る

全社戦略による全体最適と、事業戦略による個別最適を組み合わせる

▶事業をまとめた「全社戦略」と事業単体の「事業戦略」がある

戦略はおもに、その企業が保有する複数事業をまとめた「全社戦略」と、事業単体の「事業戦略」があります。

全社戦略はコーポレート部門（経営層・経営企画部等）が担当し、「経営資源をどの事業に配分すべきか（全体最適）」ということに主眼を置いて策定されます。

これに対して、事業戦略は各事業部門が担当し、「配分された経営資源を基に、事業単体における適切な打ち手は何か（個別最適）」ということに主眼が置かれます。

◎全体最適と個別最適の関係◎

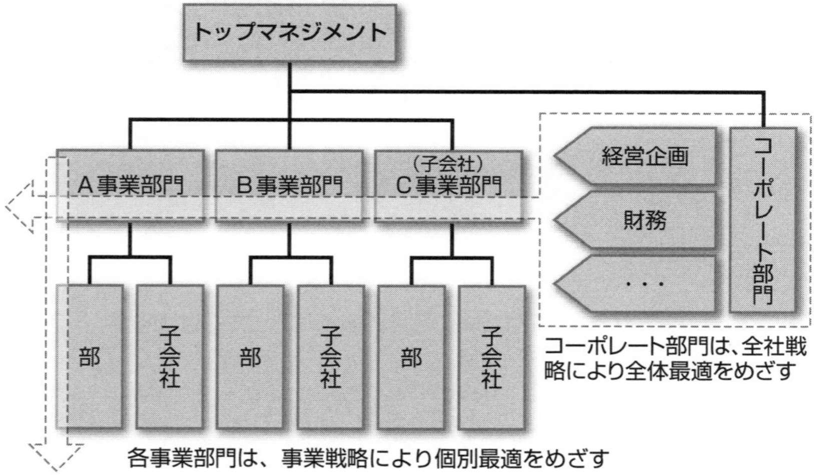

▶全社・事業戦略の双方そろって初めて企業を推進させられる

事業戦略は、「事業単体をよくする」ととらえれば、理解しやすいと思います。つまり、他事業との比較は関係なく、その事業だけを成長・改善させていくのです。

たとえば、100億円投資して10億円の利益が上がるA事業、100億円投資して1億円の利益が上がるB事業がある場合、どちらの事業部門についても個別で成長・改善させていくということです。

では、企業全体で見たときはどうでしょうか？　100億円投資して10億円の利益を上げている魅力的なA事業を保有している中で、果たして、100億円投資して1億円の利益しか上がらない魅力の少ないB事業に、同じ100億円を企業として投資しなければならないのでしょうか？　その100億円を魅力的なA事業に投資すれば、20億円の利益が上がるかもしれません。もちろん、こんなに単純ではありませんが、ある事業への投資を別事業にシフトさせる可能性を考えるといったものが全社戦略の考え方です。

「企業としてどこに投資すべきなのか」という全社戦略を考え、そのあと「投資された各事業を成長・改善する」という事業戦略が組み合わさることで、初めて企業として最大の利益を上げられます。

第4章では、この2つの戦略のうち「全社戦略」について、事例を用いて説明します。

◎企業戦略のイメージ◎

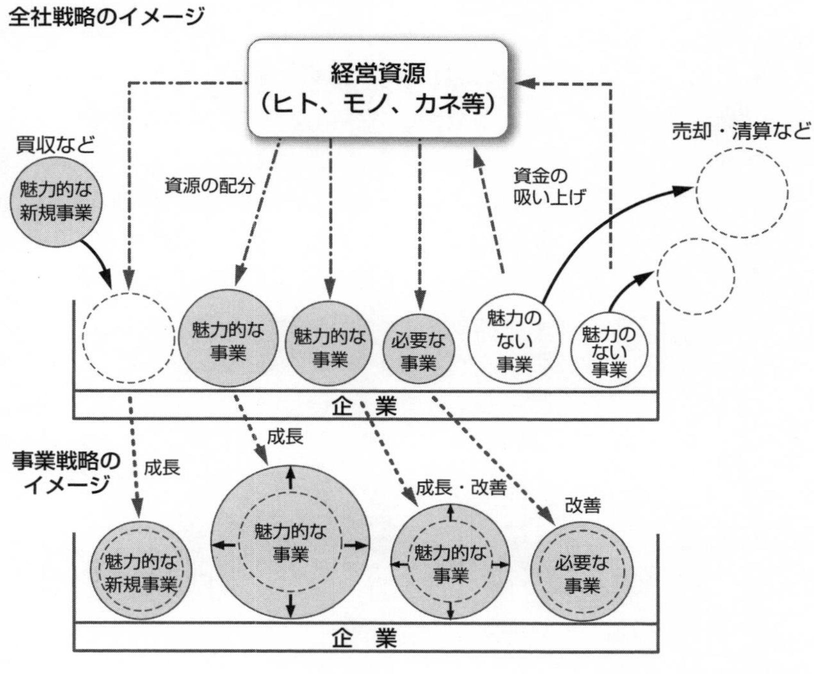

④ 2

全社戦略策定の基本的なプロセスを知る

「資源配分」と「実行」が重要である

▶ビジョンとドメインを前提条件とする

全社戦略を策定するうえで前提となるのは、その企業の「ビジョン」と「ドメイン」です。ビジョンとは「企業の描く将来像」を指し、いわば長期（5年〜10年以上）の目標となります。ドメインとは、そのビジョンを達成するために「どのような事業領域で活動するのか」ということです。全社戦略は、企業の持つビジョンやドメインに基づいて、次のステップで策定されます。

1つ目のステップは、「資源配分」です。「事業ポートフォリオ戦略」とも呼ばれ、全社戦略の中でもっとも重要なステップです。どの事業が自社にとって必要で、どの事業が不必要かということを分析し、コア事業（中核事業）・ノンコア事業（非中核事業）を決めます。それに基づいて、ノンコア事業から経営資源を吸い上げ、コア事業へと経営資源を配分していくという方針を策定することになります。

2つ目のステップは、「機能の最適化」です。1つ目のステップで保有すべき事業が明らかになりましたが、各事業間での機能の重複を防ぐ等、事業群の機能を最適化することになります。ただし、このステップは必ず存在するわけではなく、必要に応じて行なうことが多いと思われます。

3つ目のステップは、「実行」です。ノンコア事業と位置づけられた事業の売却・清算、コア事業への投資、事業間で同じ機能を集約する等、これまでのステップで策定された方針を速やかに実行します。

このような方針が見えているのにもかかわらず、実行に移せないまま全社のパフォーマンスを下げてしまっている企業も少なくありません。実行してこそ、全体最適が達成されるのです。

◎全社戦略策定プロセス◎

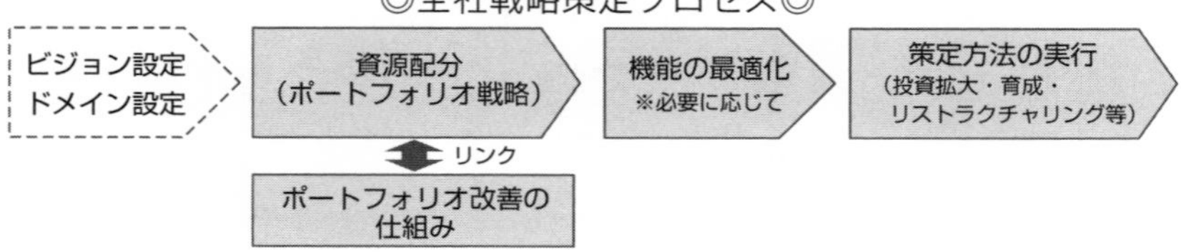

4-3 優先順位をつけて資源を配分する

限りある経営資源（ヒト、モノ、カネ）を有効に活用する

▶企業の経営資源は“有限”であることを把握する

企業は、キャッシュや人材等さまざまな経営資源を保有しており、その経営資源を用いて事業を推進します。しかし、どんな大企業といえども、そうした経営資源を無限に保有しているわけではありません。

経営資源が有限であるということは、その企業が推進する事業の中でも適切な事業に対して資源を配分する必要があるということです。では、「適切な事業に対して資源を配分する」とはどういうことでしょうか？事例を交えながら見てみましょう。

①「事業パフォーマンス」の高い事業へ優先投資する

たとえば、流通小売企業Ａ社は、小売事業（本業)、物流事業、金融事業、ホテル事業、エンターテインメント事業の５事業を推進しているとします。この事業ポートフォリオに対して、適切に資源を配分したいとき、最初に「事業パフォーマンス」によって優先順位をつけることが一般的な方法です。

事業パフォーマンスによるポートフォリオ管理としては、90ページで紹介したビジネス・スクリーンを用いる手法がありますが、本章では「市場の魅力度」と「自社の競争力」の２軸で評価します（ビジネス・スクリーンの軸とほぼ等価なものととらえてください)。

「市場の魅力度」は、市場規模、市場成長率、市場平均収益率、寡占度やその他定性情報等を組み合わせて評価します。一方の「自社の競争力」は、自社シェア、競合との相対的な収益性、EVAスプレッド（経済的付加価値指標の１つ)、その他競合とのベンチマークによる定性情報等を組み合わせて評価します。ただし、各軸とも特定の評価項目があるわけではなく、自社に合った項目を探して使用しなければなりません。

Ａ社のポートフォリオをこの２軸で評価すると、Ａ社の「小売事業」や小売事業の顧客に対して始めた「金融事業」は市場規模・成長性ともに大

きく、また他社と比較して売上・利益率が同等以上となっています。つまり、「今後も投資をして拡大成長をめざせる事業」と位置づけられます。

◎事業パフォーマンスによる管理◎

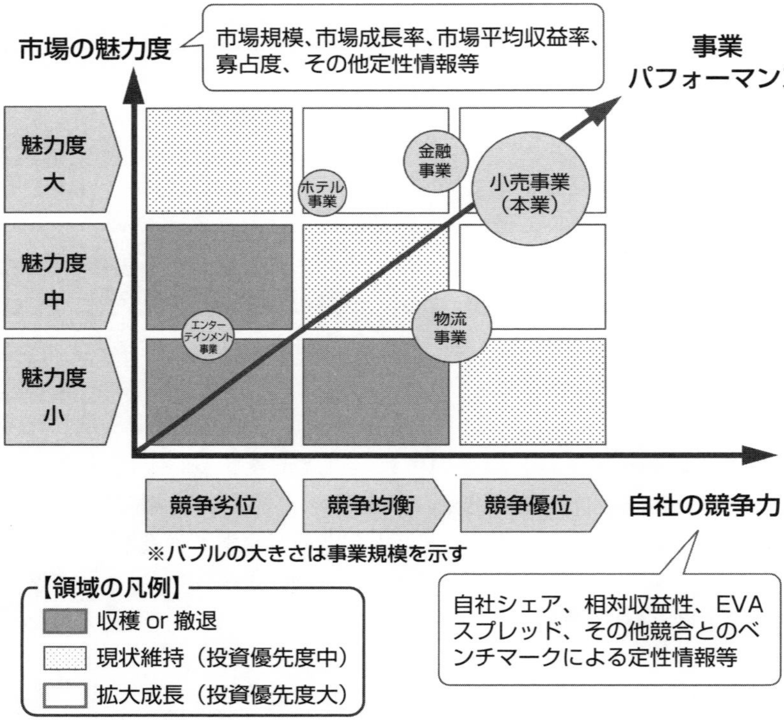

また、小売事業の物流網を利用した「物流事業」は他社と同等以上の利益率ですが、短期的に見て市場が十分に顕在化（確立）してないこともあり、投資の優先度は小売事業・金融事業に比べてやや低くなります。

「ホテル事業」は市場規模・成長性ともに良好なものの、競合に比べ低い利益率となるため、投資の優先度は小売事業・金融事業に比べてやや低くなります。

「エンターテインメント事業」は市場の魅力度が低いだけではなく、自社が赤字、かつ、売上がマイナス成長となっているため、投資はせずに収穫戦略（中長期的には撤退を視野に入れつつ、撤退までに創出するキャッシュフローの最大化を図る戦略）か撤退戦略をとることが考えられます。

このように、市場の魅力度と自社の競争力から各事業のポジションを明確にでき、資源配分のスタンスを決められるのです。

参考までにつけ加えておきますが、これまでに述べてきた事業パフォーマンスに加えて、本質的には「事業リスク」を考慮する必要があります。事業リスクとは、「外部要因・自社要因等により、事業用資産やキャッシュフローが受ける損害の可能性」を指します。

この事業リスクは、事業・ビジネスモデル・国等によって異なります。たとえば、先進国と発展途上国で同じ事業を行なうときのリスクは、後者のほうが圧倒的に高いと考えられます（これを「カントリーリスク」といいます)。ハイリスクであればハイパフォーマンス（ハイリターン）が望まれる等、リスクとパフォーマンスのバランスをとる必要があるのです。

たとえば、総合商社は事業資産が大きいうえに海外展開が多く、事業リスクが多大に見込まれるため、事業リスクの概念をポートフォリオに取り入れて管理しています。

②「事業シナジー」の高い事業へ優先投資する

ポートフォリオは、事業のパフォーマンスだけで管理するわけではありません。シナジーを発揮できる事業かどうかということも重視されます。シナジーの定義はさまざまですが、ここでは「経営資源・顧客を活用している」こととします。

各事業間において、経営資源もしくは顧客を活用することにより、競争力強化やコストダウン等を行なうことができ、事業単体で測るよりも事業価値が上がる可能性が高まります。とくに、コア・コンピタンス（競争の源泉）となっている経営資源を共有できれば、各事業は競争力を得られる可能性が高くなります。先ほどのＡ社を例にとりましょう。

本業の小売事業は、他社にはない非常に効率的な物流機能・物流網を保有しているので、コスト競争力を発揮できています。このとき、コア・コンピタンスである物流機能を活用した「物流事業」は、シナジーのある事業と考えられます。また、小売店舗を利用している既存顧客に対し、バンクやカード等のサービスを提供する「金融事業」もシナジーのある事業と考えられます。

これに対し、「ホテル事業」や「エンターテインメント事業」は経営資源をうまく活用しておらず、シナジーのない事業と考えられます。

シナジーのない事業から資金を引き上げ、シナジーを有する「物流事業」や「金融事業」へ投資することによって、グループ全体の業績向上が見込まれるのです。

◎事業シナジーによる管理◎

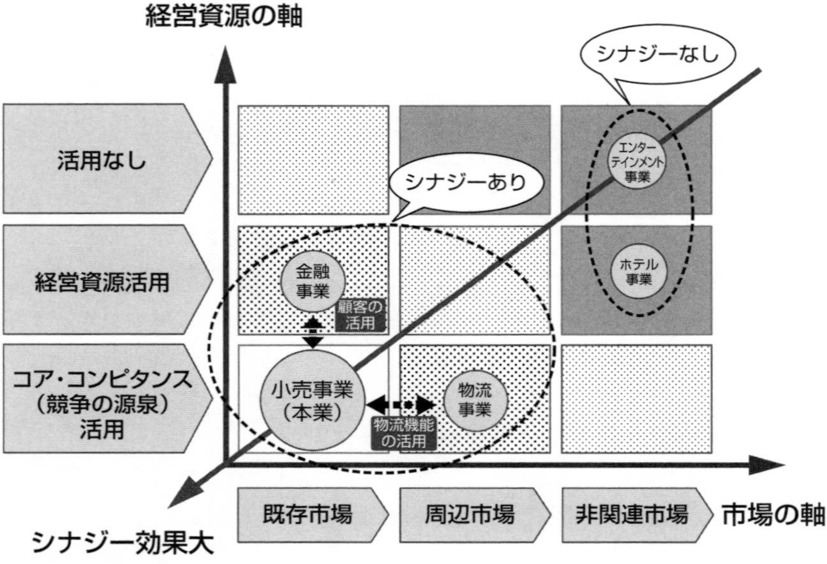

※バブルの大きさは事業規模を示す
※市場の定義は以下のとおり
- 既存市場：本業と同一の需要を満たす製品・サービスの（潜在的）購入者群
- 周辺市場：本業から派生した、あるいは製品の種類・特徴の類似性から見て本業に関連した需要を満たす製品・サービスの（潜在的）購入者群
- 非関連市場：本業の需要とまったく関係のない需要を満たす製品・サービスの（潜在的）購入者群

③「パフォーマンス」と「シナジー」の両面から資源配分を考える

パフォーマンスとシナジーを別々に評価しましたが、本質的には双方を組み合わせてポートフォリオを管理することが有効だと考えられます。

A社の「小売事業」と「金融事業」は、パフォーマンスが高くてシナジーも大きいため、自社のコア事業と位置づけて投資拡大をする必要があります。「物流事業」は、シナジーは大きいもののパフォーマンスがまだ十分ではないため、市場顕在化の戦略をとる等事業を育成していかなければなりません。

「ホテル事業」は比較的パフォーマンスが高いのですが、シナジーを活用できていません。シナジーを活用できない事業は、A社よりもシナジーの発揮できる企業へ（高値で）売却するのがよいと考えられます。

「エンターテインメント事業」はパフォーマンスも低く、シナジーもないためにノンコア事業に位置づけられます。パフォーマンスが低いために売却が難しく、清算を検討しなくてはなりません。

◎パフォーマンスとシナジーによる管理◎

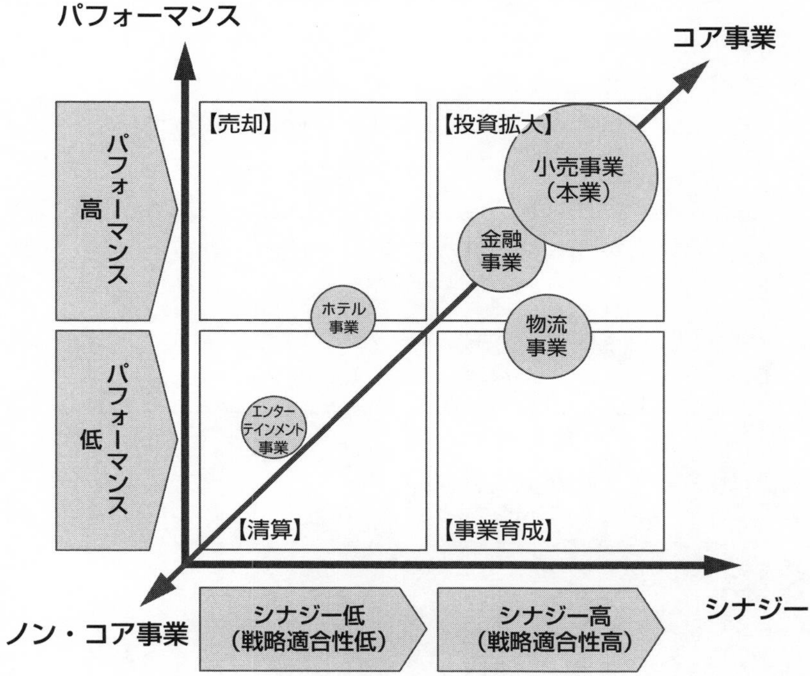

以上のようにして、効率的に資源を配分していきます。ただし、資源配分において１つだけ注意点があります。それは、「特定の“コア・コンピタンス”“顧客”“事業”のシナジーに頼りすぎた事業展開を継続していると、そのシナジーの要素に強みや魅力がなくなった時点で、保有している事業が一気に崩れ落ちる危険性がある」ということです。

そのため、シナジーを有する事業群が衰退を迎える前には、新たな根幹事業を「シナジーなし」でも探索することも考慮しておかなければなりません。

▶ビジョンとドメインをひもづけ、そして実行する

これまで説明した資源配分の考え方ですが、ビジョンやドメインとの整合性をとる必要があります。すなわち、ビジョンやドメインで示されている「売上・利益」や「事業領域」を達成するポートフォリオを設計しなければなりません。

まずは現状のポートフォリオのまま、企業活動を推進した場合の将来ポートフォリオを予測します。そのポートフォリオとビジョンやドメインを比較することで、ギャップが明らかになります。

そのギャップを埋めるため、次の戦略を実施します。

◇ビジョンとドメインのギャップを埋める戦略◇

- 現在の事業ポートフォリオの改善（投資拡大、育成、売却、清算等）
- 新規事業戦略（自社インキュベーション：起業、M＆A、ジョイントベンチャー：他社との合弁）

実際にギャップを埋めるためには、ポートフォリオ戦略の設計を行なうだけでは実現しないので、「実行」が非常に重要になるのです。

④ 4 ポートフォリオを改善する仕組みをつくる

マネジメントシステム・コーポレート組織・業務評価制度が必須

▶資源配分に必要な仕組みを構築する

ここまで説明してきた資源配分により、ポートフォリオを改善していくわけですが、「①ポートフォリオマネジメントシステム」と「②コーポレート組織」という２つの仕組みが欠かせません。

①ポートフォリオマネジメントシステム

資源を配分する際には、これまで説明してきたようにパフォーマンスやシナジーを評価しなくてはなりません。そして、こうした評価を行なうためのツールやルール等を取り決めたシステム（仕組み）がポートフォリオマネジメントシステムです。

具体的には、各企業の立場を考えた「評価の軸」や、セグメンテーションしたときの「各領域の位置づけ」を決めておきます。もちろん、追加投資・売却・撤退等を行なう際に、必ず評価の軸や各領域の位置づけに従う必要はありません。その時々で柔軟に対応すべきとは思いますが、何も基準がないと判断材料がなかったり、経営層やスタッフの中で基準がバラバラだったり、スムーズに意思決定されない可能性があります。事業数が多い場合にはなおさらです。

とくに問題になるのが「撤退」のケースです。どの領域が撤退候補に相当し、そのあとどのような条件のときに撤退するのかという「撤退基準」が曖昧なために、なかなか撤退に踏み切れず、企業価値を下げてしまう企業も多いと思います。

そうしたことを防ぐためにも、ポートフォリオマネジメントシステムが必要なのです。

②コーポレート組織

いわゆる全社的な戦略を推進する「経営企画部」等がコーポレート組織（コーポレート部門）に相当します。急成長してきた企業等は、経営企画部が本業の事業戦略を立てるものの、全社戦略を見る組織がないことがあります。複数の事業を保有するのであれば、そうした全体最適の視点を業務に加えた組織が必要なのです。

▶資源配分だけではポートフォリオの改善は不十分

資源配分は、コーポレート部門の立場に立って、手持ちの経営資源をどの事業に配分するかを考えるものでした。しかし、それだけではポートフォリオの改善は十分ではありません。コーポレート部門（経営陣や経営企画部等）が適切に投資したとしても、事業部門が事業を推進してパフォーマンスを上げなければ、ポートフォリオは改善しません。

事業の推進は、事業部門が「事業戦略」を立案・実行することに対応します。それに関連し、コーポレート部門が持つべき仕組みとして「業績評価制度」があります。

業績評価制度とは、各事業をコーポレート部門が客観的に評価し、業績の良し悪しに応じてインセンティブを与える制度です。一般的には、評価結果に基づいて、事業部門に権限（投資権限等）を付与・制限したり、責任者クラスの報酬を増減させたりします。こうすることで、事業部門（およびその責任者クラス）は自部門の業績を上げようとします。

すなわち、こうしたインセンティブを事業部門に与えることによって、事業部門の成長・業績改善等を促進できます。

◎ポートフォリオを改善する仕組み◎

<table>
<tr><th></th><th></th><th>コーポレートに
対する仕組み</th><th>事業部門に対する
仕組み</th></tr>
<tr><td rowspan="2">仕組みの属性</td><td>マネジメント
システム</td><td>ポートフォリオ
マネジメントシステム
（撤退基準等も含む）</td><td>業績評価制度
（インセンティブ付与も含む）</td></tr>
<tr><td>組織</td><td colspan="2">コーポレート組織
（ポートフォリオマネジメント、業績評価を扱う組織）</td></tr>
</table>

④5

機能最適化の考え方

全社的な観点から、各事業の持つ機能を最適に配置する

▶機能最適化も全体最適の一手となる

事業への資源配分により、事業ポートフォリオが改善・定まったあとは、各事業が保有しているさまざまな機能を最適化する必要があります。

「機能の問題は事業よりも小さい話だから、全社戦略ではないのではないか」と考える人もいるかもしれません。しかし、複数事業を横断する製造・物流・販売という機能を保有している場合も往々にしてあります。

事業内だけで機能をとらえると、最適解を見落としてしまうかもしれません。もちろん、機能は事業戦略と密接な関係があるので、各事業戦略と連携をとって、機能最適化を推進していく必要があります。

また、こうした機能最適化は、各企業において常に問題になっているわけではありません。そのため、1年単位ではなく、もう少し長いスパンで行なわれることが一般的です。

機能最適化については、「①重複の排除」「②水平統合による規模の経済性」「③垂直統合による効率化・競争力増大」という3つの考え方に分けられます。

①重複の排除

異なる部署や異なる子会社が同機能を保有している場合、どちらかに業務を寄せることにより、コストダウンや生産性の増大を期待するのが「重複の排除」です。ただし、何が何でも重複を排除するわけではなく、非効率となっている部分の重複を防げばよいのです。

②水平統合による規模の経済性

事業間の同機能をまとめることにより、規模の経済性を追求するものが「水平統合による規模の経済性」です。たとえば、A事業とB事業で生産した製品を別々の組織で売っていた場合、まとめて売れればコストメリットを得ることができます。

③垂直統合による効率化・競争力増大

バリューチェーンの上流・下流に進出して業界に対する影響力を増大させたり、内製・外注を選択してコスト効率を高めたりすることが「垂直統合による効率化・競争力増大」です。ただし、これは、かなり事業戦略寄りの話になります。

これら３つの機能最適化は、ただやみくもに行なえばよいわけではありません。逆に非効率になる可能性もあるので、必ず吟味して、実行した場合にはほんとうに効率的になるのかをシミュレーションする必要があります。

◎機能の最適化◎

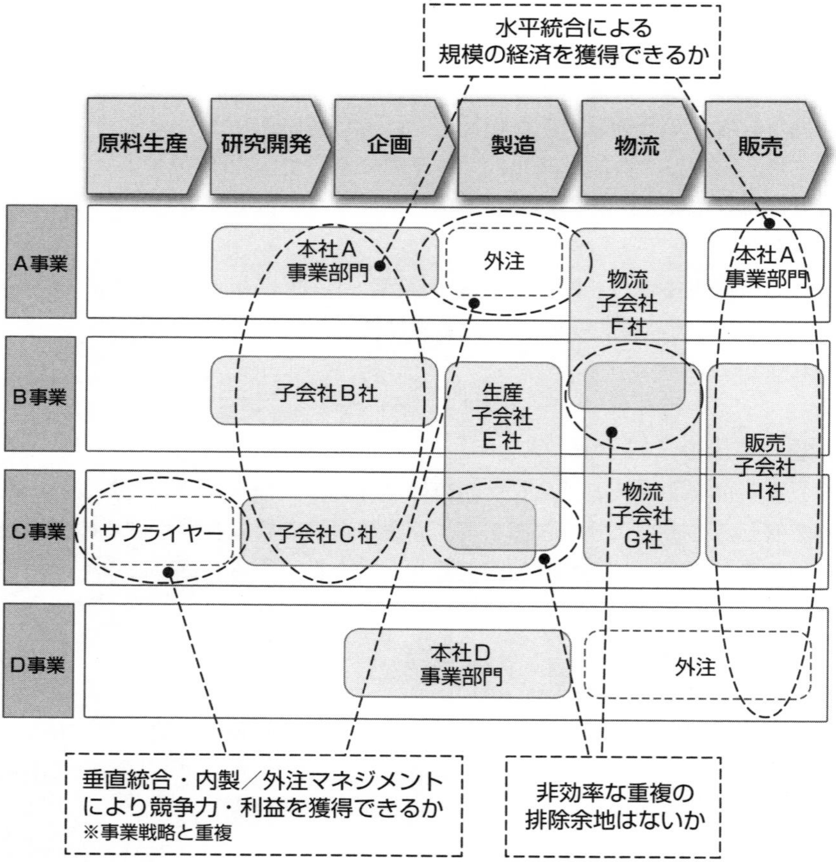

第5章

個別事業の競争優位を構築する事業戦略の実践

5 1

実践的な事業戦略策定のために

カスタマイズしたフレームワークや定量ファクトでストーリーを構築する

▶フレームワークはカスタマイズして使用する

第５章でも、事例を用いて事業戦略を説明します。第２章において、ファクトを整理したり分析したりするためのフレームワークを紹介しましたが、戦略の策定はそうしたフレームワークをただやみくもに使えばよいというわけではありません。

各フレームワークの「有効性」と「限界」を知り、必要に応じてみずからカスタマイズしなくてはなりません。もちろん、既存のフレームワークがぴったりとあてはまるケースもあります。しかし商流が複雑だったり、多数のステークホルダーが存在したりする場合では、ただ単純に３Ｃや５Forcesをあてはめただけではパワーバランスを示しきれないといった“限界”も往々にしてあるのです。

たとえば、鉄鋼メーカーを顧客とする鉄加工業者の場合、５Forcesの「顧客」は鉄鋼メーカーとなりますが、鉄鋼メーカーのさらに先の顧客である「自動車業界」「電機業界」「建設業界」「船舶業界」等からの影響を多大に受けるため、これらの動向も見逃せません。

このようなときには、フレームワークの構成項目を取捨選択したり、新たな項目へ変更・追加（カスタマイズ）することが必要となります。

そうしたカスタマイズをするうえで重要な考え方は、「何を知りたいか、何を分析したいかをはっきりとさせる」ということです（もちろん、「何のために知りたいか」ということも重要です)。「知りたいこと」に与える影響項目をピックアップして、新たにフレームワークに組み込むことにより、既存のフレームワークでは見えない各種業界要素等が見えてくるはずです。

▶定量的な数値を用いて説得性や信頼性を持たせる

フレームワークを用いてファクト（事実）を整理・分析したとしても、すべて定性的なものだけに限られてしまうと、「ファクト」としての信頼性がゆらぐ可能性があります。

もちろん、定性的でも「ファクト」となりうるものは多々ありますが、定量的な数値をファクトとして用いることによって、説得力や信頼性が増します。数値は（粉飾や偽装等がない限り）ゆるぎのない真実を教えてくれるので、否定のしようがありません。

簡単な例として、「この業界で競合Ａ社と同程度の営業力を持つ」や「営業の話によると顧客のニーズはデザインである」といった定性的な事項でも大まかな内容はわかりますが、客観性が薄いために説得力や信頼性が欠けています。もし、定量的な要素を関連づけるとどうなるでしょうか？　たとえば、「自社・競合Ａ社ともに、営業人員数○○人、営業人員当りの訪問回数○○回、成約率○○％であり、同程度の営業力と考えられる」「自社顧客へのニーズアンケートを行なった結果、アンケートの回答率は95％であり、デザインを選択した顧客は84％にも上っている。主要ニーズはデザインと考えられる」となります。

どうでしょうか？　説得力や信頼性が高まりませんか？　これらは簡単な例なので、「当たり前だ」と思うかもしれませんが、こうした「当たり前」のことを常に続けて、説得力や信頼性を高めていく必要があります。

◎定量的ファクトの説得性◎

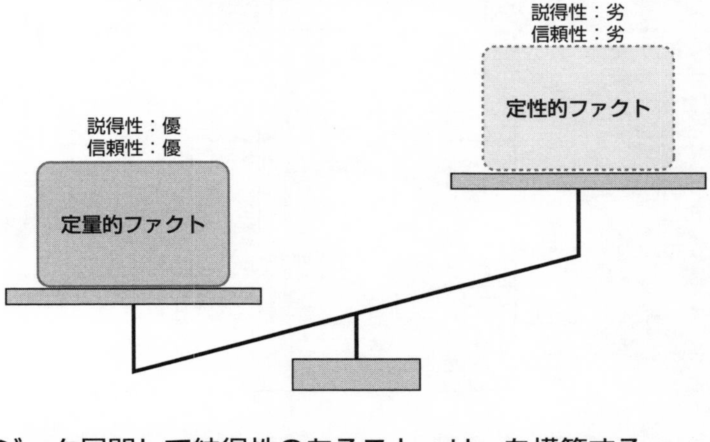

▶ロジック展開して納得性のあるストーリーを構築する

カスタマイズしたフレームワーク、定量的なファクトを説明してきましたが、こうしたフレームワークやファクト単品では、当然、戦略代替案は構築できません。これらを複合的に練り上げて、戦略代替案を構築しなければなりません。

具体的には、ファクトとフレームワークを利用してロジック（論理）展開し、そこから「論理的にいえること」を新たに構築しなければなりません。すなわち、ファクトにロジックを掛けることによって、「新たなファクト」を生み出すのです。これを繰り返していくことによって、ただの事象でしかなかったファクトが「真実味のある戦略代替案」へと練り上げられます。

それはあたかもロジックの通った物語をつくっていくようであり、我々コンサルタントは、しばしば「ストーリーを構築する」といった表現をします。逆に、「ストーリーが途切れてしまっている」ということは、論理の飛躍があり、出てきた解が「真実の解ではない」ということになります。

真実の解を求められる戦略策定に際して、「ストーリー構築」は「フレームワークのカスタマイズ」や「定量ファクトの利用」にも増して重要な前提条件といえるのです。

◎ストーリーの構築フロー◎

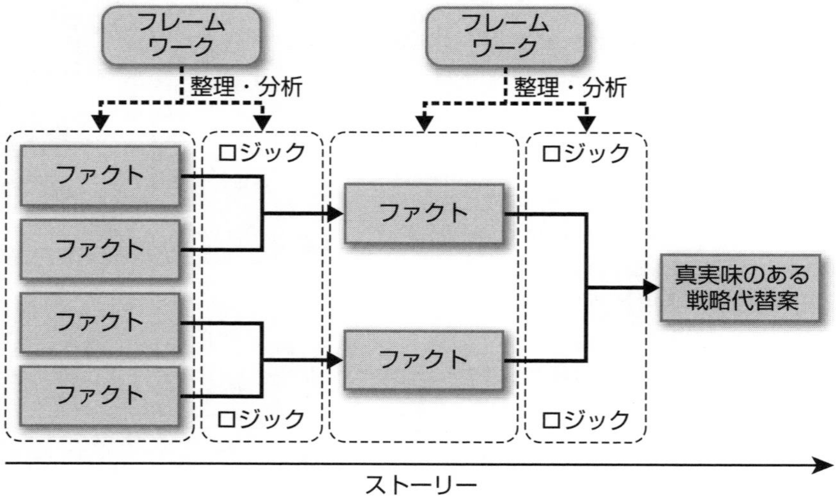

5-2 事業戦略策定の基本的なプロセスを知る

事業戦略では「現状分析」と「実行」が最重要である

▶事業戦略は５つのステップで策定する

事業戦略の１つ目のステップとして、その事業において何を達成したいのか、どのような業績になるのかといった、「目的・定量目標の設定」を行ないます。いわゆる「ゴール」を決めておかないと、何のための戦略なのかが不明確になってしまいます。

２つ目のステップは、もっとも重要だと考えられる「現状分析」です。ここでは、市場・業界を分析したり、競合比較等によって自社競争力を分析します。このステップにおいて、自社が直面する機会・脅威、自社の強み・弱みをしっかりと把握することが重要です。どのような機会・脅威、強み・弱みを抽出できたかによって、以降のステップで策定する戦略代替案が大きく変わってしまいます。なお、本書では現状分析の導入として、事業の定義や業界の俯瞰（ふかん）を「プレ分析」として設けています。

３つ目のステップでは、機会・脅威、強み・弱みを基に、自社にはどのような道があるかという「戦略方向性の策定」をします。この段階では、複数の戦略代替案が策定されます。

４つ目のステップでは、フィージビリティスタディ（実現可能性の検証）をして、実現性の高い戦略代替案へと絞り込みます。

最後に、選択した戦略代替案を「施策」へブレイクダウンして「計画」化し、「実行」します。全社戦略と同じように、事業戦略も実行されなければ意味がありません。実行されて初めて、事業が適切な方向に動くのです。

◎事業戦略策定のプロセス◎

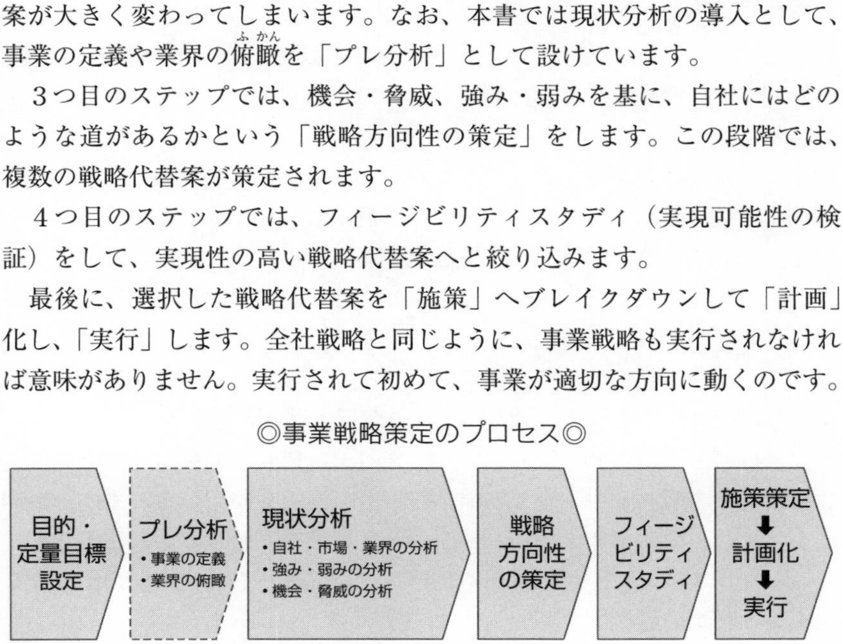

※本書では、現状分析の導入としてプレ分析を掲載している

5 3

目的や目標を設定して事業戦略を意味づける

定量的な目標を決めて、中期〜中長期の事業戦略を立てる

▶策定する事業戦略のゴール（目的・定量目標）を決める

事業戦略は、なぜ策定するのでしょうか？　それは、策定しなければならない理由があるからです。たとえば、「競合が台頭してきているため、今後競争に負けて創出できるキャッシュフローが減少するリスクがある。それを防ぐための手立てを考えたい」「自社の全社ビジョンを達成するために、当事業で大きく成長しなければならない」といった理由が考えられます。

これらの理由は、いわば「何のために事業戦略を策定するのか」という“目的”です。この目的がなければ、戦略を立てる意味はまったくなくなります。そのため、戦略策定にはまず目的が必要なのです。

そして、戦略を策定・実行することによって、目的を達成することになるのですが、ここで問題になるのが「達成とは何か？」という定義です。何をもって「達成できた」と判断するのでしょうか？　達成のための基準が必要になります。

そのために必要なのが“目標”です。とくに、正確な目標を定めるときには「定量目標」が必要となります。数値によって、いつまでにどこまでの位置をめざすのかということを規定するのです。

目的や目標といったゴールを設定することで、策定する事業戦略に意味が明確に与えられます。

▶定量目標は「スパン」と「ステータス」で規定する

定量目標の「いつまでに」という「スパン（期間・期限）」については、よく短期・中期・長期（および中長期）という言葉が用いられます。短期は１年程度、中期が３年程度、長期が５年以上を表わしており、事業戦略といったときにはおもに中期〜中長期レベル（３〜５年程度）の戦略を策定することが一般的です。

短期スパンで戦略を策定しても、策定の最中で数か月経ってしまうの

で、目標・目的を達成する余裕がありません。そうはいっても、10年といった長期スパンとすると、経済・経営環境が目まぐるしく変動している昨今においては、その期間に起こることはまったく予測できず、信頼性の薄いロジックで戦略を立てることになってしまいます。そういった意味でも、中期〜中長期の事業戦略を立てることがほとんどです。

次に、「どこまで」という「ステータス（業績などの達成状態）」を決めます。これは、市場シェア、売上、利益率、ROIC（投下資本利益率）、EVA（経済的付加価値指標の１つ）等の指標と、その達成数値によって規定されます。

たとえば、「競合に勝つ」という目的であれば、「20％の市場シェアを30％まで伸ばす（競合は25％）」「10％の営業利益率を15％まで高める（競合は12％）」というように、指標と達成数値を設定します。これらの指標は必ずしも単独で使う必要はなく、企業によっては複数の指標を用いて規定していることもあります。

定量目標について注意すべきことは、この定量目標次第でとるべき戦略が異なってくるということです。現在、売上高500億円の企業が、同じスパンで1,000億円の売上をめざすときと、5,000億円の売上をめざすときの戦略が同じとは思えません。目的に合致した適切な定量目標を設定することが肝要です。

◎目的・定量目標の設定◎

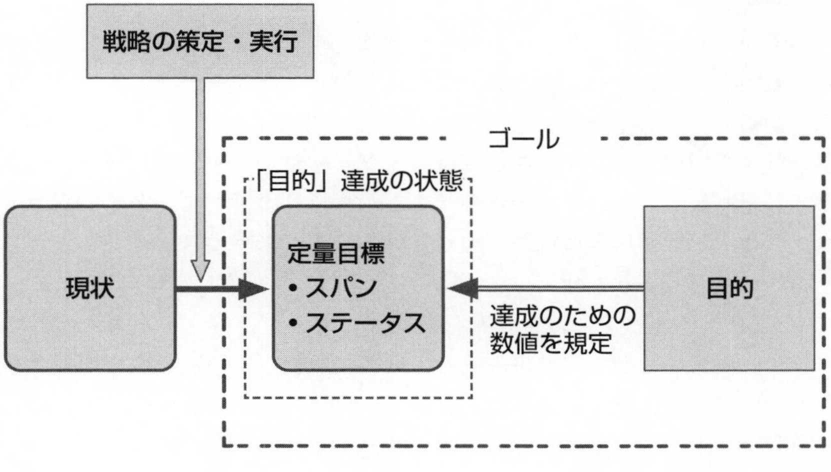

5-4 プレ分析①　事業を定義して把握する

自社の行なっている事業をレビューして、分析項目設定に役立てる

▶自社の事業を定義することで、今後の現状分析がスムーズに行なえる

すでに自社の事業や業界に精通されている人には必要ありませんが、市場や競合、マクロ環境等を見る前に、まずは「自社がいったいどのような事業を行なっているのか」を把握しておきましょう。なぜならば、このあと、市場・業界・その他環境を分析するためのよい参考になるからです。

自社だけの話になってしまいますが、どのようなステークホルダーと、どのようなプロセスで事業を行なっているのかを知ることで、業界のビジネス構造をつかめます。また、どのようなサービスを生み出しているかも把握できるので、見るべき市場や比較すべき競合も定めやすくなります。

また、マクロ環境の中で、「何がこのビジネスに影響を及ぼしそうか」ということも少しは見えてくるはずです。

▶事業スキームとバリューチェーンにより事業を把握する

自社がどのステークホルダーとどのように事業を行なっているかを理解するためには、「事業スキーム（事業の取引構造）」と「バリューチェーン」の作成が参考になります。

事業スキームでは、どこから何を仕入れて、どのような顧客に販売しているのか、どのような企業と協力しているのか、プレーヤーごとにプロット（描画）していきます。加えて、自社との関係を記述していくことで、事業概観を把握できます。ここでは、各プレーヤーとの関係を「要素に分けて」記述しているので、それが、すなわち自社の事業に与える要素の1つであり、分析すべき項目の1つだといえます（影響要素すべてを表わしているわけではありません）。

「バリューチェーン」は、自社の事業プロセスを把握するために有効です。サービスをどのように生み出し、顧客に販売しているのかを把握できます。以降、分析をしていくにあたって、自社バリューチェーンの各項目に影響を与えるような要素は見逃せません。

◎事業スキームの例◎

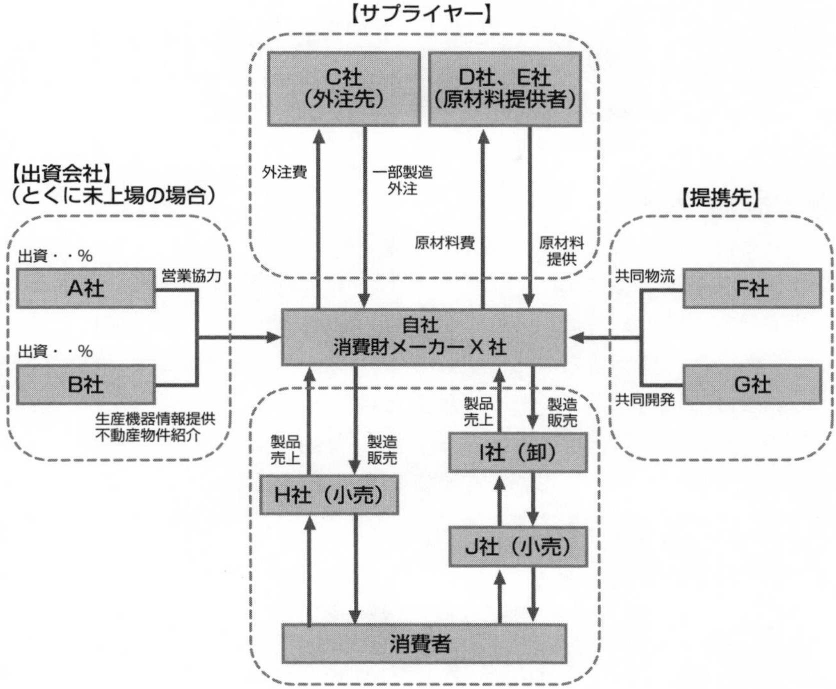

◎バリューチェーンの例◎

	研究開発	企画 マーケティング	原材料 調達	製造	物流	営業・ 販売
推進主体	・自社 ・G社	・自社 ・G社	・自社	・自社 ・C社	・自社 ・F社	・自社
特徴	・基本的に自社R&D部門とマーケティング部門で行なっているが、一部商品に関しては、G社と共同開発・企画している		・D・E社より原材料を調達している	・比較的付加価値の低い、工程の前段階をC社に外注している	・東日本での物流については、F社と共同で行なっている	・小規模小売へは卸経由で販売 ・大規模小売には直接販売

5 5 プレ分析②　業界を俯瞰し、現状分析項目を抽出する

3Cや5Forces等により、分析すべき基本的な視点を明確にする

▶分析の全体感をつかむ

分析を進めるにあたって、業界を俯瞰しておきましょう。市場や業界での分析要素をまとめておくことで、分析をする際に、「いまどの部分を分析しており、その分析はいったい何のために行なうのか」が明確になるのです。さらには分析要素のモレもなくなり、MECEな分析ができます。

それでは、市場や業界での分析要素とはいったい何でしょうか？　戦略の目的・定量目標の内容にもよりますが、基本的には「自社の売上・利益率（もしくはコスト）に影響を与える市場・業界要素」といえます。具体的には、第2章で紹介した3Cや5Forces、PESTで導き出した要素が相当します。

◎業界を俯瞰する◎

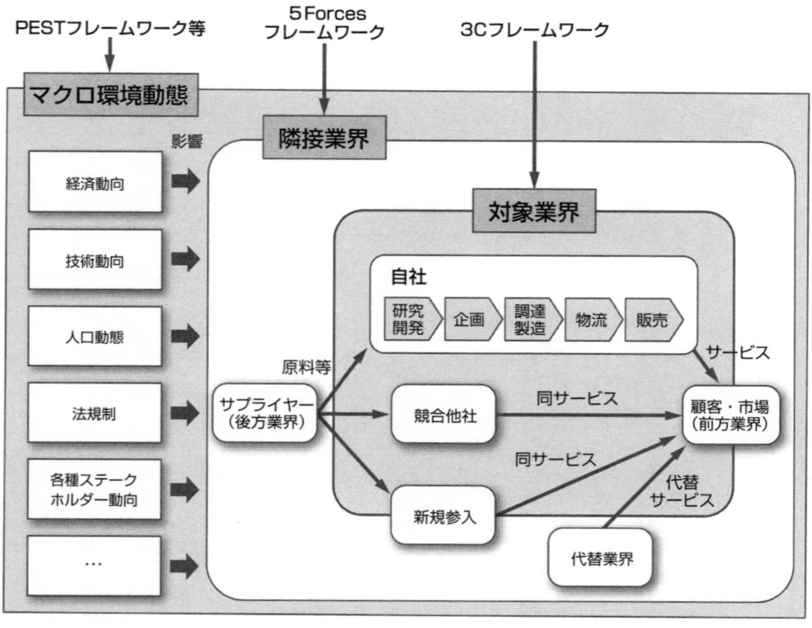

▶3Cや5Forces、PEST等を活用する

3Cや5Forcesの項目が自社の売上・利益率に影響を与える例を確認しましょう。

3Cや5Forcesにおける「競合・新規参入」との差別化競争や価格競争は、自社の売上・利益率に“シェア争い”といった形で影響を及ぼすことでしょう。「顧客」については、需要・ニーズの変化といった形で市場規模・成長性や市場特性に影響を与え、その結果、自社の売上・利益率に効いてきます。

5Forcesの「代替品（45ページを参照）」については、“現在の市場規模を縮小させる”という形で、売上・利益率に影響を及ぼすことでしょう。「サプライヤー」については、“提供価格の増減”といった形で利益率に影響を及ぼすでしょうし、“垂直統合（当業界への進出）の可能性”という形で新規参入と同じくシェア争いに影響を及ぼし、売上・利益率に影響を及ぼします。

PESTの各要素についても、同じように考えることができます。ただし、「売上・利益率に影響を及ぼさない事項、または存在しない事項」は分析要素にはなりません。たとえば、PESTの「技術」や「法規制」が存在しない、またはまったく影響を受けない業界もたくさんあります。その場合、「技術」「法規制」をいくら探してもムダになるので、注意が必要です。

5ForcesやPESTといったフレームワークを用いて、戦略を策定する業界の要素（競合であれば実際に競合名等を入れて）を俯瞰図にまとめるとよいでしょう。

▶基本的な現状分析の視点

業界ごとに分析要素を抽出する際、次ページの図のように分析の視点を整理できます（この整理は必須ではありませんが、分析すべき要素をすべて分析できていることが重要です）。

①〜④までで、ファクトが整理されます。続いて、①〜④のファクトを用いて、「⑤SWOT分析」を行ないます。自社に与えられる機会・脅威、自社の強み・弱みを分析することで、このあとの「戦略方向性の策定」フェーズにおける材料を作成・整理します。

現状分析の最後には、「⑥成り行きベースの将来予測」を行ないます。ここでは、⑤で抽出した要素を用いて「定量目標」と「成り行きの将来」

とのギャップを具体的に数値で把握します。そのギャップを埋めるための戦略代替案を、177ページで紹介する「戦略方向性の策定」のフェーズ（段階）で構築するのです。

ここで説明した分析（とくに①〜⑤）をしっかり行なわなければ、戦略策定のための材料自体が間違っていることになり、「戦略方向性の策定」フェーズにおける代替案の信頼性がゆらいでしまいます。そのため、現状分析は非常に大事なフェーズといえます。

◎基本的な現状分析の視点◎

<table>
<tr><th colspan="3">分析の視点</th><th>分析の内容</th></tr>
<tr><td>①</td><td colspan="2">市場の状況</td><td>• 規模と成長性、ライフサイクル
• 構造変化</td></tr>
<tr><td>②</td><td colspan="2">顧客の状況</td><td>• 顧客の属性分析
• 顧客属性ごとの需要ニーズの変化</td></tr>
<tr><td rowspan="2">③</td><td rowspan="2">業界の状況</td><td>業界の競争環境</td><td>• プレーヤー構造
• 新規参入可能性
• 代替品動向
• サプライ動向（調達価格等）</td></tr>
<tr><td>その他の業界動向</td><td>• 法規制や技術動向等（当業界に与える影響の高い事項）</td></tr>
<tr><td>④</td><td colspan="2">競争ベンチマーク</td><td>• 自社・競合定量分析（シェア、成長性、利益率、損益構造）
• バリューチェーン分析
• ターゲット顧客分析
• 製品・サービス分析
• KFSの抽出と充足状況評価</td></tr>
<tr><td>⑤</td><td colspan="2">SWOT分析</td><td>• 機会・脅威の整理
• 強み・弱みの整理</td></tr>
<tr><td>⑥</td><td colspan="2">成り行きベースの将来予測</td><td>• 成り行きベースの売上や利益を算出
• 定量目標と成り行きの将来とのギャップを定量的に把握</td></tr>
</table>

⑤6 現状分析①　市場の状況を分析する

市場の動きと構造を明らかにし、要因の仮説を持つ

▶市場の規模と成長性を最初に押さえる

市場を分析するうえでまず行なうことは、市場の「規模」とその「成長性」をとらえることです。「規模」というと、基本的には「金額」で表わされますが、「市場規模＝平均単価×市場数量」なので、「単価」と「数量」に分解してとらえられます。

「成長性」についても、数量および単価での成長を分析することになります。この時点で、分析した市場が「成長しているか」「衰退しているか」といった、大まかなライフサイクルがつかめます。

本章では、仮想A消費財メーカーのX社（以下、X社）を取り上げて、具体的にどのように市場を分析し、事業戦略を策定していくのかを見ていきます。

X社は近年まではトップ企業だったのですが、環境が変わり、昨年度からシェアが2位に落ちてしまい、さらに3位の企業にも追随され危機感を持っています。消費財メーカーX社が参入しているA消費財業界の市場を見てみましょう。

◎A消費財市場の規模◎

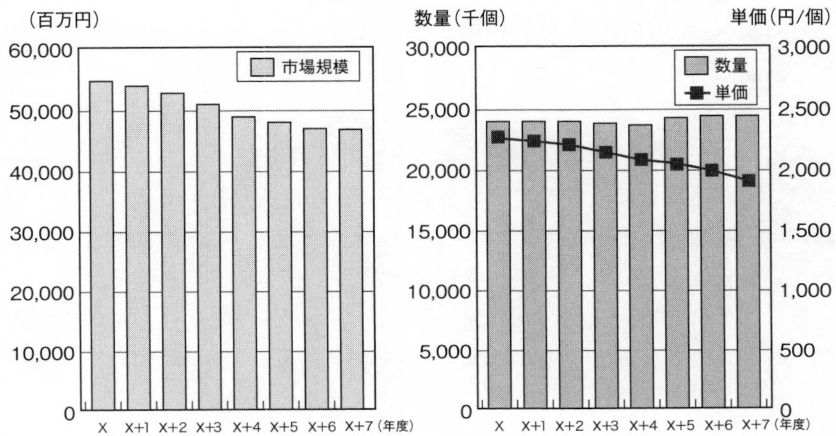

A消費財の市場規模は現在5,000億円程度であり、規模自体は緩やかな減少傾向が続いています。数量は微増しているため、その表面上の要因は「おもに単価の下落によって市場規模が減少傾向にある」といえます。

▶市場の構造を明らかにする

市場全体をとらえた分析も必要ですが、一言に市場といっても、あまたの製品をさまざまな顧客が購入しているわけですから、単価・数量の規模や成長性を単純に市場全体でひとまとめにはできません。

そこで、市場がどのような構造なのかをとらえる必要があります。具体的には、市場のセグメント別状況を次のように把握します。

◇市場構造のとらえ方◇

市場規模＝ セグメント1規模 ＋ セグメント２規模 ＋ …
＝ セグメント1単価 × セグメント１数量 ＋
セグメント2単価 × セグメント２数量 ＋ …

セグメントの切り方としては、サービス属性別（サービス・製品の種類、価格…）、顧客属性別（個人・法人、顧客業種別…）といった考え方がありますが、データ取得の制限から、この段階ではサービス属性別のセグメンテーションがほとんどでしょう。ただし、なるべく市場の構造を的確にとらえられるセグメンテーションが必要です。

次のページの図でA消費財市場を見てみると、製品の価格帯によって大きく動向が異なっていることがわかりました（くわしくは、157ページで説明します）。

単価1,000円程度の低価格帯製品は市場規模の変動はほとんどありませんが、実は「数量は増加して、単価は下落している」という構造です。単価3,000円程度の中価格帯製品の単価はほとんど変わりませんが、「数量が大きく落ち込んでいることで市場規模が減少」しています。

また、単価5,000円程度の高価格帯製品は「単価・数量ともに伸びており、市場規模を増加」させています。単価10,000円程度の超高価格帯製品は、5,000円までの製品が個人を対象としてきたのに対し、法人がメインです。「数量も多少落ちていますが、単価を減らしていることで市場規模

◎A消費財市場の構造◎

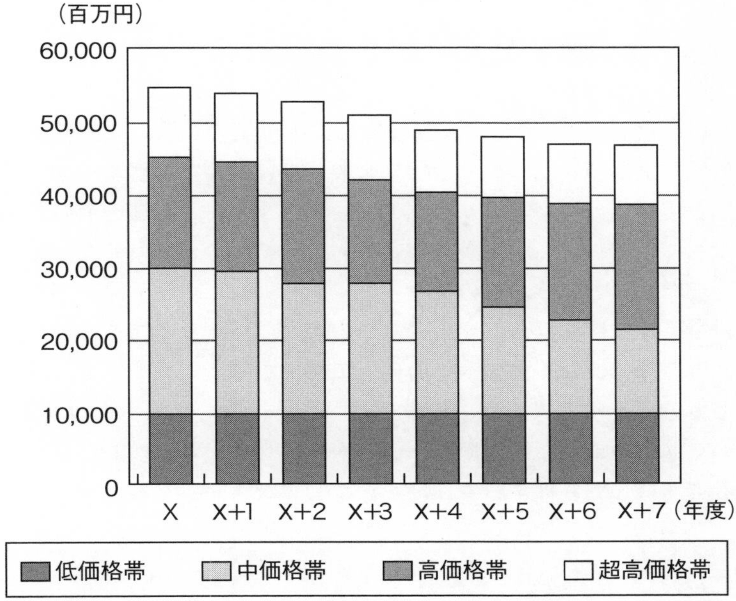
（百万円）
60,000
50,000
40,000
30,000
20,000
10,000
0
X
X+1
X+2
X+3
X+4
X+5
X+6
X+7（年度）
低価格帯
中価格帯
高価格帯
超高価格帯

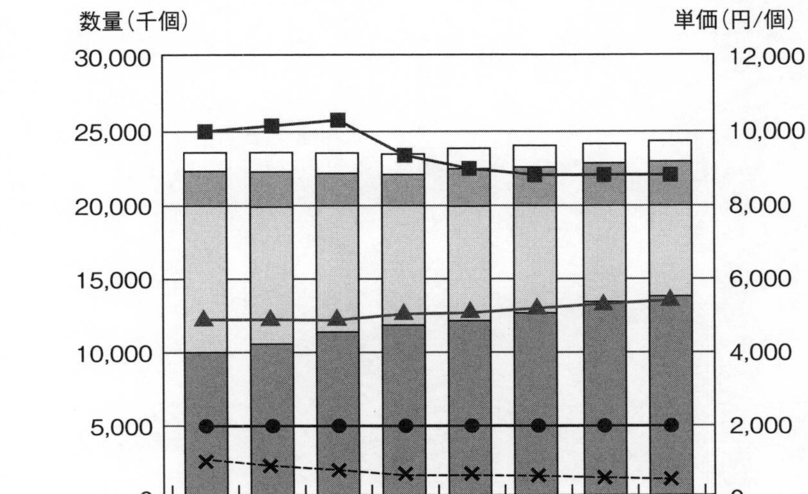
数量（千個）
単価（円/個）
30,000
25,000
20,000
15,000
10,000
5,000
0
12,000
10,000
8,000
6,000
4,000
2,000
0
X
X+1
X+2
X+3
X+4
X+5
X+6
X+7（年度）
低価格帯　数量
中価格帯　数量
高価格帯　数量
超高価格帯　数量
低価格帯　単価
中価格帯　単価
高価格帯　単価
超高価格帯　単価

を落として」います。

▶分析時には仮説を持つことが重要

こうした分析で重要なことは、「仮説」を持つことです。A消費財市場でいえば、「低単価の数量が大幅増加し、中単価の数量が大幅減少しているのは低付加価値製品（低～中価格帯製品）に対する顧客ニーズが低価格へ変動しているからではないか」といったことや、「低価格帯の製品単価が減少しているのは、企業が多数参入して価格競争が激しくなっているからではないか」といったものです。

仮説を持たなければ、何を調べたいのかがはっきりしません。仮説は市場の分析だけではなく、すべての分析に必要な考え方です。

初めて分析をする人には、仮説を持つことは難しいかもしれませんが、なるべく「どのような要因でこの数値が現われているのか」ということを考えるようにして分析するように心がけてください。

5-7 現状分析② 顧客の状況を分析する

市場・業界に影響を与える顧客の需要やニーズをとらえる

▶需要やニーズの把握は直接的な顧客だけに対して行なうのではない

顧客の需要やニーズが市場・業界に影響を及ぼすのは当然ですが、市場・業界に影響を及ぼす需要やニーズは「直接的な顧客（取引先）だけではない」ということに注意する必要があります。

たとえば、消費財メーカー各社（X社含む）については、直接的な顧客は「卸」や「小売」ですが、「卸」は「小売」に販売し、「小売」は「ユーザー（消費者）」へ販売し、「ユーザー」が消費します。

また、鉄加工業者を例にとれば、直接的な顧客は「鉄鋼メーカー」かもしれませんが、「鉄鋼メーカー」は「ユーザー業界（自動車、建設、船舶、電機等）」へと販売しており、そこで「ユーザー業界」が鉄鋼を消費するのです。そのため、ユーザー業界の動向が鉄加工業者に大きく影響を及ぼします。

このように、直接的な顧客だけではなく、ユーザーについて検討する必要もあり、むしろ需要やニーズという観点からは、直接的な顧客よりも実際に「消費する」ユーザーの状況を把握するほうが重要といえるでしょう。

◎顧客の構造の例◎

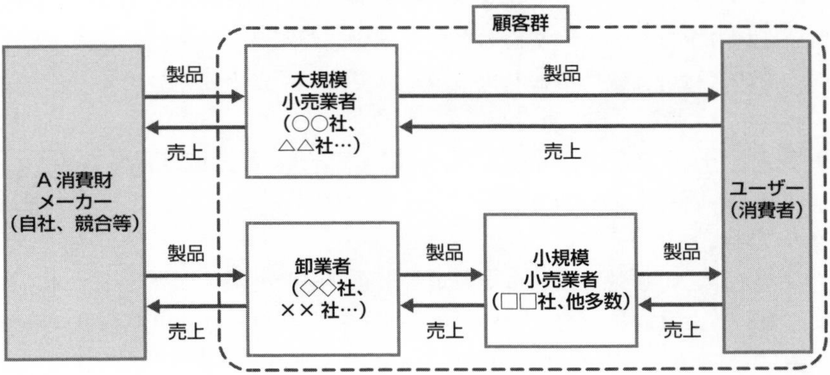

▶顧客（ユーザー）のセグメンテーションを行なう

続いて、ユーザーの状況を把握する方法を紹介します。市場では「さまざまな製品をさまざまな顧客（ユーザー）が購入」しています。さまざまな属性を持った顧客が存在しているということは、属性別に需要の増減のしかたも異なるでしょうし、属性別にニーズも異なることでしょう。

この顧客の属性を明確にするのが「セグメンテーション」です。その際の注意事項としては、まず「可能な限りMECEなセグメントを構築する」ことが挙げられます。MECEな顧客セグメンテーションの軸として、次のようなものがあります。

◇MECEな顧客セグメンテーションの軸◇

- 国、地域
- 法人（行政・民間）と個人
- 業種、ビジネスモデル、企業規模等（法人顧客について）
- 年齢、性別、世帯属性、収入、ライフスタイル等（個人顧客について）

これらの軸は単独で用いることもあれば、クロス（地域×年齢、性別×収入等）で用いるときもあります。

次に重要な点として、「セグメントごとに需要やニーズの差異が現われるようにセグメンテーションを行なう」ことが挙げられます。せっかくセグメンテーションを行なっても、セグメントごとの需要やニーズに差異がなければ、まったく意味がないからです。

そういった意味では、セグメンテーションは需要・ニーズ調査の経過において練り上げられていくものといえます。ただし、帰納的に積み上げていくものとはいえ、あらかじめ仮説を立てておくことが重要です。

▶要素分解でセグメントごとの需要・ニーズを把握する

現在の「需要」の状況を把握するうえで重要なことは、「市場の数量とひもづける」ということです。

たとえば、市場数量は「市場数量＝潜在ユーザー数×顕在化率×利用頻度」といった具合に、どれだけのユーザー顕在化余地があり（潜在ユーザー数）、そのうちどれだけが顕在化しており（顕在化率）、その顕在ユーザーが年に何個の製品を消費しているか（利用頻度）、という要素に分解できます。

要素分解により、現在の需要がどのように生み出されているかを理解できると思います。これを、製品セグメント別、顧客セグメント別に行なっていくのです。

具体的に、A消費財市場において製品・顧客セグメント別に見てみましょう。個人・法人、世帯属性、世帯収入というセグメンテーションが有効だという仮説を基に需要の式を整理すれば、次のようになります。

◇A消費財市場における需要の式◇

高価格帯製品市場数量
＝ 高所得子持ち世帯数 × 利用率 × 高価格帯比率 × 利用頻度 ＋
低所得子持ち世帯数 × 利用率 × 高価格帯比率 × 利用頻度 ＋
高所得単身世帯数 × 利用率 × 高価格帯比率 × 利用頻度 ＋
… ＋
低所得高齢世帯数 × 利用率 × 高価格帯比率 × 利用頻度

こうして出てきた要素をセグメント別に整理することで、A消費財の顧客セグメント別の現状の需要状況がわかります。また、単年ではなく、経年で把握しておくとよいでしょう。

次に、需要の状況を裏づける、もしくは今後の需要を予測するための「ニーズ」が必要です。需要が移り変わっていくのも、各セグメントにおける顧客のニーズが変動しているからです。

具体的には、「嗜好・ライフスタイルが変わったことで高価格帯製品の需要が増加した」「家計における優先度が下がり低価格帯製品の需要が増加した」「高価格帯製品については品質重視で選択し、低価格帯製品については価格重視で選択する」等、「どういう基準で、どのような製品を選択している、もしくは選択するようになったのか」ということを把握します。

最後にニーズを用いて、セグメントごとの「将来の需要の方向性」を分析します。さらに可能であれば、戦略策定期間における将来の需要予測をしましょう。

A消費財市場の例であれば、世帯数・利用率・価格帯比率・利用頻度といった要素の将来値を、需要・ニーズの調査から設定します。

戦略策定期間における需要を数値で設定することによって、これからどのセグメントに、どのようにアクションをかけていくとよいかという方向性が明確になってくるのです。

▶アンケートを活用する

ここまでで説明した需要やニーズは、簡単に手に入るデータで作成することが困難なケースが多いと思われます。しかし、適宜アンケート調査を実施することで、数値や定性情報の取得・作成を行なうことができます。

◎A消費財市場の顧客セグメンテーションの例◎

セグメンテーション			需　要			
個人 法人	世帯属性業界	世帯年収	全世帯数 単位：千世帯	推定利用世帯数 単位：千世帯	推定利用率	1年当たりの利用数
個人	子持ち世帯	高所得（△△万円以上）	9,000	合　計：4,050 高価格：500 中価格：1,550 低価格：2,000	45%	各価格帯とも年2製品である
		低所得（△△万円未満）	14,000	合　計：4,250 高価格：500 中価格：750 低価格：3,000	30%	
	単身世帯	高所得（○○万円以上）	4,000	合　計：900 高価格：750 中価格：150 低価格：0	23%	
		低所得（○○万円未満）	6,000	合　計：1,650 高価格：150 中価格：250 低価格：1,250	28%	
	高齢世帯	高所得（××万円以上）	3,000	合　計：1,000 高価格：0 中価格：250 低価格：750	33%	
		低所得（××万円未満）	4,000	合　計：0 高価格：0 中価格：0 低価格：0	0%	
法人	…業界		…	…	…	…

大変な作業になることもありますが、顧客の需要状況やニーズを理解しなければ、それに応じた製品をつくれないので、重要な分析の１つと位置づけられます。

ニーズの状況		将来の需要の方向性
ニーズおよびその変動	左記状況の要因	
• 中価格帯製品から、低価格帯製品へと遷移 • 低価格帯製品については、価格で選んでいる	• 物価高により家計に占めるＡ消費財の割合を減らすため、付加価値が少ししか変わらない低価格帯製品へ移行	• 世帯数は○○世帯に増加 • 利用率は○○%まで増加 • 低価格との比較が○○%まで増加
• 従来より低価格帯製品を利用している • 価格により製品を選んでいる	• もともと、家計における優先度は低くなっている	• 世帯数は○○世帯に増加 • 利用率は○○%まで増加 • 低価格との比較が○○%まで増加
• 中価格帯製品から、高価格帯製品へ遷移 • 高価格帯製品については、品質で選ぶ	…	…
• 従来より低価格帯製品を利用している • 価格により製品を選んでいる	…	…
• 従来より低価格帯製品を利用している • 価格により製品を選んでいる	…	…
• ほとんど利用しない	…	…
• 超高価格帯製品を使用 • 近年増えてきた代替品サービスを利用するケースが増えている	…	• このままでは代替品の利用率が○○%まで増加

5-8 現状分析③　業界の状況を分析する

業界に影響を及ぼす各種要素を分析する

▶業界に影響を与える要素とは

顧客以外の業界に対して影響を与える主要因として、「①業界プレーヤー構造（競合比較は163ページを参照）」「②新規参入の可能性」「③代替品の動向」「④サプライ動向（調達価格等）」「⑤その他業界動向（法規制、技術等）」が考えられます。これらは、5ForcesやPESTで挙げられている項目が中心です。

①業界のプレーヤー構造を把握する

まずは、業界にはどのようなプレーヤーが存在するのかを知っておく必要があります。そのときにたとえば、製品セグメント別・プレーヤーの売上規模別にプレーヤー名やプレーヤー数を整理しておくことで、業界の特徴に関する仮説も見出すことができます。

◎A消費財業界のプレーヤー構造◎

市場		プレーヤーと数		
		主要プレーヤー（売上○○億円以上）	中堅プレーヤー（売上○○億円以上）	小規模プレーヤー（売上○○億円未満）
総合		①Z社 ②X社（自社） ③Y社	•10数社存在	•多数存在
セグメント別	個人向け市場 低価格帯	①Y社 ②X社（自社） ③…	•10数社存在	•多数存在
	個人向け市場 中価格帯	①X社（自社） ②Y社 ③…	•10数社存在	•比較的多数存在
	個人向け市場 高価格帯	①Z社 ②X社（自社） ③…	•数社存在	•ほとんど存在しない
	法人向け市場 超高価格帯	①X社（自社） ②Z社 ③…	•2社存在	•ほとんど存在しない

A消費財業界を見てみましょう。低価格帯製品には大企業から小規模プレーヤーまで多数のプレーヤーが参入しており、参入障壁が低い、もしくは市場が魅力的であった等の理由から、新規参入が相次いだ可能性があり

ます。

それに対して、高価格帯製品・超高価格帯製品では、中堅～小規模プレーヤーがほとんど存在しません。参入障壁が高い、もしくは市場が魅力的でないために新規参入がないのかもしれません。

②新規参入の可能性を探る

新規参入の動向を分析するうえで、「①近年、すでに新規参入した企業」「②現在、新規参入を検討している企業（参入を表明している企業）」「③新規参入に関して未知数の企業（参入を表明していない企業）」という３つの企業ステージが挙げられます。

①と②については、現在の競合と同様に評価できるので、163ページで解説します。問題は③です。今後新規参入してくる企業があるかどうかは、正直いい当てることは困難です。しかし、第２章で説明したとおり、可能性が高いかどうかは、「市場の魅力度が高い（高利益率、高成長性）」「参入障壁が低い、および撤退障壁が低い」という視点で評価できます。

◎A消費財業界の新規参入可能性◎

市場	市場の魅力について	参入について	〈参考〉 これまでの参入動向	これからの 参入可能性評価
個人向け市場 低価格帯	【参入魅力：△～×】 ・需要は増加しているものの、これまでの新規参入で単価が大きく下落し、利益率が低くなってきている	【参入しやすさ：○】 ・高い技術やノウハウ等も必要としない	これまでは市場の魅力度も高く、参入障壁も低かったため、小規模企業の参入が相次いだ	【参入可能性：中】
個人向け市場 中価格帯	【参入魅力：×】 ・需要が減っており、いまのところこれ以上の成長が望めない可能性が高い	【参入しやすさ：△】 ・高い技術やノウハウも少ない ・設備投資はやや必要となる	需要があった頃に、参入が多くなったが、需要が減ってきてからは参入はほとんどない	【参入可能性：中～低】
個人向け市場 高価格帯	【参入魅力：○】 ・需要が増えつつあり、利益率が高い製品である	【参入しやすさ：×】 ・高い技術やノウハウが必要となる ・高額設備投資が必要である	参入障壁が高く、参入はほとんどない	【参入可能性：中】
法人向け市場 超高価格帯	【参入魅力：×】 ・利益率は高いものの、代替品の影響で、製品需要が減っている	【参入しやすさ：×】 ・高い技術やノウハウが必要となる ・高額設備投資が必要である	参入障壁が高いのか、もしくは魅力がないのか、参入はほとんどない	【参入可能性：低】

A消費財業界の低価格市場の例を見てみましょう。低価格市場は、技術やノウハウはさほど必要なく、設備投資も軽微であるために、参入障壁が低いと考えられます。しかし、これまでの新規参入で単価が大きく下落

し、利益率が低くなってきているので、市場の魅力は高くないと考えられます。よって、むしろ「これまでのような参入が続くとは考えにくい」と結論づけられます。今後の需要が止まれば、単価の下落についていけなくなった企業が撤退する、業界内の再編が起こるといったことも考えられます。

なお、新規参入する際には、参入企業にとってシナジーの働く場合に参入してくることが多いと考えられます。そのため最初に、垂直統合として参入可能な業界（前方業界、後方業界）や領域の近い業界からの参入に注意しておく必要があります。

③代替品動向を分析する

代替品については、まず直接的な代替品・間接的な代替品をピックアップすることが必要です。

そのあと、業界内の製品とともに製品・サービスを分析することになります。詳細は次節で説明する競争ベンチマークと同じ手順で行なえます。

④サプライ動向を分析する

業界への原材料提供（および外注）の動向についても、考えておく必要があります。ここでは、調達価格や安定調達の可否が市場・業界に影響を与えることになります。

そのための分析として、「原材料の調達価格実績」「原材料の潤沢・枯渇」「サプライヤーとの関係性（サプライヤーの売上に占める当業界の割合が低ければ、価格圧力が強まる恐れがある）」等が挙げられます。

⑤その他業界動向を把握する

業界に対する影響要因として、業界に応じたさまざまな特記事項があります。PESTで表わされる法規制や技術等が例として挙げられます。

プレ分析のところでも触れましたが、１つ注意しなければならないのは、PESTを使って分析をするにしても、項目の取捨選択が必要だということです。たとえば、法規制のあまりない業界において、市場や業界に影響を及ぼさない法令をいくら探しても、何の役にも立ちません。

PESTを使う際にも、「この業界にはいったい何が影響を及ぼすのか」ということを念頭において分析項目をピックアップしてください。

5-9

現状分析④　競争ベンチマークで自社の競争力を測る

自社と競合を詳細に比較して、自社の競争力を分析する

▶競争ベンチマークで自社と競合を多角的に検証する

競争ベンチマークとは、自社と競合（および新規参入・代替品）をさまざまな視点から比較することで、自社が競争力を持っているかどうか（強み・弱みは何か）を明らかにすることです。

基本的な分析の視点としては、「①自社・競合定量分析」「②バリューチェーン分析」「③ターゲット顧客分析」「④製品・サービス分析」が挙げられます。

そして、①～④すべての視点で競合と比較できた段階で、「⑤KFSの抽出と充足状況評価」を行なって、業界における成功要因を抽出しておきます。

①自社・競合定量分析

競争ベンチマークでまず行なうことは、「プレーヤー（自社・競合）間の定量的な比較」です。基本的な視点として、「①シェア」「②成長性（売上高や営業利益の成長率等）」「③収益性（営業利益率等）」「④損益構造（収益性の差異を生み出している付加価値やコストの比較）」が挙げられます。

①～③までは、表面的な分析に留まります。それだけでは、なぜそのような数値になっているかの要因がわからないからです。④の損益構造や、次に紹介するバリューチェーン分析、ターゲット顧客分析、製品・サービス分析によって、その要因を探ることができます。

すなわち、①～③は競合との比較の「仮説」をつくる道具といえます。①～③を常に"仮説"を持って分析し、その仮説を検証するという流れで自社・競合定量分析を行なうと考えてください。

ⅰ. 定量分析①「シェア」

シェアとは、市場規模に対する各社の売上比率（もしくは市場数量に対

する各社の販売数量比率）を比較したものです。各社の製品がどの程度普及しているのかを見ることができ、基本的に「これまでの競争力が高かったプロセス・製品だからこそ、普及している」ととらえられます。

Ａ消費財業界の例を見てみます。近年トップシェアだったＸ社の市場全体でのシェアは、Ｚ社に抜かれて２位となってしまいました。Ｙ社にも追随されている状況です。

シェアについては、セグメント別でも見ておくべきでしょう。Ｘ社は需要の減少している中価格帯と法人の超高価格帯でのシェアが高いため、環境の影響を大きく受けてしまったと考えられます。

Ｙ社は低価格帯でトップ、他のセグメントでは上位のシェアとなっており、全体で３位となっています。Ｚ社は、需要の伸びている高価格帯でトップとなっていることもあり、全体のトップとして位置づけられています。

◎Ａ消費財業界のシェア◎

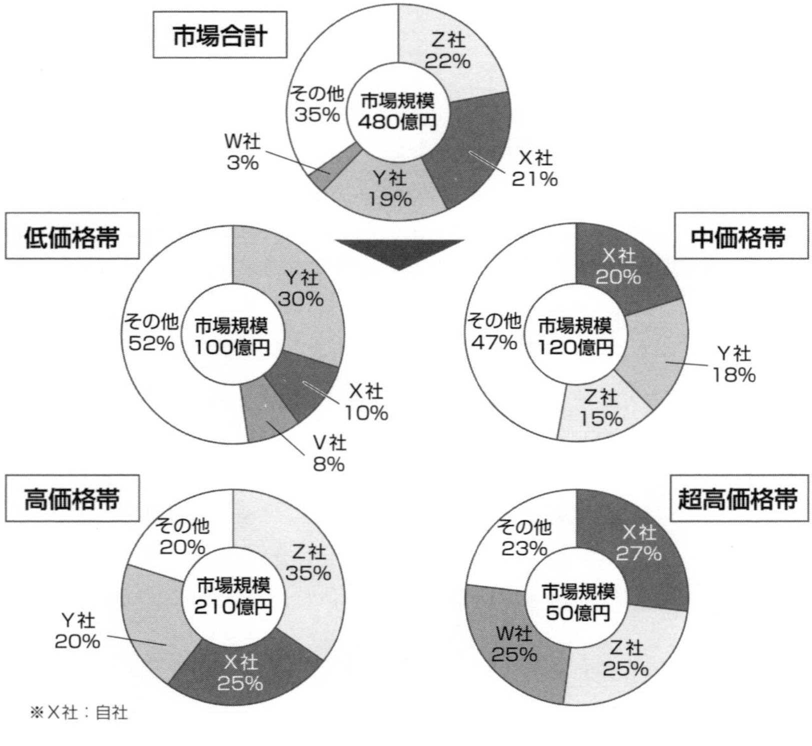

※X社：自社

ⅱ．定量分析②③「成長性と収益性」

次に、成長性と収益性を見ます。各企業の位置づけを明確にする方法として、「売上高成長率等の成長性」と「営業利益率や粗利率等の収益性」の２軸で各企業をプロットする方法等が挙げられます。

この手法によって、同じような特性を持った企業が集まってきます（必ず傾向が出るとは限りません）。うまくグルーピングすることによって、特定の特性を持った企業は同じような業績となっているといった傾向がつかめます。

Ａ消費財の業界傾向を見てみると、複数のグループがあることがわかりました。低価格帯製品を主としている企業は、成長性は悪くないものの収益性は悪くなっています。おそらく、単価が下がっているためと考えられます。中価格帯製品や超高価格帯製品を主としている企業は、収益性はよいものの成長性が低くなっています。これは、中価格帯・超高価格帯ともに需要が減少しているためでしょう。高価格帯製品を主としている企業は、収益性・成長性ともに高くなっています。この場合は、高付加価値製品であり、かつ需要が伸びているからだと推測されます。

◎Ａ消費財業界の成長性と収益性◎

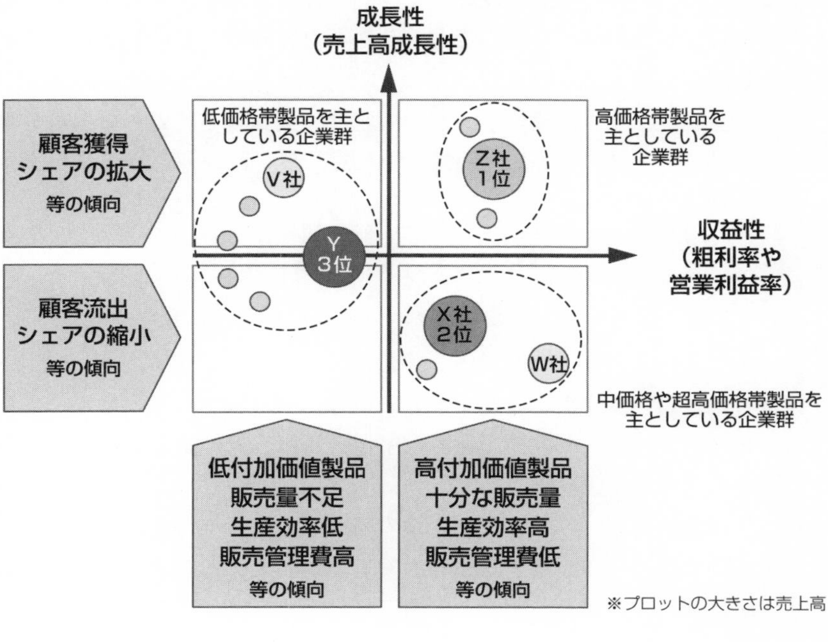

ⅲ. 定量分析④「損益構造」

定量分析③で収益性（粗利率や営業利益率等）を把握しましたが、なぜその数値なのかという理由はまだわかりません。それを明らかにするために、各社の損益構造を分析します（財務分析の詳細は、専門書を参考にしてください)。

競合間で比較して粗利率が高いということは、「高付加価値の製品（原価に比べて高単価の製品）を販売できている」「生産の効率等が高く、売上原価を抑えられている」等の理由が考えられます。

どのような要因かを確かめる方法の１つに、各社の売上金額と売上原価を売上数量で割った、単価と単位原価の比較があります。他社と単位原価が同等で単価が大きければ「高付加価値製品を販売できている」、他社と単価が同等で単位原価が小さければ「売上原価を抑えられている」からです。なお、売上原価が大きい・小さいということがわかった段階で、どの原価項目の影響によるかを調べて特定しておく必要があります。

次に、競合間で比較して営業利益率が高いということは「粗利率が高い」「販売費一般管理費が低い」ということになります。「粗利率が高い」のは先と同じ理由ですが、「販売費一般管理費が低い」ことについては、売上で販管費（販売費一般管理費）を除して販管費率を求めて比較しましょう。販管費が大きい・小さいことがわかった段階で、どの費用項目の影響によるのかも調べてください。

また、上記とは観点が違いますが、固定費・変動費を特定して損益分岐点分析をすることで、「販売数量が十分かどうか」というような分析をすることも有益です。

②バリューチェーン分析

バリューチェーンとは、「製品・サービスを市場へと送り出すプロセス」です。すなわち、バリューチェーンが優れていれば、おのずとよい製品・サービスを市場へ送り出すことができると考えられます。そのため、各社のバリューチェーンごとの能力を比較することは、どの企業が優れているかを導き出す１つの手段なのです。

各バリューチェーンにおける、評価の指標例は次ページの図のようになります。研究開発では、高い開発効率でよい製品を開発できるかどうかという「研究開発力」が必要です。企画・プロモーションでは、高い頻度でよい製品を発売できているか・効率のよい広告宣伝ができているかといった「企画力」「販促効率」が必要になります。

調達では、安くて品質のよい原材料を安定的に調達できるかどうかという「仕入効率」「安定調達基盤」が必要です。生産では、効率よく十分な数量を生産できるかという「生産効率」「生産力」が必要でしょう。物流においては、効率よく物を運べているかという「物流効率」が必要になります。

◎バリューチェーンにおける競争力候補と指標例◎

	研究開発	企画・プロモーション	調達
競争力候補	研究開発力	企画力 販促効率	仕入効率 安定調達基盤
具体的な指標例	•研究開発人数 •研究開発費 •新製品発売数 •研究開発人員当たりの新製品発売数 •研究開発費当たりの新製品発売数 •売上／研究開発費 •開発期間	•新製品発売数 •企画人数 •人員当たり新製品発売数 •売上／宣伝広告費	【仕入効率】 •仕入れ単価 【安定調達基盤】 •仕入先件数

	生産	物流	営業・販売
競争力候補	生産効率 生産力	物流効率	営業力、チャネル力 ブランド力
具体的な指標例	【生産効率】 •人員当たり人件費 •人員当たり売上 •外注単価 •ライン稼働率 •売上原価率、単位原価 •在庫回転率 【生産力】 •生産人員数 •製造キャパシティ •リードタイム	•物流費／売上 •リードタイム	【営業力】 •営業人員数 •営業人員当たり売上 •営業人員当たり営業回数 •１営業当たり成約率 【チャネル力】 •チャネル数 •チャネル当たり売上 【ブランド力】 •認知率

そして営業・販売では、効率よく多数の顧客を獲得できているか、効率のよいチャネルを押さえられるかという「営業力」「チャネル力」を見る必要があります。

これらを詳細に分析するのであれば、具体的に各バリューチェーンの「業務プロセス」を分析したり、アウトプットされる「指標」を分析したりします。それらを競合と比較するのが理想的です。

競合との比較には、50ページで紹介したVRIOフレームワークが有効です。「経済価値」「稀少性」「模倣困難性」「組織適合性」という、4つの視点によって経営資源を分析していきます（ここで問題なのは、自社については詳細に分析できるものの、競合についてはどうしてもわからない部分が出てくることです。しかし、これは分析の限界なので、どうしようもありません）。

◎A消費財プレーヤーのバリューチェーン分析◎

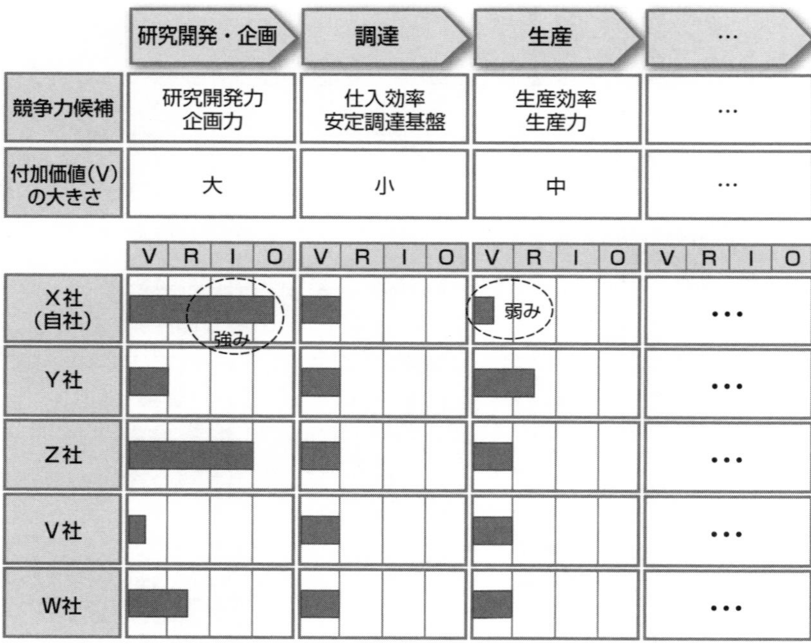

研究開発・企画
調達
生産
…
競争力候補
研究開発力
企画力
仕入効率
安定調達基盤
生産効率
生産力
付加価値(V)の大きさ
大
小
中
V R I O
X社
(自社)
強み
弱み
Y社
Z社
V社
W社
…

さて、A消費財業界のバリューチェーン比較を見てみましょう。自社は、シェアを落としているものの、各価格帯で品質の高い製品を開発できており、稀少性・模倣困難性のある研究開発力が本質的な強みであることがわかりました。

逆に、生産においては、他社ができているような低価格帯製品のコスト競争力が発揮できておらず、低価格帯製品の利益率が非常に低くなっていることから、生産効率に弱みがあることがわかりました。

バリューチェーン分析において注意すべき事項が1つあります。それは、「重要なプロセスを重点的に分析する」ということです。そのためには、どのプロセスが付加価値を生んでいるかを考えておく必要があります。たとえば、顧客ニーズが高品質の製品等となれば研究開発が重要になるでしょうし、コスト競争による価格競争になっているのであれば、サプライチェーンが重要になるでしょう。

繰り返しになりますが、こうした「仮説」を持ってバリューチェーンを分析すると、分析点が明確になります。

③ターゲット顧客分析

利益率の高い製品を購入する顧客が多い等、顧客が魅力的な場合、各プレーヤーが保有する顧客も競争力になりえます。とくに、その顧客に対してスイッチングコスト（乗り換えコスト）が働くときには、顧客を囲い込めることになりますので、強みとなるのです。

155ページで分析した、需要・ニーズを思い出してください。まずは、現在の顧客セグメント別需要に占める、各社のシェアを分析します。どのような顧客を各社が保有しているのかを明確にするのです。ここも詳細の

◎A消費財プレーヤーの顧客分析◎

セグメンテーション			製品セグメント	需要予測（5年後）	現獲得数量シェア					需要の増加	X社のシェア	評価	
個人／法人	世帯属性 業界	世帯年収		利用世帯数 単位：千世帯	利用世帯数 単位：千世帯	X社	Y社	Z社	…			強み	弱み
個人	子持ち世帯	高所得（△△万円以上）	合計	4,300	4,050	20%	17%	13%	…	増加	高	○	
			高価格帯	800	500	30%	10%	35%	…	増加	やや高	○	
			中価格帯	500	1,550	25%	10%	8%	…	減少	高		◎
			低価格帯	3,000	2,000	20%	25%	0%	…	増加	やや高	○	
		低所得（△△万円未満）	合計	4,500	4,250	…	…	…	…	増加	…		
			高価格帯	200	500	…	…	…	…	減少	…		
			中価格帯	500	750	…	…	…	…	減少	…		
			低価格帯	3,800	3,000	…	…	…	…	増加	…		
	…	…	…	…	…	…	…	…	…	…	…		
法人	…業界		…	…	…	…	…	…	…	…	…		

※「評価」はX社にとっての強み・弱み

データを構築するにはアンケートが必要ですが、難しければ「シェア高、シェア低」等の定性的情報でもかまいません。

次に、前ページの表の「需要予測」と「X社のシェア」を見てください。将来の需要が落ち込んでいるところでシェアが高ければ「弱み」、シェアが低ければ「強み」となります。逆に、将来の需要が増加しているところでシェアが高ければ「強み」、シェアが低ければ「弱み」となります。

A消費財業界の例を見ると、「高所得子持ち世帯」に関してX社（自社）は「低価格帯・高価格帯」製品でトップ企業には劣るものの、強みとなる顧客基盤を有しており、「中価格帯」製品では弱みとなる顧客基盤を有しています。ただし、現状で優良な顧客を保有しているからといって、必ずしも今後も競争力を保有できるとは限りませんので、注意が必要です。

④製品・サービス分析

ベンチマークの最後のプロセスは、「製品・サービス分析」です。ここでは、「マーケティングの4P（37ページを参照）」を用いて比較・分析します。次ページの表を参照してください。

製品・サービス（Product）そのもの（品質、形…）や価格（Price）については、「顧客の顕在・潜在ニーズに合致している」ことが競争力の条件となります。

プロモーション（Promotion）については、「顧客のニーズに合致した訴求」や「ターゲット顧客に合致したメディア利用」等が競争力の条件です。

チャネル（Place）については、「ターゲット顧客に合致したチャネル利用」といったことが競争力の条件となります。

プロモーションやチャネルについて、さらに詳細に分析するのであれば、顧客の購買プロセス「AIDMA（Attention：注意、Interest：興味、Desire：欲求、Memory：記憶、Action：行動）」等を用いることも有益です。

A消費財業界の例では、自社では「高価格帯製品の品質」が強みとなっています。しかし、プロモーションやチャネルについては「高価格帯製品の将来にわたっての主要顧客である、単身世帯に対する訴求やチャネルを構築できていない」という弱みとなっています。

◎A消費財プレーヤーの製品・サービス分析◎

		製品・サービスそのもの	価格	プロモーション	チャネル
競争力の視点		・顧客のニーズに合致した製品（高品質、低価格、…）		・顧客のニーズに合致した訴求 ・ターゲット顧客に合致したメディア利用等	・ターゲット顧客に合致したチャネル利用
高価格帯製品	X社	○ 高品質	× やや高い	× 品質の訴求できず	× ウェブ販売の遅れ
	Y社	△ 品質やや劣る	○ 比較的安価	× 品質の訴求できず	△ 簡易なウェブ販売導入
	Z社	○ 高品質	△ 中程度	○ 品質の訴求をしている	○ ウェブ販売を完備
低価格帯商品	X社	○ 高品質	△ 中程度	△ 差異なし	△ 差異なし
	Y社	△ 品質やや劣る	○ 比較的安価	△ 差異なし	△ 差異なし
	Z社	○ 高品質	△ 中程度	△ 差異なし	△ 差異なし

※グレーのセルは顧客ニーズに合致していないため、評価の高低は競争力には影響しない

▶KFSの抽出と充足状況評価をする

これまでのベンチマークから、自社・競合の強みをすでに分析できたと思います。その各社の強みの中でも、とくに競争の源泉になっているものが「KFS（Key Factor for Success）」です。

KFSの特定がなぜ有効かというと、「自社の強みの中でも本質的な強みを特定でき、活用の優先度が設定できる」「保有していないKFSを充足することで、新たな強みを得る可能性を入手できる」という２点が考えられます。

さて、それではどうやってKFSを抽出するのでしょうか。ここで有効なのが、50ページで紹介したVRIOフレームワークを利用することです。本来は強みを評価するフレームワークなのですが、ここではKFSの特定に使用します。

KFSもいわば業界の優秀なプレーヤーの強みなので、VRIOとの相性はよいものです。「売上・利益率にインパクトがある」「優良企業（シェア・成長性・収益性高）のみが保有している」「模倣が困難である」というように項目を替えて、KFSを評価すると効果的です。

◎KFSの抽出◎

強み		売上・利益率にプラスの大きなインパクトがある	優良企業のみが保有している	模倣が困難である	KFS評価
X社	高い研究開発力	○	○	○	より大きなインパクトをもたらすKFS
	高価格帯における高品質な製品	○	○	○	より大きなインパクトをもたらすKFS
Y社	高い生産効率	○	×	×	各競合の強み
	低価格帯における価格を抑えた製品	○	×	×	各競合の強み
Z社	需要の見込める顧客基盤	○	○	×	KFS
	高い研究開発力	○	○	○	より大きなインパクトをもたらすKFS
	高価格帯における高品質な製品	○	○	○	より大きなインパクトをもたらすKFS

5-10

現状分析⑤　"意味のある"SWOT分析をする

SWOTで社内外の強み・弱み、機会・脅威をまとめる

▶SW（強み・弱み）を整理する

強み（Strength）と弱み（Weakness）については、ここまで分析したとおりです。「自社・競合定量分析」「バリューチェーン分析」「ターゲット顧客分析」「製品・サービス分析」において分析した、強みと弱みを整理することになります。また強みのうち、KFS（競争の源泉になっているもの）であるものをピックアップしておくとよいでしょう。

▶OT（機会・脅威）を整理する

機会（Opportunity）と脅威（Threat）についても、ここまで分析したものを用います。視点としては、「顧客の状況（需要とニーズ）」「業界の競争環境（新規参入、代替品、サプライ）」「競合の強み・弱み（競争ベンチマーク分析より）」「その他業界動向（法規制、技術動向等）」「KFSの新規充足可能性」が挙げられます。

しかし、機会なのか脅威なのかという判断が難しいので、単純には整理できません。たとえば、「調達価格が上昇して、利益を圧迫する可能性が高い」という動向は一見、脅威に見えます。しかし、競合は価格上昇の影響を受けている一方、自社では独自の調達ルートを持っており、価格上昇の影響が少ない場合はどうでしょうか？　相対的に（競合と比較して）自社の利益率が上がる可能性があります。「競争に勝つ」という観点からは、「機会」ととらえられます。

このように、業界全般や競合に与える影響と、自社に与える影響が異なる場合があります。機会・脅威の分析時には、自社と競合で影響が異なるかどうかを必ず念頭において整理してください。

また、各機会・脅威が自社の売上（金額、数量、単価、セグメント別数量…）や利益率（単価、コスト…）のどの要素に効いてくるのかまで整理しておくと、このあとの「戦略方向性の策定」フェーズ以降で役立ちます。

▶SWOTを整理する際には単語の羅列を避ける

A消費財メーカーX社の事例について、次のようにSWOTを整理できます。多少内容をくわしく書いておくと、戦略策定時で役立ちます（53ページを参照）。よく単語を羅列しているだけのSWOTを見かけますが、あれではいいたいことが十分にわからないでしょうし、ミスリードしてしまう可能性もあります。しっかり記述しておくことをお勧めします。

◎X社のSWOT分析◎

Strength	Weakness
・高価格帯製品（個人向け）および超高価格帯製品（法人向け）における研究開発力に優れている【KFS】 ・高価格帯製品および超高価格帯製品の品質が高く、当セグメントにおける顧客ニーズをとらえている【KFS】 …	・すべての製品において工場の生産効率が低く、コスト競争力が発揮できない ・需要の減少しつつある中価格帯製品市場における主要顧客「子持ち世帯」が、顧客基盤の大きな部分を占めている ・高価格帯におけるプロモーション・チャネルが顧客のニーズに合っていない ・超高価格帯において、チャネル力が弱い …

Opportunity	Threat
・シェアの比較的高い高価格帯において、今後の主要顧客となる単身世帯のニーズが増加していることで、自社の売上が増加する可能性がある ・超高価格帯において代替サービスから売上を死守しているW社は当セグメントのKFSであるチャネル力を保有しており、そのKFSを充足することで自社の売上が増加する可能性がある …	・競合の多くが生産効率が高く、コスト競争力を保有しており、相対的に自社の利益率が低くなっている ・個人向け中価格帯製品市場のニーズが減少し、低価格と高価格市場へと移り変わっており、当セグメントにおける売上が減少している ・代替サービスが普及してきており、法人向けの超高価格帯製品の市場が減少し、当セグメントにおける売上が減少している …

5 11

現状分析⑥　現状成り行き予測

現状延長では業績がどうなるのかを予測し、定量目標とのギャップを見る

▶現状延長の予測と定量目標とのギャップを知る

現状成り行き予測をすることで、戦略完了時点での定量目標とのギャップを知ることができます。ギャップを知れば、「ギャップを埋めるためには何をしなければならないのか」という“規模感”の目安になります。

◎現状延長と定量目標のギャップ◎

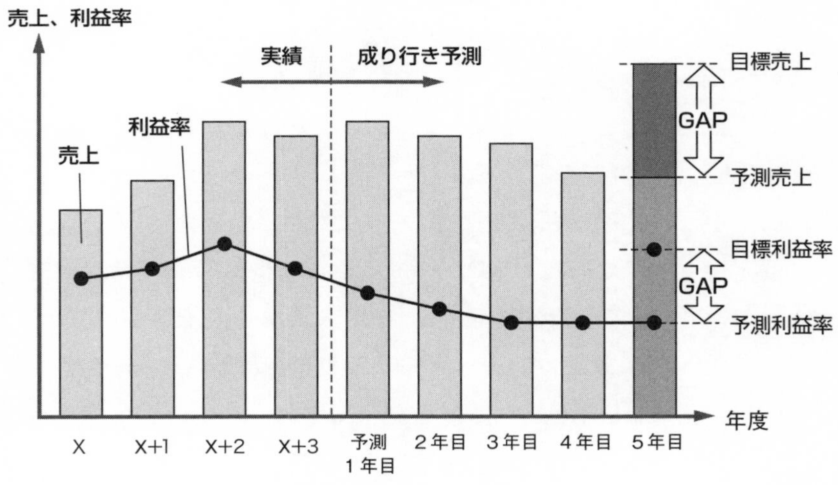

▶現状延長の売上を求める

ここから、現状成り行き予測の仕方を順番に説明します。

まず、現状延長の売上を求めます。さまざまな方法があると思いますが、もっとも簡単なアプローチとして、次のように「市場とひもづける方法」があります。

◇現状延長の売上を求める式◇

自社売上 ＝ 売上数量 × 単価

= 市場数量 × 自社数量シェア × 単価
= 顕在ユーザー数 × 年間使用量 × 自社数量シェア × 単価
= 潜在ユーザー数 × 顕在化率 × 年間使用量 × 自社数量シェア × 単価

あとは現状分析から各要素の数値を予測すれば、自社の売上予測ができます。

ただし、「シェア」の扱いは困難です。正確な変動具合を求めるのは難しい場合がほとんどだと思われるので、自社と競合の強み・弱みを比較して、自社の競争力があれば「シェアを上げ」、競争力が低ければ「シェアを下げる」ことになると思います。

A消費財メーカーX社の例では少し複雑ですが、次のようになります。

◇X社での現状延長を求める式◇

自社売上= 低価格帯製品売上 + …
= 低価格帯製品市場数量 × 自社数量シェア × 単価 + …
= (高所得子持ち世帯数 × 利用率 × 低価格帯比率 × 利用頻度 × シェア + 低所得子持ち世帯数 × 利用率 × 低価格帯比率 × 利用頻度 × シェア + 高所得単身世帯数 × 利用率 × 低価格帯比率 × 利用頻度 × シェア + … + 低所得高齢世帯数 × 利用率 × 高価格帯比率 × 利用頻度 × シェア) × 単価

▶現状延長の利益を求める

利益は、基本的に売上が決まれば求まります。売上を参考に、だいたいのコストを計算できるからです。

コストには「変動費」と「固定費」と呼ばれる費用があります。変動費は売上等の変動にともなって変動する費用であり、固定費は売上等の変動にかかわらず一定の費用です。

売上変動にともない、変動費を変化させ、固定費はそのままにして計算すれば、営業利益を導き出せます。

⑤12 戦略方向性を策定する

SWOT分析を利用して、複数の戦略代替案を策定する

▶戦略方向性を導き出すマップをつくる

戦略代替案を抽出するために、SWOT分析で整理した機会・脅威と強み・弱みを結びつけて、戦略方向性マップを作成します。

まずは利益を分解し（とくに、定量目標が利益の場合）、分解した要素に関連する機会・脅威をひもづけます。次に、その機会・脅威に関連する強み・弱みをひもづけると、戦略方向性のグループが見えてきます。

X社の戦略方向性マップを見てみると、４つの方向性が存在していることがわかります。

◇X社の４つの方向性◇

- **グループA　超高価格帯製品の数量を増大する方向性**
  機会：KFSであるチャネル力　**脅威**：代替サービス
  強み：研究開発力・製品力　**弱み**：チャネル力の弱さ
- **グループB　高価格帯製品の数量を増大する方向性**
  機会：単身世帯のニーズ増大　**強み**：研究開発力・製品力
  弱み：プロモーションやチャネルのニーズ不整合
- **グループC　中価格帯製品の数量を増大する方向性**
  脅威：ニーズの減少
  弱み：当セグメントが顧客基盤における重要要素の１つ
- **グループD　原価率を低減させる方向性**
  脅威：競合は生産効率が高い　**弱み**：生産効率が低い

このような戦略方向性マップを作成しておくと、事業戦略の目的・定量目標に従って、方向性グループを取捨選択できます。

▶戦略代替案を導き出す

戦略方向性のグループを構成したあと、それぞれのグループにおいて、「強みを用いて機会を得る」「強みを用いて脅威を乗り越える」「弱みを克服し機会を得る」「弱みを克服し脅威を乗り越える」といった視点で、複数の戦略代替案に練り上げます。X社の例では、次のようになります。

◇X社の戦略代替案の例◇

- **グループA：超高価格帯製品の数量を増大する方向性**
  法人市場における開発・販売戦略（法人市場におけるチャネルの構築、代替品に対抗した製品開発）

◎戦略方向性マップ◎

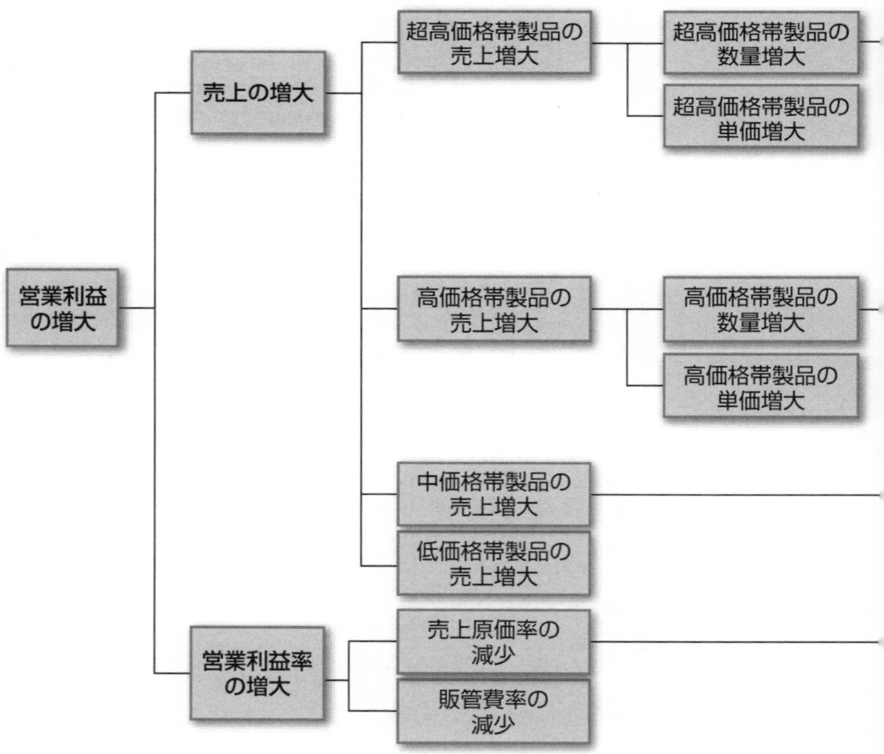

- **グループB：高価格帯製品の数量を増大する方向性**
  高価格帯製品の開発・販売戦略（単身世帯を対象とした高価格帯製品のプロモーション戦略・チャネル構築、競合に対抗した製品開発）
- **グループC：中価格帯製品の数量を増大する方向性**
  （グループA・Bにより顧客を増やし、影響を軽微にする）
- **グループD：原価率を低減させる方向性**
  工場の生産効率化

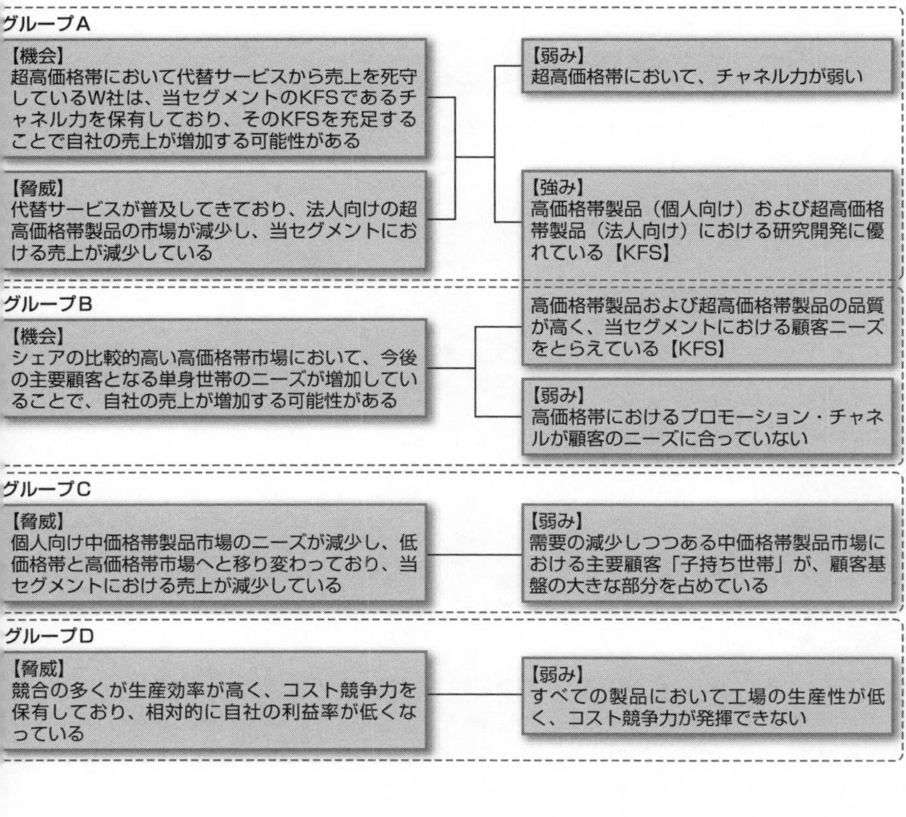

グループA
【機会】
超高価格帯において代替サービスから売上を死守しているW社は、当セグメントのKFSであるチャネル力を保有しており、そのKFSを充足することで自社の売上が増加する可能性がある
【脅威】
代替サービスが普及してきており、法人向けの超高価格帯製品の市場が減少し、当セグメントにおける売上が減少している
【弱み】
超高価格帯において、チャネル力が弱い
【強み】
高価格帯製品（個人向け）および超高価格帯製品（法人向け）における研究開発に優れている【KFS】
グループB
【機会】
シェアの比較的高い高価格帯市場において、今後の主要顧客となる単身世帯のニーズが増加していることで、自社の売上が増加する可能性がある
高価格帯製品および超高価格帯製品の品質が高く、当セグメントにおける顧客ニーズをとらえている【KFS】
【弱み】
高価格帯におけるプロモーション・チャネルが顧客のニーズに合っていない
グループC
【脅威】
個人向け中価格帯製品市場のニーズが減少し、低価格帯と高価格帯市場へと移り変わっており、当セグメントにおける売上が減少している
【弱み】
需要の減少しつつある中価格帯製品市場における主要顧客「子持ち世帯」が、顧客基盤の大きな部分を占めている
グループD
【脅威】
競合の多くが生産効率が高く、コスト競争力を保有しており、相対的に自社の利益率が低くなっている
【弱み】
すべての製品において工場の生産性が低く、コスト競争力が発揮できない

⑤13 フィージビリティスタディで戦略の実現性を評価する

複数の戦略代替案から実現可能性を加味して絞り込んでいく

▶フィージビリティスタディにより戦略代替案を選択する

事業戦略にも経営資源（ヒト、モノ、カネ）がかかります。全社戦略のときと同じように、企業（もしくは事業）の保有している経営資源は有限なので、目的・定量目標を満たす最適な施策を選びます。

これまでに複数の戦略代替案が策定されましたが、総花的に行なうのではなく、実現可能性を加味して優先順位をつけ、取捨選択することになります。この実現可能性の評価を「フィージビリティスタディ」といいます。

フィージビリティスタディを行なううえで、その評価項目を知っておく必要がありますが、評価項目は「①戦略のインパクト」「②持続的競争優位性の確立可否」「③実行のための経営資源充足状況」「④ダウンサイドリスク」となります。

◎フィージビリティスタディの例◎

	インパクト		持続的競争優位性の確立可否	実行のための経営資源充足状況			ダウンサイドリスク			実現可能性
	投資コスト	定量目的の達成度		必要資源①	必要資源②	…	リスク①	リスク②	…	
法人市場における開発・販売戦略（開発戦略、チャネル戦略）	中	達成	持続的優位性確立	充足	充足（外部）	…	確率㊦ インパクト㊅	確率㊦ インパクト㊈	…	○
高価格帯製品の開発・販売戦略（開発戦略、プロモーション戦略、チャネル戦略）	大	達成	優位性確立（一時）	未充足	充足（グループ内）	…	確率㊦ インパクト㊅	確率㊤ インパクト㊈	…	△
工場の生産効率化	小	未達成	他社と同じレベルであり、優位性は構築できない	必要なし	充足	…	確率㊦ インパクト㊈	確率㊦ インパクト㊈	…	単独ではなく、付帯的に実施
…	…	…	…	…	…	…	…	…	…	…

①戦略のインパクト

まず、戦略の実行にはどの程度のコストがかかり、達成できた場合にどの程度の売上・利益になるのかを評価します。目的・定量目標をまったく満たせない戦略だったり、戦略実行に多大なコストがかかってしまっては話になりません。

売上・利益を評価するときに有効なのが、現状成り行き予測です。戦略による変動要因を乗せることで、戦略を実行したときの売上・利益等が求められ、定量目標を満たせるかどうかといった検討が可能になります。

②持続的競争優位性の確立可否

自社が戦略を実行すれば、競合もそれに反応します。自社が戦略を策定しているのも、まさに同じ理由です。競合がその戦略に対して対抗をしてきたとしても、それに対して自社が持続的な競争優位を保てるかどうかがカギとなります。

③実行のための経営資源充足状況

次に、策定した戦略が自社の保有する経営資源で実行できるかどうかを評価します。もしくは自社の経営資源だけではなく、外部やグループ企業から調達可能かも合わせて評価します。

④ダウンサイドリスク

最後に、ダウンサイドリスクを評価します。ダウンサイドリスクとは、市場のニーズ等が予定よりも増加しなかった、もしくは戦略が失敗したときに、業績に対してどのような影響を与えるのかを把握することです。戦略は100％成功するとは限りません。

成功したときのパフォーマンスがいくらすばらしくても、失敗したときのマイナスのインパクトが大きいことは問題です。ダウンサイドリスクは、基本的にその「発生確率」と「マイナスインパクト」によって評価されます。

⑤14

施策を策定し、計画化・実行する

戦略代替案を具体的な施策へとブレイクダウンする

▶戦略を「施策」「プロセス」へブレイクダウンする

策定した戦略は大きな話であり、具体的に何を行なうのかが決まっていません。戦略を施策へと落とす作業が必要です。そして、その施策をどのようなプロセスで行なっていくのかを決めます。

◎施策へのブレイクダウン◎

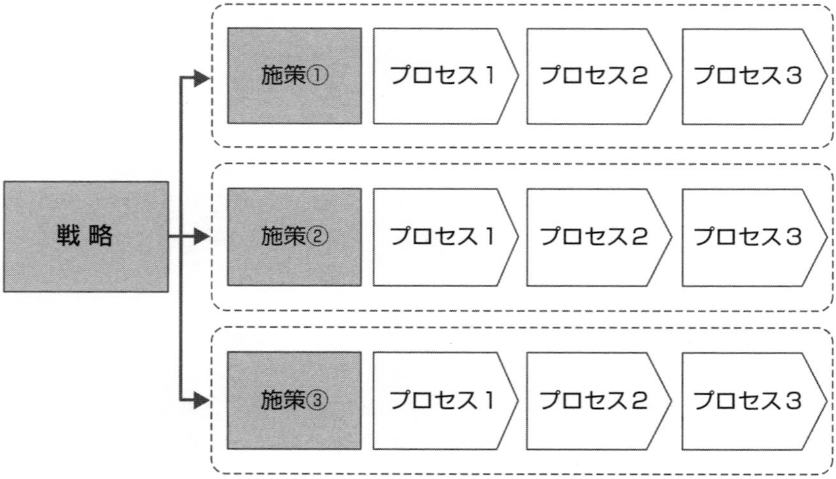

X社の「プロモーション戦略・チャネル構築」についてブレイクダウンをしてみれば、プロモーション施策の策定、プロモーション戦略を行なう組織体制の構築、外部調達が必要な経営資源Aの調達等が「施策」となります。これをさらに「プロセス」に分解することで、やるべきことが明確になってきます。

◎X社の施策へのブレイクダウン◎

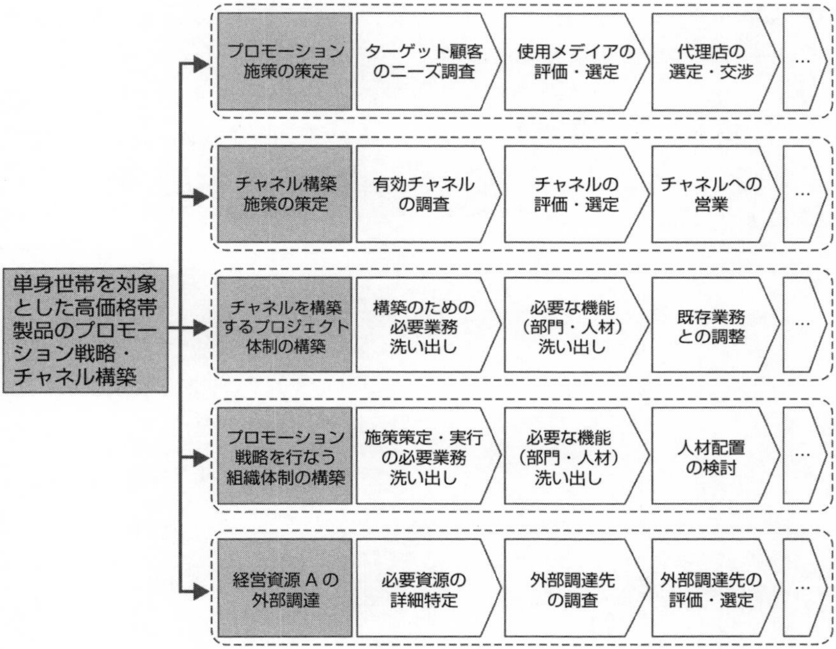

▶見る人によって落とし込む計画を変える

「やるべきこと」が決まった段階で、これを計画に落とし込んでいきます。先ほどの施策について、担当・業務・期限等を決めて推進の目安とします。

計画を作成する際には、見る人に応じたレベルの計画を作成する必要があります。現場レベルの人が見る計画であれば、「短期スパンの期限や詳細な担当・業務を盛り込んだ計画」を作成する必要があるでしょう。逆に、戦略を統括するポジションの人が見る計画であれば、「より長期スパンの期限で、戦略の全体像が見えるような計画」を作成することになります。よく、前者は「アクションプラン」、後者は「マスタープラン」と呼ばれます。

▶PDCAやKPI等の仕組みでスムーズに実行する

戦略は策定も重要ですが、実行しなければ何も起きません。実行は非常に重要なフェーズです。

戦略をスムーズに実行するためには、109ページで紹介したように、PDCAマネジメントを用いて、戦略の実行をモニタリングし、評価・修正することが必要となります。

また、モニタリングや評価・修正を行なうためには、KPIを用いることが多いのですが、できる限り定量目標にひもづく指標を用いることが重要です。KPIを見ることで、戦略の目的・定量目標へと近づいていることがわかるような指標とすべきでしょう。

第6章

不確実性の時代における“新しい”戦略論の潮流

⑥1 「意図的に計画された戦略」の行きづまり

市場が成熟化する中、修正可能な新たな戦略が求められるようになった

▶意図的に計画された“これまで”の戦略論

第1章でくわしく説明したように、「戦略」とはあらかじめ設定された「目標」と、把握されている「現状」とのギャップを埋めるための具体的な打ち手です。

どのような戦略を実行するかを決めるためには、まず明確な「目標」を設定することが必要になります。明確な目標がないと、企業および組織の進むべき方向性が曖昧（あいまい）になってしまいます。

また、その企業および組織が置かれている現在のポジションがどのような状況にあるのかを把握することも欠かせません。

すでに存在がわかっている競合他社と自社との間の力関係だけではなく、今後同じ市場に新たに参入してくる可能性のある企業との力関係を考慮する必要もあります。とくに製造業の場合には、「仕入先や調達先との力関係」、さらには「顧客やその他納入先との力関係」等も考慮しなければなりません。これらを総合的に分析し、自社の置かれている「現状」を把握することが求められます。

◎意図的に計画された戦略◎

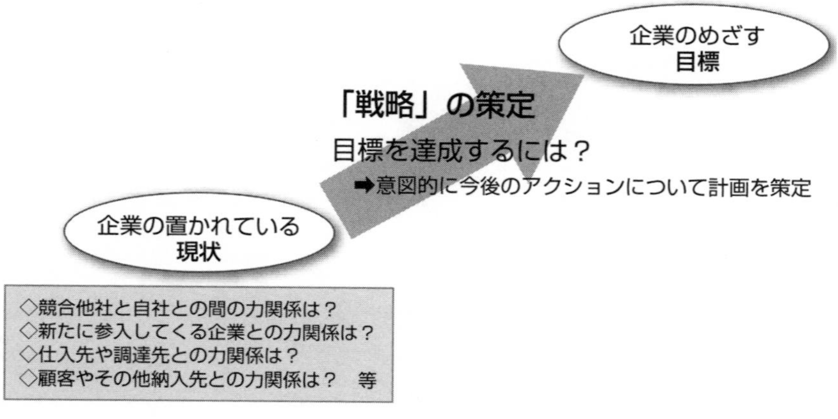
企業のめざす
目標
「戦略」の策定
目標を達成するには？
➡意図的に今後のアクションについて計画を策定
企業の置かれている
現状
◇競合他社と自社との間の力関係は？
◇新たに参入してくる企業との力関係は？
◇仕入先や調達先との力関係は？
◇顧客やその他納入先との力関係は？　等

▶“これまで”の戦略論ではダイナミックな戦略変更に対応できない

目標を明確化し、現状をしっかりと分析・把握することができて初めて、戦略を策定し、それを実行に移すことができるのです。「戦略の策定」とは、現状をしっかりと把握したうえで、「目標達成のために具体的に何をすべきか」という指針を、企業みずからの意思で明確に定めることをいいます。つまり、「企業が意図的に、今後のアクションについて計画を策定する」ことが「戦略の策定」に相当するといってよいでしょう。

目標達成のための戦略が策定されたあとは、「その戦略をどのように実行に移すか」「その目標をいかに効率よく達成するか」に企業のマネジメント層（経営者や事業部門長など）の関心が移ります。戦略を実行に落とし込む段階で、新たに見えてきた課題等を策定した戦略にフィードバックし、修正・変更することも考えられます。場合によっては、目標そのものが変更されることさえあります。

しかしながら、ここまで述べてきた戦略論では、そういったダイナミックな戦略の変更そのものはあまり意識されていませんでした。企業の組織形態として「ピラミッド型組織」や「官僚的階層組織」等の表現がなされることがあります。これらの組織形態は、組織の目標をいかに効率的に達成するかという観点から考え出されたものです。

上長からの指示は、ピラミッドの頂上から底辺の方向へ流れていきます。各層の担当者は上長から指示された達成目標を、決められた期日までに実行できるように、みずからのタスクを実行するのです。

◎ピラミッド型組織のイメージ◎

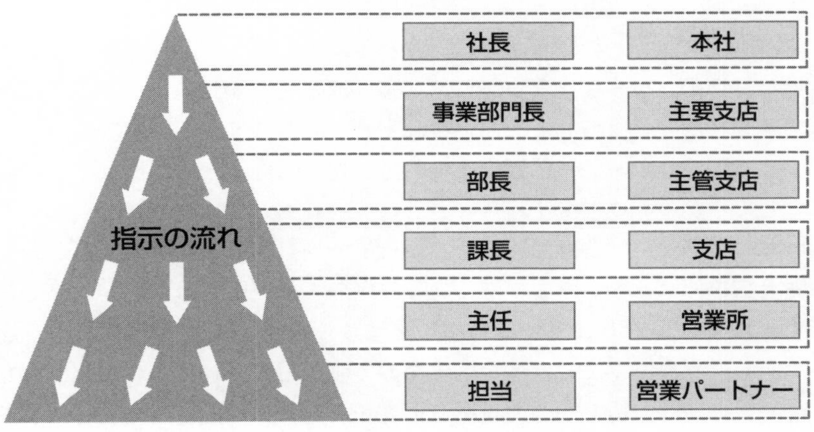

みずからのタスクの範囲内で、「いかに効率よく作業を行なうか、品質を向上させるか」は各担当者の努力に帰することになりますが、基本的には「指示された達成目標をクリアする」ことが各担当者に与えられた仕事になります。極端ないい方をすれば、各層の担当者はピラミッドの上層部の人たちがどのような戦略を考えているのかを知らなくても、ピラミッド全体としての組織は十分に機能するのです。ピラミッドの上層部が目標の設定と戦略の策定部分を担い、その後はピラミッドの下部組織に実行部分を任せることになります。

▶ピラミッド型組織では変化の著しい市場に追随することが難しい

しかしながら、近年このようなピラミッド型組織では、変化の著しい市場の動きに追随することが難しいと指摘されるようになってきました。たとえば、『現場力を鍛える』（遠藤功 著、東洋経済新報社）では、戦略はそもそも軌道修正されるべきものであることを前提に「企業のオペレーションには、戦略を軌道修正しながら遂行する『組織能力』が内包されている。現場で起きるさまざまな問題点を能動的に発見し、解決する。その力こそが『現場力』である」という旨が述べられています。

企業のオペレーションは、トップダウン的にピラミッドの上層から指示が降ってくるだけでは十分ではありません。ピラミッドの下層にあたる「現場」において、その状況をみずから判断して解決していくことが重要であり、戦略の軌道修正には、「現場の能動的な解決能力」が欠かせないのです。

▶競争環境の変化が戦略論に影響を与えている

近年、日本のさまざまな市場において「成熟化」が指摘されるようになってきました。多くの人々がある製品やサービスを購入して、普及率が高くなってしまうと、徐々に販売市場の拡大が望めなくなり、成長率が停滞してしまうということです。

いわゆる“ヒット新商品”は新しい市場で売れ始め、高い成長率とともに売上高を伸ばしていきますが、ある一定の人々が購入したあとは、それ以上成長率を高めることが難しくなります。また、新たに“ヒット新商品”そのものを出すこと自体が困難なのです。市場や社会の成熟化にともない、新たに魅力的でかつ大規模な市場が出現する可能性は一般的に小さくなっていきます。

市場や社会が成熟化する一方で、消費者の要望は多様化しています。1つの製品を、膨大な数の消費者に販売（一般消費者向け大量生産品の販売など）することが難しくなってきました。万人受けするような「マス向け」の製品やサービスを発掘することは大変厳しくなっています。

ここまで説明してきたとおり、企業が戦略を立案する際には、現状を把握するとともに、ある程度具体的な「目標」を設定する必要があります（15ページを参照）。しかしながら、現在のような市場や社会の置かれた状況下では、今日決めた「目標」が、明日も有効な「目標」であり続けるかどうかは、わからなくなってきています。

企業を取り巻く競争環境は、起こりうる可能性がある程度把握できるレベルの「リスク」を通り越し、まったく何が起こるか予想もできない「不確実性」の時代へと変化しつつあるのです。

◎「リスク」と「不確実性」の違い◎

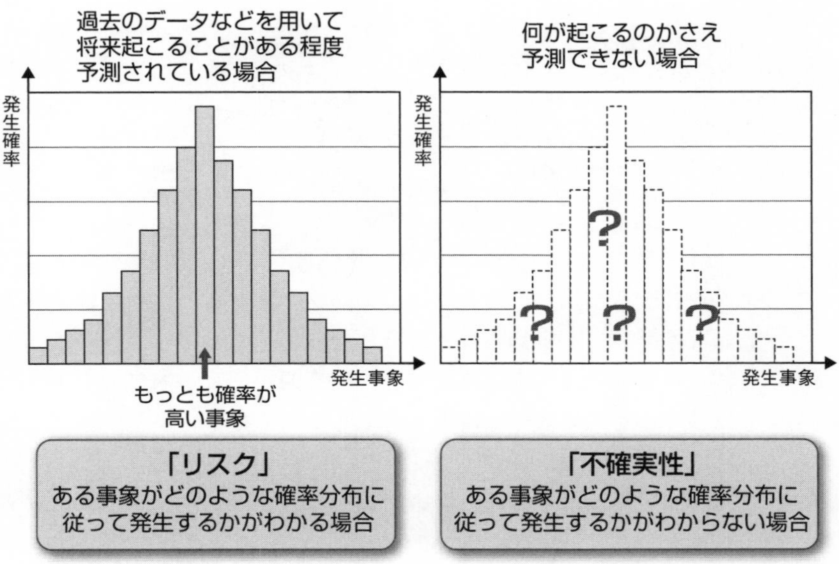

そのような状況下では、先ほど説明したような「意図的に計画された戦略」を、唯一絶対のものとし、その戦略に則ってアクションをとり続けることは、とても難しくなってきています。

当初想定されていた目標そのものを変更せざるをえない状況が発生した場合、もともと考えられていた戦略をそのまま実行することは意味がなくなってしまいます。

予定していた詳細な計画（意図された戦略）と、時間が経ってから実際に実行された戦略が異なる場合が多いことは、皆さんも実感しているのではないでしょうか？　個人レベルの行動でも同様です。当初予定していた旅行の計画が、実際に現地に行ってみると変更せざるをえなかった、また最後に振り返ってみると、当初とはまったく異なった行動をとった経験は多々あることと思います。

◎これまでの戦略論と新たな戦略論◎

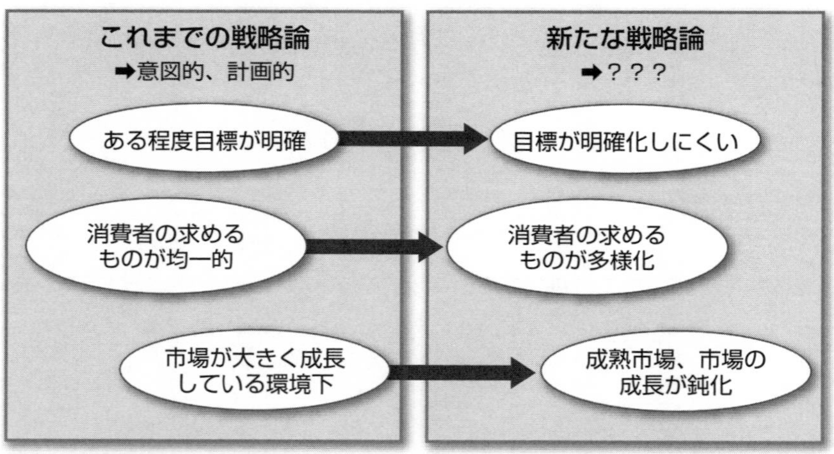

このような社会や市場を取り巻く環境の変化を考えると、今後はどのような“新たな戦略論”が求められるようになってくるのでしょうか？　少なくとも、これまで主流に考えられてきた硬直的な「意図的に計画された戦略」では、その対応が難しい場面も出てくるのではないかと予想されます。

これまでの“戦略論”と“新たな戦略論”の違いは、マイケル・ポーターとヘンリー・ミンツバーグの一連の論争をひも解くと理解できます。ポーターはポジショニング理論の大家であり、ミンツバーグは著書『MBAが会社を滅ぼす』（池村千秋 訳、日経BP）にも見られるように、これまでの経営論の流れからは少し異なった視点を投げかける論客として注目されています。

▶マイケル・ポーター vs. ヘンリー・ミンツバーグ

これまでの戦略論と新たな戦略論との違いは、有名な「マイケル・ポーター vs. ヘンリー・ミンツバーグ論争」に端的に示されています。ここでは両者の考え方を整理し、新たな戦略論とはどのようなものなのかを示します。

ポーターが提唱する「ポジショニング理論」は、企業が選択するみずからの「位置づけ（ポジション）」が、その企業の成功、失敗を大きく左右するという考え方を基本とします。企業が少しでも競争上優位に立てるようなポジションを獲得するためには、競合他社の状況は当然ながら、その市場におけるさまざまな外部の環境要因を徹底的に分析し、その分析の結果を基に最適なポジションを見つけ出すことが求められます。

◎ポジショニング理論のイメージ◎

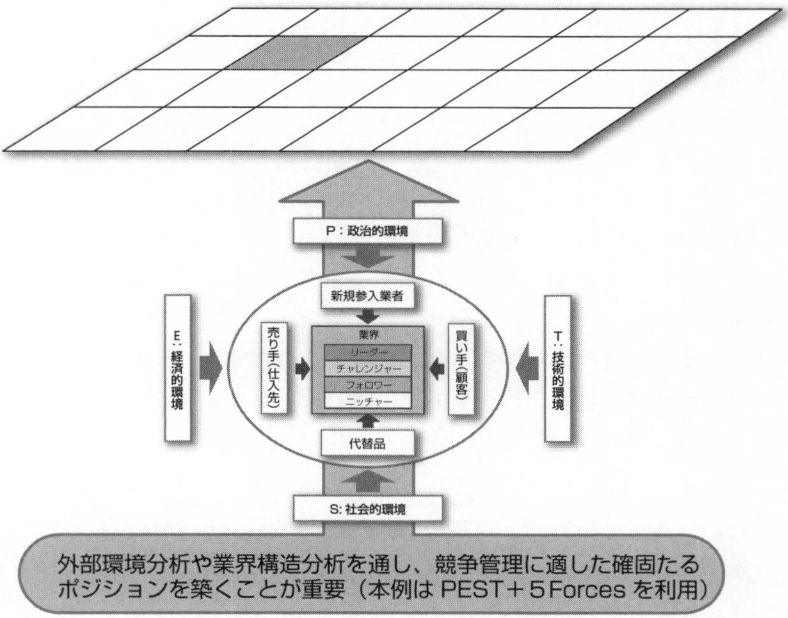

出典：『戦略フレームワークの思考法』（手塚貞治 著、日本実業出版社）

経営戦略論としてのポジショニング理論は、ポーターが1980年代に発表した『競争の戦略』や『競争優位の戦略』が起源とされます。しかしながら、「ポジショニング理論」のそもそもの思想や、考え方はさらに昔から存在しました。

たとえば、中国春秋時代の思想家孫武の作とされる兵法書『孫子の兵法』（紀元前500年頃）は、膨大な戦史の研究結果から、「戦争には勝つ理由と負ける理由が必ず存在し、敵に対してみずからがいかに優位な立場を築くことができるかが重要である」と示しています。戦略論を適用する対象が“経営”と“戦争”では、「あまりにも性質が違いすぎるのでは？」と思われがちですが、本質的な戦略論の部分では共通点が多いのです。孫武の兵法と並び称されることが多いクラウゼヴィッツの『戦略論』にも、同様の共通点があるとされています。

ポーターのポジショニング理論でもっとも有名な考え方に「5 Forces分析（42ページを参照）」があります。「新規参入業者」「売り手（供給業者）」「買い手（顧客）」「代替品」「競合他社」の５つの脅威を分析し、「企業が競争に勝つための立ち位置をどこに置き、今後どのような戦略をとるべきかを抽出する」ことを特徴とします。また、企業がとり得る基本的な戦略のタイプは３つあり、「コスト・リーダーシップ戦略」「差別化戦略」「集中戦略」のいずれかを追求するものです。

このようなポーターのポジショニング理論について、企業のとるべき戦略を明確にすることができる大変有用な理論とする評価がある一方で、「戦略を特定化すべき」というポーターの考え方に対して、「柔軟性を損ね、組織の視野を狭めてしまうのではないか」といった疑問を投げかける声も上がっています（Miller,D. “The Generic Strategy Trap.” Journal of Business Strategy（13,1 [January-February]1992:37-41））。

ポジショニング理論に対する厳しい批評をしている１人にヘンリー・ミンツバーグがいます。ミンツバーグは次に示す４つの懸念を基に、ポジショニング理論を批評しています。

◇ポジショニング理論に対する厳しい批評◇

①定量化可能な情報への「集中」に関する懸念

ポーターのポジショニング理論では、分析対象となる企業のコストに関するデータや、市場シェアなどの経営関連の数字を対象に分析することを基本とする。したがって、戦略をバックアップするためには、定量的なデータがそろっていることが望まれ、逆に対象企業の質的な差別化要因等、定量化しにくい情報が分析の対象から除外される可能性が高くなる。そういった観点では、分析の対象が「ある程度定量化されたハード・データに集中してしまいがちだ」ということが懸念される。

②対象とする「状況」の範囲に関する懸念

「ポジショニング理論が、ある狭い状況しかとらえていないのでは？」という懸念。「狭い」とは、同理論が対象とする企業は基本的に大規模で、確立された、成熟している企業であり、中小企業や成熟していない企業（市場）はほとんど対象にしていないことを指す。

③戦略を策定する「プロセス」に関する懸念

ポジショニング理論では、「現場に出て学べ」というよりは、どちらかというと机に向かって、得られる情報を基に分析・計算をし、最適な戦略を描くプロセスが述べられている。生産や販売、開発等の最前線の情報をダイナミックに吸収し、これを戦略に柔軟に反映していく概念はあまりない。そのようなプロセスで形成された戦略が企業の組織に受け入れられ、うまく実行されていくのだろうかといった懸念。

④「戦略」そのものに関する懸念

「戦略」そのものが焦点を狭くする傾向にあるという懸念。ポジショニング理論では、確立されているいくつかの戦略パターンから企業にとって有効と考えられるものを選択するようなイメージになる。しかしながら、ビジネスや戦争における有名な戦いでは、従来の常識に従って行動するよりも、確立されているパターンを破ることによって勝利するケースが多く見受けられる。

ミンツバーグはポジショニング理論に対して、この４つの懸念以外でも、いくつかの観点から批評をしています。著書の『戦略サファリ』（ヘンリー・ミンツバーグ／ブルース・アルストランド／ジョセフ・ランベル著、齋藤嘉則 監訳、木村充／奥澤朋美／山口あけも 訳、東洋経済新報社）にて、全体的な観点から「思考と行動を分けること、すなわち戦略策定は『トップ』が形式的な分析に基づき、意識的思考を通して行ない、一方で、実行は下部組織のものが行動を通して行なうことは、戦略作成プロセスを過度に計画的なものにしてしまい、同時に戦略的学習を損ねてしまうことになる」という旨の意見を述べています。

つまり、「経営層にいるトップの人間が戦略を策定し、その戦略に従って下部の組織が日々の行動に反映していく戦略策定のプロセスは、あまりにも硬直的すぎないか」という指摘です。ここで「戦略的学習を損ねる」という表現がなされていますが、ミンツバーグの戦略論では、この「学習」が新たな「戦略論」を考えるうえでの重要なキーワードになります。

これまでの戦略論は、徹底的な現状分析を基に、定められた目標を達成するための具体的な行動指針を決定することを重視してきました。しかし新たな戦略論の考え方では、「“学習”を通じて柔軟に戦略を変化させていくことが重要」とまったく異なった考え方を基本とします。

多角化戦略の第一人者であるリチャード・ルメルトは、ポジショニング理論の計画的・分析的な側面には好意的な立場をとる一方で、同理論の課題についても十分認識しています。

その課題の認識を端的に示したものが次の内容です。この内容は、ミンツバーグがルメルトの許可を得て『戦略サファリ』に掲載したものです。

◇リチャード・ルメルトが示したポジショニング理論の課題◇

「ホンダの課題」は、どう対応すればいいのか？

- 1977年、私のMBAの最後の試験で、ホンダ・モーターサイクルに関するケースを出題した。

「ホンダは、世界の自動車産業に参入するべきか」

- これは「サービス」問題だった。「イエス」と解答した者は、落第点をつけられた。なぜなら、

➡すでに市場は飽和状態だった。
➡優れた競争相手が、すでに日本、米国、そして欧州に存在していた
➡ホンダは、自動車に関する経験が皆無に等しかった
➡ホンダは、自動車の流通チャネルを持っていなかった

- しかし、1985年、私の妻はホンダ車を乗り回していた。

出典：『戦略サファリ』（ヘンリー・ミンツバーグ／ブルース・アルストランド／ジョセフ・ランペル著、齋藤嘉則 監訳、木村充／奥澤朋美／山口あけも 訳、東洋経済新報社）より作成

6-2 学習する組織が新たな戦略を産み出す

創発的戦略によって、環境の変化に応じた戦略を打ち出せる

▶ホンダの米国進出が“新たな経営戦略”の始まり

前節では、意図的に計画された“これまでの戦略論”が、社会の成熟化や、消費者の要望の多様化などを背景に、“新たな戦略論”へと変化していく可能性について述べてきました。

新たな戦略論とは、どのようなものなのでしょうか？　本書では、ホンダが米国のオートバイ市場に初めて参入するときのエピソードを基に、新たな戦略論とはどのようなものなのかをさらに具体的に説明します。ひと昔前のエピソードですが、このホンダの事例が新たな戦略論を考察するうえでもっとも適しているのです。

エピソードへの考察は独自のものですが、以降のホンダの米国市場参入に関するエピソード自体は『イノベーションへの解』（クレイトン・クリステンセン／マイケル・レイナー 著、玉田俊平太 監修、櫻井祐子 訳、翔泳社）、『戦略サファリ』（ヘンリー・ミンツバーグ／ブルース・アルストランド／ジョセフ・ランベル 著、齋藤嘉則 監訳、木村充／奥澤朋美／山口あけも 訳、東洋経済新報社）を参考にしています。

▶現場で学習したホンダの米国オートバイ市場への新規参入

いまでこそ米国ではホンダ製だけでなく、あまたの日本製オートバイが街中を走っているのを目にすることができます。ホンダの米国オートバイ市場への参入は1950年代まで遡（さかのぼ）ります。

1960年頃、英国製のオートバイは米国における輸入市場の約50%を占める圧倒的な強さを誇っていました。それが1966年頃には、ホンダだけでも市場の60%以上を占めるに至りました。

この状況を見た英国政府は、ボストン・コンサルティング・グループ（BCG）を起用し、なぜ米国市場でホンダが英国企業を駆逐し、シェアを高められたのかを分析するよう依頼しました。その際のBCGの分析結果は「ホンダは、経験曲線、高い市場占有率、そして、とくに国内生産量の

規模の経済を活用して低コストに努め、さらに中産階級の消費者に小型のオートバイを販売する、という新しいセグメントから参入して米国市場を攻略した」というものでした。

つまり、ホンダは十分なセグメント分析を行なったうえで、経験曲線や規模の経済性を意識したオペレーション戦略を駆使し、米国市場への参入を果たしたという分析結果です。

◎ホンダの米国市場参入のイメージ◎

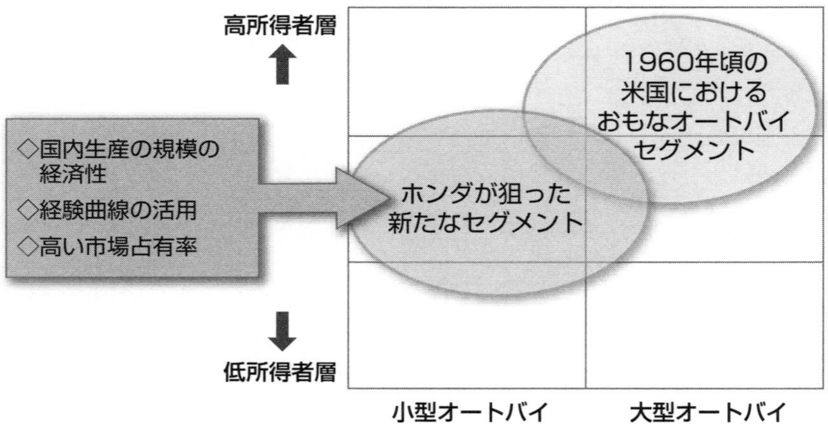

日本的経営の研究者リチャード・パスカルは、このBCGの分析結果に疑問を抱きました。さっそく彼は日本へ飛び、米国市場へ参入を果たした当時のホンダのマネージャーたちを取材したところ、BCGの説明とは大きく違うことが明らかになったのです。

▶撤退ギリギリまで追い詰められた新規参入

1958年、ホンダは米国市場をオートバイの海外進出のための新たなターゲットと定めました。そして、売上高の目標を当時の米国市場の約１％に相当する年間6,000台に設定しました。

ホンダにとってまったく未知の市場である米国への進出には、多くの問題がありました。当時の社長を説得することはもちろんのこと、大蔵省に米国進出に必要な外貨の放出について承認を得る必要もありました。結局許可された投資額は25万ドル程度で、そのうち現金は11万ドル、残りは現品で持参という状況でした。

このような状況でのスタートでしたが、当時ホンダは250ccと305ccの大型オートバイに自信を持っていて、当時の米国で主流であった「黒の革ジャンスタイルで大型バイクに乗る」という市場に、真っ向勝負を挑もうと考えていました。

最初にロサンゼルスに乗り込んだスタッフは安いアパートを借り、町の荒れ果てた地域にある倉庫でオートバイを素手で組み立て、販売を始めました。1960年頃から徐々に大型バイクが売れ始めたのですが、その後彼らを悲劇が襲います。米国人は、日本人が想像していた以上にオートバイを高速で長距離走るために、オイル漏(も)れが発生したり、クラッチ磨耗が予想以上に進んだりと、オートバイが壊れ始めたのです。

日本では想像できなかった過酷な環境下でオートバイが利用されたのです。故障したバイクは、修理のために日本に空輸することになり、これによって想定していなかった必要以上の経費が出ていき、当時の現地法人は破産寸前にまで追い込まれました。

ちょうどその頃、ホンダのスタッフは移動手段として、50ccのスーパーカブを使っていました。それが地元で注目を集めるようになり、ある日、米国の総合スーパーマーケットで有名なシアーズのバイヤーから電話で問い合わせがありました。当時は仲介者を通して販売することはまったく考えていなかったため、シアーズからの申し出を断りましたが、シアーズが関心を持ったことは心に留めておいたそうです。その後も注目度はさらに高まり、大型バイク販売の難航で資金繰りに苦慮していた当時のホンダは、破綻(はたん)を免れるためにやむなく、スーパーカブの販売に踏み切りました。

その後、スーパーカブの売上は急増しました。当時の米国では、燃費がよく、壊れにくい小型オートバイが売れるとは、まったく想像できなかったといいます。スーパーカブの成功をきっかけに、米国市場での信頼性を獲得し、徐々に大型バイクへ進出していき、結局は当時主流であった英国製の大型オートバイとシェアを逆転するまでに成長を遂げることとなりました。

▶ホンダは意図した戦略で成功したわけではない

BCGの分析とは裏腹に、参入前に米国のオートバイ市場に関して、当時のホンダが十分な分析を行なっていたという形跡は見られません。初年度の年間売上台数目標こそ設定していましたが、「その目標を達成するために、既存の競合他社にどのように対抗していくのか」「米国の消費者のニーズのどこに訴求し、ターゲットとすべきセグメントはどこなのか」といった戦略は打ち立てられていなかったようです。

目標があり、現状を把握して初めてそのギャップを埋めるための戦略を策定できるのですから、現状分析がおぼつかない状況ならば、戦略そのものを策定することは難しくなります。

つまり、ホンダは「当初から意図された計画を実施して成功したわけではない」ということになります。それではなぜ、ホンダが未知の米国市場で成功することができたのでしょうか？　それは当時のスタッフが現地の米国人が売り物ではないスーパーカブに注目している状況を肌身で感じ取り、さらには現地の有力バイヤーも注目しているといった重要な現場からのサインを見逃さず、まったく販売予定のなかったスーパーカブの販売を決断したことにあります。

もちろん、自分たちの足として偶然スーパーカブを持参していたことや、大型バイクの失敗による資金繰りの悪化などがホンダの判断に影響したことはいうまでもありません。

◎ホンダの米国市場参入戦略のイメージ◎

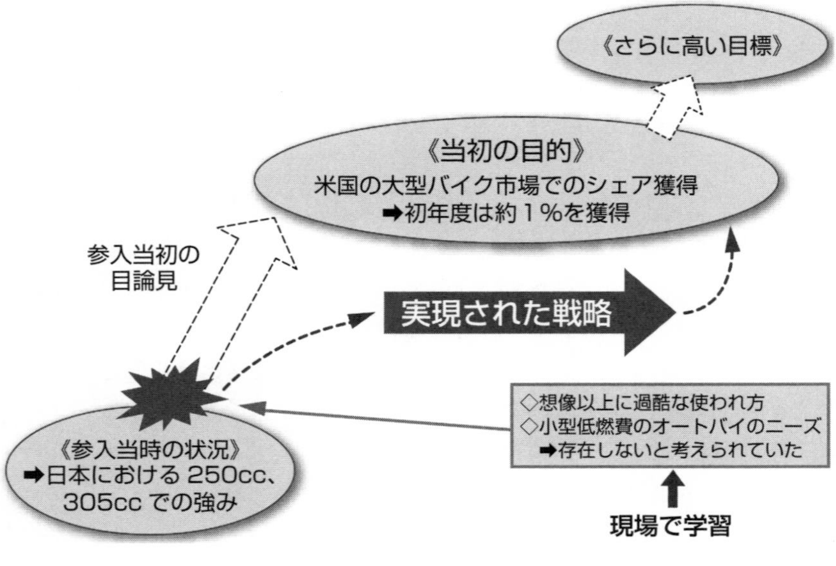

しかしながら、市場の声を直接感じ取ることができる場に身を置き、その声に真摯(しんし)に耳を傾け、そこから得られた情報を基に多くのことを学び、現地で柔軟に判断をしていくというホンダの行動は、これまでの“意図された計画的な戦略論”で示されたものとは明らかに違う性質の行動であり、説明しきれません。むしろ、「現場の状況をよく見て、学習しながら徐々に戦略を変化させている」といったほうがしっくりきます。

▶学習する組織が新たな戦略を産み出す？

本章の冒頭でも説明したように、「戦略」とはあらかじめ設定された「目標」と、把握されている「現状」とのギャップを埋めるための具体的な打ち手のことをいいます。

また、戦略には「計画（プラン）」という意味も含めてとらえられることがほとんどであり、「戦略とは、組織のミッションおよび目標に沿って成果を達成するためのトップマネジメントによるプランである（Wright, P., Pringle, C., and Kroll, M. “Strategic Management Text and Cases” (Needham Heights, MA:Allyn and Bacon, 1992:3)）」という有名な言葉もあります。

たとえば、ある会社の経営企画部門の担当者に、「過去５年間の間に会社が実行してきた戦略」について尋ねたとします。おそらく、成功した戦略を中心にさまざまな戦略やそのエピソードを回答してくれるでしょう。

その一方で、５年前に描かれた当時の戦略を記した書類を、棚（パソコン）の奥から引っ張り出してきてもらったとします。この書類に記された内容と、先ほど担当者に話してもらった内容を比べると、思った以上に異なっている部分が多いことに驚くことでしょう。

当初十分に社内で検討され策定された戦略であっても、社内で関係部門に公開されたあとには、実際には時間とともにその内容が忘れ去られることが多いのではないでしょうか？

◎「意図された戦略」と「実現された戦略」◎

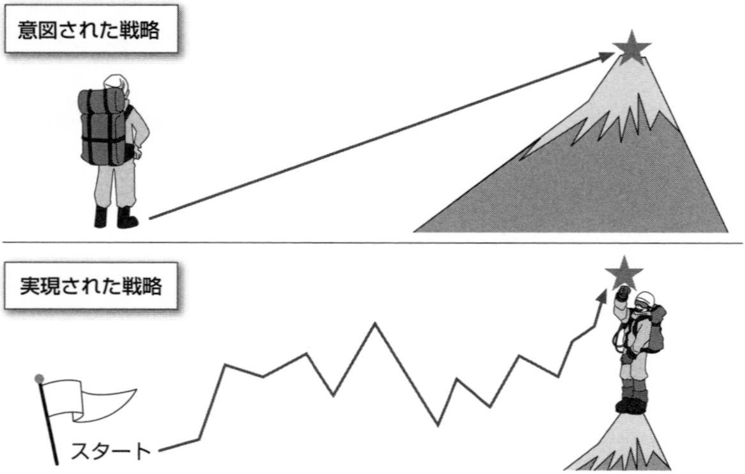

ここで注目すべき点は、「あらかじめ意図された計画としての戦略（以降、意図された戦略）と実現された戦略は異なるものかどうか」ということです。容易に想像がつきますが、「意図された戦略」と「実現された戦略」は異なることが多いのです。

これまでの自社の戦略について振り返って考えてみると、「すべてではないが、いくつかの戦略は当初から計画していたものだ」「一方で、いくつかの戦略はまったく当初は予想していなかった戦略を実行した」といった具合に、実際には２つの戦略をブレンドしたような場合が多いのではないでしょうか？

意図された戦略がそのまま実現された場合には、経営者や経営企画部門が非常に鋭い洞察力を持って将来を想定し、それに則った戦略計画が策定・実行されたことになります。当初描いた計画どおりに企業のオペレーションを実行するわけですから、厳密なコントロールによって企業を経営している優良な事例といえるでしょう。

しかしながら、現実的にはそううまくいくとは限りません。企業や事業を取り巻く環境は時々刻々と変化しています。たとえば「5 Forces（42ページを参照）」による外部環境分析手法に沿って考えると、ある市場で競争相手が常に同じであるとは限りません（競合他社の脅威）。また、新たにどのような競合他社がいつ参入してくるかは、正確に予想することはできません（新規参入企業の脅威）。

これまで売れ続けていた製品が、その機能を代替することができるまったく新しい製品に駆逐されることも考えられます（代替品の脅威）。部材の仕入先の状況が大きく変化し、原価が高騰するリスクもあります（売り手の脅威）。さらに、なんといっても製品やサービスを購入してくれる消費者のニーズそのものが不明瞭な時代といわれています（買い手の脅威）。

▶当初計画した「意図された戦略」を環境の変化に対応させる

このような当初想定しえなかった環境の変化に直面した際には、その環境変化に柔軟に対応し、当初計画していた「意図された戦略」を「変化した環境に適した戦略」へと変化させることが求められます。環境の変化を敏感に察知し、分析し、当初の目標を達成するためには、どのように戦略を変化させなければならないかを即座に判断しなければなりません。

場合によっては、当初の目標そのものを変化させる必要も出てきます。このようなプロセスを繰り返しながら、戦略そのものをダイナミックに変化させる術を企業は学習していくのです。このような一連のアクションは、その場で「即座に戦略をつくり出していく」ことを示し、これを「創発的戦略（創発型戦略）」と呼びます。

ここで重要な点は、創発的戦略とは、やみくもに戦略をつくり出すことではないということです。企業はそのつど学習を繰り返しながら、最適と思われる戦略をつくり出していき、最終的によいと判断された戦略を実行に移していきます。

◎計画的戦略と創発的戦略◎

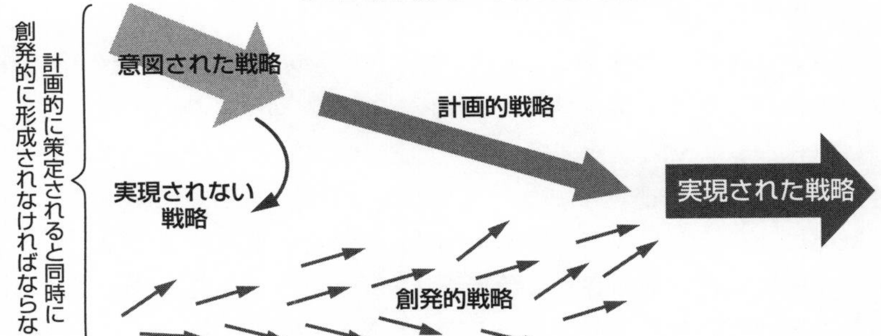

出典：『戦略サファリ』（ヘンリー・ミンツバーグ／ブルース・アルストランド／ジョセフ・ランベル 著、齋藤嘉則 監訳、木村充／奥澤朋美／山口あけも 訳、東洋経済新報社）より作成

たとえば、ある企業がこれまで得意としてきた領域以外に、複数の事業を新たに立ち上げること（多角化戦略）を考えていたとします。複数の事業といっても、通常は１つか２つの新事業を対象に、試行錯誤をくり返しながら徐々に立ち上げていくことが一般的です。

想定している複数事業すべてを一気に立ち上げるようなことは、実際には行なわれません。市場テストの結果などを十分に分析しながら、具体的な多角化戦略が徐々に構築されていくようなイメージです（つまり、「意図されていない戦略」）。

▶意図的戦略と創発的戦略とのバランスが重要となる

ミンツバーグは、「戦略とは計画的に策定されると同時に創発的に形成されなければならない」と、２つの考え方のバランスをとることの重要性について述べています。一方的に計画的で、まったく学習のない戦略は現実的ではありません。しかしまた、一方的に創発的で、コントロールのまったくない戦略もまた現実的ではありません。現実的な戦略とは、計画性と創発性を兼ね備えていなければなりません。

とくに創発的な戦略の重要性について、経営学者の三品和広は、著書『戦略不全の論理』（東洋経済新報社）でおもに経営者の視点から、「経営の現場は混沌としており、絶えず動いている。だから、戦略は事後的に浮かび上がるものであって、事前に鎮座するものではない」という旨を述べています。

経営の現場には、戦略を書き記した文書やファイルが存在するわけではなく、とはいえ、経営者が戦略をじっくり考えるための時間的な余裕が必ずしもあるわけでもありません。

経営者は、部屋の外で決裁を求める社員が列を成している状況の中で、日々刻々と上がってくる営業日報を机上で確認し、即座に判断・指示していかなければなりません。そして、会議の最中にすべての予定を吹き飛ばすような緊急案件が飛び込んできたりもします。『戦略不全の論理』によると、戦略の実体とは、「このような予測もつかないあらゆる事象に対する、長い期間にわたるその時々の判断の積み重ね」と考えられます。

先述したとおり、不確実性が高いような事業環境の中で、とくに創発的戦略の必要性は高まります。しかしながら、通常の企業の経営を考えた場合、すべての活動が不確実な環境下で行なわれるわけではありません。たとえば電気機器メーカーを想定した場合、その成否の不確実性が高いといわれる新製品開発のための企業活動は、そのメーカーのすべての活動（営業部門、スタッフ部門、既存製品サポート部門等の活動）に比べると、それほど大きな割合を占めるものではないのです。

つまり、企業を取り巻く環境の変化を考えると、「創発的戦略」が新たな視点として重要視されつつあるものの、依然として「意図的戦略」が重要であることはいうまでもありません。

▶創発的戦略をうながす組織とは？

ここまで説明してきたように、一度策定された戦略が未来永劫使われ続けられるわけではありません。企業を取り巻く外部環境の変化に応じて、企業は日々学習しながら、戦略を変化させています。「戦略の方向性が学習により徐々にフォーカスしていく」といったほうが実態に合っているかもしれません。

ダイナミックな企業の組織の学習プロセスによって、最適と考えられる戦略にフォーカスされていき、結果的に実現された戦略がまさに「創発的戦略」という理解です。第５章までに述べてきたいわゆる“これまでの戦略”とは、そもそも考え方が異なる「戦略」ととらえたほうがよいでしょう。どちらかがよいわけではありません。もちろん、意図された計画的なこれまでの戦略の重要性を無視するわけにはいきませんので、「創発的戦略」を活用することとのバランスが重要になります。

それでは、このような創発的戦略を実現するためには、企業の組織にどのようなマネジメントが必要となるのでしょうか？　創発的戦略についての研究はまだまだ始まったばかりですが、近年ではさまざまな理論や分析結果が出てくるようになってきました（『最強組織の法則』ピーター・M・センゲ 著、守部信之 訳、徳間書店、等で紹介されている）。これらの文献では、学習プロセスそのものを戦略論として論じるのではなく、学習による変化のマネジメントにおもな焦点があてられています。

創発的戦略とは、戦略そのものが徐々に変化していく意味合いを含むことから、そもそも固定的に計画された戦略とは対極にあるものです。したがって、ある決まったタスクを実行するために、組織にトップダウン的な指示系統を形成したとしても、これまでの戦略を実行するうえでは、とくに問題はありませんが、創発的戦略を実行する組織としては適さない面が出てきてしまいます。戦略をいかに効率的に実行するための組織かということにフォーカスした組織形成ではなく、「創発的戦略をうながす組織」という視点が重要になります。

創発的戦略をうながす組織に必要とされる要素として、「学習」が重要であることはこれまでに述べてきました。学習する組織には、何をすべきかをみずから模索できるような組織の「仕掛け」と、その仕掛けを円滑に機能させるための「基本理念」や「ビジョン」が重要となります。それらは、創発的戦略をうながす組織の骨格となります。

◎創発的戦略をうながす「仕掛け」と「基本理念・ビジョン」の関係◎

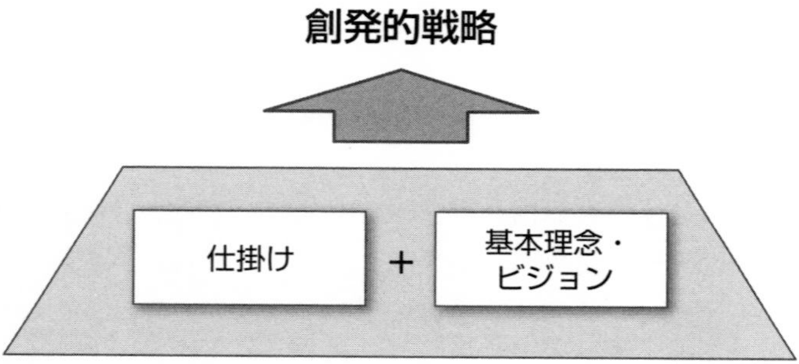

「仕掛け」とは、ある企業の組織構造や、コミュニケーション活性化の取り組み、知識創造（『知識創造企業』野中郁次郎／竹内弘高 著、梅本勝博 訳、東洋経済新報社、等で紹介されている）のための取り組みなどにかかわることです。とくに創発的戦略に適した組織には、トップダウン的な指示系統に適しているといわれるピラミッド構造ではない、新たな組織構造のあり方が重要になります。

基本的にはトップと現場の2層構造、場合によってはその間にミドル・マネジメント層が入るシンプルな組織構造が、創発的戦略を実行するためには有効ではないかといわれています。くわしくは、117ページを参照してください。

6 3 イノベーション戦略と創発的戦略の関係

学習する組織とイノベーション・創発的戦略とは密接な関係がある

▶イノベーションを創出するための「KELF」サイクルを回す

ここから「イノベーション」と「創発的戦略」との関係についてくわしく説明しますが、まずはイノベーションを創出させるための「仕掛け」について示したいと思います。

顧客情報などの知識を企業内で偏在させないことが、イノベーション創出のために重要となります。商品や市場の状況に応じて、当該部門が適切な知識を「知りうる仕掛け」をつくることは組織マネジメントの初めの1歩となります。ただし、知識そのものはイノベーション創出のための必要条件の1つにすぎません。

続いて、そういった知識を得るだけではなく、知識を持ったうえで実際に「経験」することも重要です。さらには、経験によって開発プロセス上の重要な因果関係などを組織的に「学習」しなければなりません。

もちろん、学習するだけでは不十分です。学習成果を組織マネジメントへ具体的にフィードバックすることによって、1つのマネジメントサイクル（KELFサイクル）が終了します。このサイクルを回し続けることが、イノベーション創出の可能性を高める「仕掛け」のポイントになります。

◎知識を企業内で偏在させないことが重要◎

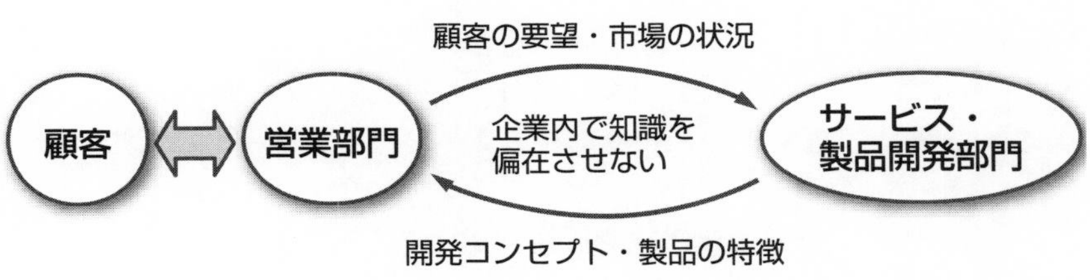

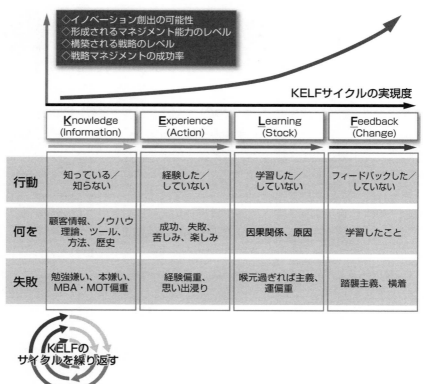

◎イノベーション創出の可能性を高めるKELFサイクル◎

	Knowledge (Information)	Experience (Action)	Learning (Stock)	Feedback (Change)
行動	知っている／知らない	経験した／していない	学習した／していない	フィードバックした／していない
何を	顧客情報、ノウハウ理論、ツール、方法、歴史	成功、失敗、苦しみ、楽しみ	因果関係、原因	学習したこと
失敗	勉強嫌い、本嫌い、MBA・MOT偏重	経験偏重、思い出浸り	喉元過ぎれば主義、運偏重	踏襲主義、横着

出典：「Right Now: 2007年4月号」（浅川秀之 著、税務経理協会）より作成

「基本理念・ビジョン」は、企業組織の長期的な観点からの共通目標のことを指します。創発型の組織は、トップの指示を重視するピラミッド型組織に比べて、ボトムの裁量のウェイトが高まります。ボトムの各判断を基に企業のアクションが決定されていくために、市場の変化により柔軟に対応できるといったよい面がある一方で、「各行動にまとまりがなくなる」「思わぬ方向に収束する」といったリスクや弊害も併せ持つことを特徴とします。

そのようなリスクや弊害を回避するためにも、組織として１つの目標を見ながら全体としてまとまっていることがより重要となりますので、理念やビジョンのウェイトが高まっているのです。創発的戦略では明確な目標が定まっているとは限らないため、より「長期的なあるべき姿（＝理念やビジョン）」などのイメージが重要になってきます。

▶イノベーションをうまく起こさせることが企業の重要課題に

「イノベーション」という言葉が、ここまで述べてきた「創発的戦略や学習する組織とどのような関係があるのか？」と、疑問に思うかもしれません。実は、イノベーション戦略と創発的戦略・学習する組織とには密接な関係があります。

近年、各企業において「イノベーションをどのようにうまく起こさせるか」が大変重要な課題として認識されるようになってきました。

国の政策としても、イノベーションの重要性が認識されています。安倍政権の所信表明演説に盛り込まれた公約の１つとして、内閣府の政策に「イノベーション25」という、2025年までを視野に入れた成長に貢献するイノベーションの創造のための長期的戦略指針があります。

このように多方面から注目されているイノベーションですが、最近の経営学分野における研究では、このイノベーションをいかにうまく創出することができるかという観点から、学習する組織による「創発的戦略」が有効ではないかと議論がなされています。

◎イノベーションと創発的戦略の関係◎

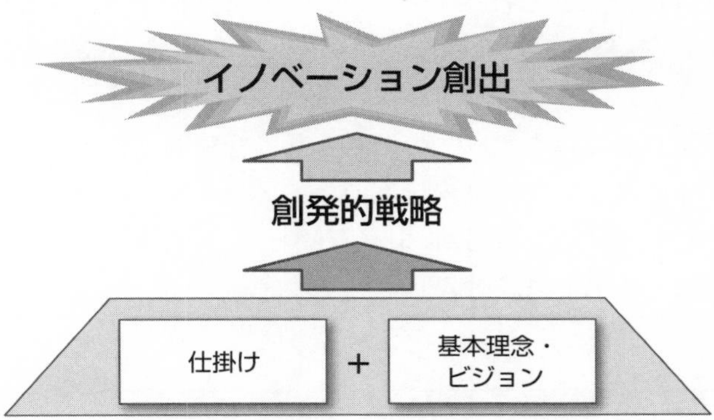

▶そもそも、イノベーションとは？

最近では、「イノベーション」という言葉自体は頻繁に使われるようになってきましたが、その定義については、人によって若干の差異があるようです。そのため、まずはイノベーションとは何かを整理します。

「イノベーション」の言葉自体には、経営革新、事業革新、技術革新といった意味があてられることが多いことでしょう。もっともよく使われる意味は「技術革新」ではないでしょうか？

内閣府の「イノベーション25」では、「イノベーションの語源は、ラテン語の“innovare”（新たにする）（＝“in”（内部へ）＋“novare”（変化させる)」としています。日本語として、よく「技術革新」や「経営革新」といい換えられていますが、イノベーションはこれまでのモノ、仕組みなどに対して、まったく新しい技術や考え方を取り入れて「新たな価値を生み出し、社会的に大きな変化を起こすことを指す」と、わかりやすく定義しています。

つまり、「新たな価値を生み出し、その価値によって社会的な変化が誘発される」ことをイノベーションと定義しています。

▶海外でのイノベーションの定義

海外ではイノベーションをどのように定義しているのでしょうか？　海外のイノベーションの定義でもっとも引用される著書が、米国の経済学者Ｊ・Ａ・シュムペーターの『経済発展の理論』（塩野谷祐一／中山伊知郎／東畑精一 訳、岩波書店）です。彼は、イノベーションとは経済活動の中で生産手段や資源、労働力等をいままでとは異なる方法で「新結合」して価値を生み出すこととし、イノベーションを技術革新よりも広い概念としてとらえ、「経済的・社会的成功に帰結するあらゆる改革行為」であると述べています。

単なる技術革新ではなく、その結果として経済的・社会的な成功までをも含めている点においては、先ほどの「イノベーション25」で定義されている意味合いに近いといえます（「イノベーション25」はシュムペーターを参考にしたのかもしれません)。

◇シュムペーターのイノベーション◇

イノベーション：ジョセフ・シュムペーター『経済発展の理論』

(1) 新しい財貨、つまり未知の商品や新品質の開発
(2) 新しい生産方法、つまりその産業部門では未知の生産方法の開発
(3) 新しい販路の開拓、つまりその産業部門が参加していなかった市場の開拓
(4) 原料あるいは半製品の新しい供給源の獲得
(5) 新しい組織の実現

イノベーションを「技術革新」と狭い意味でとらえるのではなく、「その結果として社会がどのようによくなるのか」と広い意味でとらえることが重要です。中国においても、かつては日本と同じ技術革新という言葉をあてていました。1980年代の後半頃以降は、必ずしも技術革新が訳語として適当ではないとして「創新」と訳語を変更するようになりました。

あるメーカーが新製品を開発する際には、短期的な視点でヒット製品を開発することは大変重要です。しかしながら、短期的な利益追求を重視しすぎると、「イノベーション＝売れる製品をつくること」といった少々歪な定義が暗黙のうちに共有されてしまいます。現在もこのようなイメージを持つ人が多いのではないでしょうか。しかし本来は、「その製品によって、利用者の生活がより豊かになり、社会的にもよい影響を及ぼすことができるかどうか」がイノベーションのとらえ方です。生活の豊かさや社会的な影響は、製品の販売後にすぐに結果が見えるような類のものではありません。このような中長期的な観点からの「イノベーション」も重要であることはいうまでもありません。

短期的な視点、中長期的な視点のいずれにせよ「イノベーションをいかに効率よく創出するか」が企業にとって重要課題の１つになっています。

⑥4

4世代のイノベーションモデルの考え方を知る

イノベーションモデルもダイナミックに進化している

▶売れる製品やサービスを開発することがイノベーションの狭義

本節では、イノベーションと創発的な戦略との関係を理解するために「イノベーションモデル」の考え方について説明します。イノベーションモデルとは、イノベーションの創出過程をわかりやすく概念化したものです。イノベーションにはさまざまな考え方、定義があることは先に述べたとおりです。新しい発見そのものをイノベーションと定義することもある一方で、発見のプロセスもイノベーションであるとする意見もあります。

商業的な意味合いを考慮すると「売れる製品をつくる」ことがイノベーションととらえられることがほとんどです。一方で、単に「売れる」だけではイノベーションとは認められず、「社会的に大きな影響を及ぼして初めてイノベーションと認められる」といった考え方もあります。本書ではイノベーションと創発的戦略との関係を理解することをおもな目的とするため、イノベーションを「売れる製品やサービスを開発すること」と、狭義にとらえて説明を進めていきます。

以降では、次の図に示したような4つのイノベーションモデルの流れに沿って、説明していきます。

◎イノベーションモデルの変遷◎

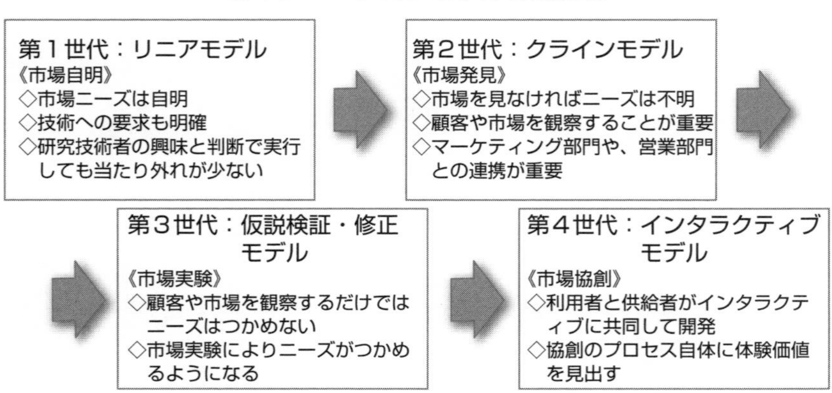

第１世代：リニアモデル
《市場自明》
◇市場ニーズは自明
◇技術への要求も明確
◇研究技術者の興味と判断で実行しても当たり外れが少ない
第２世代：クラインモデル
《市場発見》
◇市場を見なければニーズは不明
◇顧客や市場を観察することが重要
◇マーケティング部門や、営業部門との連携が重要
第３世代：仮説検証・修正モデル
《市場実験》
◇顧客や市場を観察するだけではニーズはつかめない
◇市場実験によりニーズがつかめるようになる
第４世代：インタラクティブモデル
《市場協創》
◇利用者と供給者がインタラクティブに共同して開発
◇協創のプロセス自体に体験価値を見出す

出典：「IT産業とMOT」（亀岡秋男 講演資料、2003年10月3日）より作成

下の図はもっともシンプルなイノベーションモデルを示したものです(おもにメーカーにおけるイノベーションモデルを想定しています)。研究から開発、製造、販売に至る各ステップを示しています。各ステップでさまざまなイノベーション創出の可能性が考えられます。

◎イノベーションのリニアモデル◎

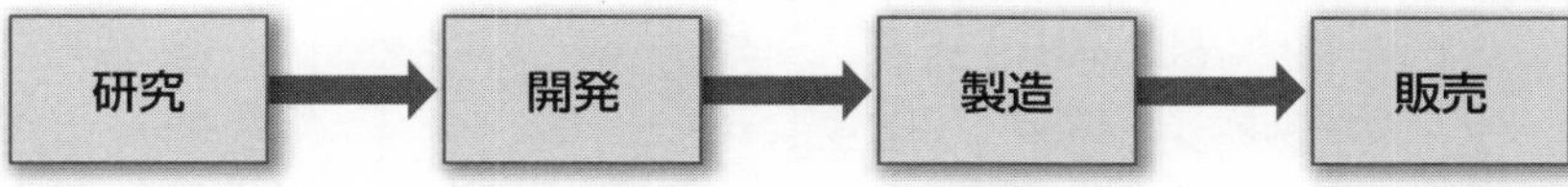

出典：『イノベーション・スタイル』（S・J・クライン 著、鴨原文七 訳、アグネ承風社）より作成

①製品自体のイノベーション（リニアモデル）

製品自体のイノベーションは、研究や開発のステップがおもな舞台となります。日本製品の高品質性や高信頼性は世界的に有名ですが、これらはおもに製造ステップにおける数々のイノベーションの蓄積の賜物であり、いまなお日本企業の強みの１つだと考えられています。もちろん、革新的な販売方法や新規顧客開拓の方法を考え出すことも重要なイノベーションです。

このイノベーションモデルは、前のステップが次のステップに直接的に影響を及ぼすプロセスを前提とすることから「リニア（線形）・イノベーションモデル（リニアモデル）」と呼ばれています。このモデルは、経営陣が「次はこのような製品を市場に出そう」と具体的な指示・判断を下した際に、組織の中で効率的にイノベーションが創出されるよう設計されたモデルといえます。経営陣やトップの具体的な指示・判断ありきのモデルなので、市場やニーズが比較的自明で、また技術への要求も明確であるような状況下においてはうまく機能することを特徴とします。

しかしながら、米国の経済学者S·J·クラインは、著書の中で同モデルは「イノベーションで何が重要か」という認識について間違った示唆を与える可能性があるとしたうえで、改良されたイノベーションモデルを発表しています。

②クラインモデル

リニア・イノベーションモデルの次の世代のモデルとして、ノンリニア・イノベーションモデルが考えられました。次ページの図はその概念図であり、「クラインモデル（連鎖モデル）」と呼ばれます。

クラインは、イノベーションが研究から始まり開発へと進む「リニア・イノベーションモデル」の限界を指摘したうえで、イノベーションの出発点は「市場発見」であるとする顧客や市場を重視した「連鎖モデル」を提唱しました。

顧客や市場をよく観察してニーズを発見し、そこからイノベーションへと連鎖していくというモデルです。営業部隊からのフィードバックや、マーケティング戦略が重要視されます。リニア・イノベーションモデルは、いわゆる「プロダクトアウト」志向、ノンリニア・イノベーションモデルは「マーケットイン」志向のイノベーションモデルといえます。

◎クラインモデル（連鎖モデル）◎

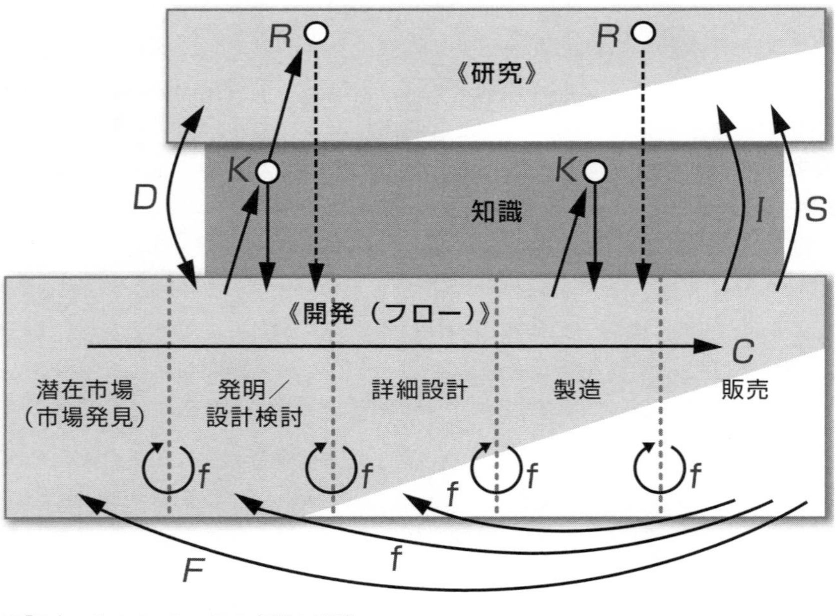

※「C」：イノベーションの主要な連鎖
「f」：近接プロセス間でのフィードバックループ
「F」：とくに重要視すべきフィードバック
「K、R」：各プロセスにおける問題点が蓄積された知識で解決可能な場合はRへの連鎖は発生しないが、解決できない場合は研究部門での解決を各プロセスにフィードバックする連鎖が必要となる
「D」：発明、設計検討段階での研究部門との直接的な連鎖
「I」：生産部門から研究部門への情報の流れ
「S」：長期研究に対する企業からの援助

出典：『イノベーション・スタイル』（S・J・クライン 著、鴨原文七 訳、アグネ承風社）より作成

③仮説検証・修正モデル（探検的マーケティング）

イノベーションモデルの次の段階として、「市場での実験」を重要ととらえた「仮説検証・修正モデル」が有望視されるようになります。このモデルは、顧客や市場を観察するだけでは真のニーズを理解することは難しいととらえ、実際に市場で実験し、そこから得られる情報やノウハウを基にイノベーションを創出していくことを特徴とします。市場にすばやく製品を出して、その反応を見ながら製品に改良を加え、必要に応じて販売戦略そのものも修正するのです。

仮説検証・修正モデルの考え方に近いものとして、コア・コンピタンス論を唱えたゲイリー・ハメルたちによる「探検的マーケティング」という考え方があります。

製品やサービスをできるだけ早期に市場に投入し、そこから得られる情報をフィードバックすることの重要性を示しています。もちろん早期に市場投入することのリスクや、相応のコスト負担といったマイナス面もありますが、先行者受益が大きいような市場では有効な手段とされています。

◎探検的マーケティング◎

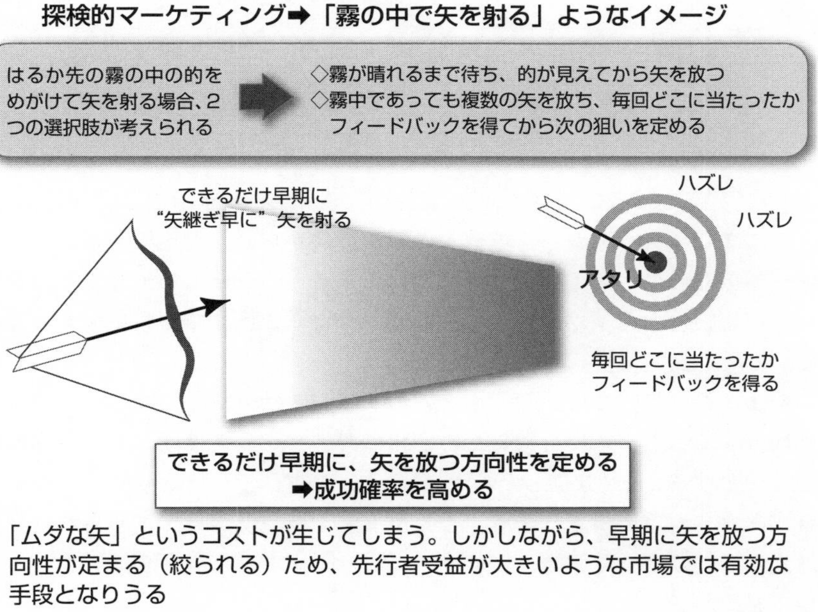

探検的マーケティング➡「霧の中で矢を射る」ようなイメージ
はるか先の霧の中の的をめがけて矢を射る場合、2つの選択肢が考えられる
◇霧が晴れるまで待ち、的が見えてから矢を放つ
◇霧中であっても複数の矢を放ち、毎回どこに当たったかフィードバックを得てから次の狙いを定める
できるだけ早期に
“矢継ぎ早に”矢を射る
ハズレ
ハズレ
アタリ
毎回どこに当たったか
フィードバックを得る
できるだけ早期に、矢を放つ方向性を定める
➡成功確率を高める
「ムダな矢」というコストが生じてしまう。しかしながら、早期に矢を放つ方向性が定まる（絞られる）ため、先行者受益が大きいような市場では有効な手段となりうる

出典：『コア・コンピタンス経営』（G・ハメル／G・C・プラハラード 著、一條和生 訳、日本経済新聞出版）より作成

④インタラクティブモデル

次世代のイノベーションモデルとして近年注目されているモデルが、「インタラクティブモデル」です。最近では、利用者や顧客が積極的に製品やサービスの開発に参画し、ヒット商品を産み出すような事例も耳にします。利用者と企業との間の協創的な取り組みとして注目されつつあります。利用者が気づいていないような潜在的なニーズを、企業側の技術やノウハウを基に、利用者と企業との両者でつくり出すものとなります。

利用者自身もはっきりとは認識できていない、しかも将来のヒット商品に関するニーズを掘り起こすのですから、そのプロセスは非常に曖昧であり、両者の意思の疎通（コミュニケーション）が非常に重要になります。インタラクティブモデルはそのような曖昧なプロセスを介して、イノベーションを創出していくモデルといえます。

◎インタラクティブモデル◎

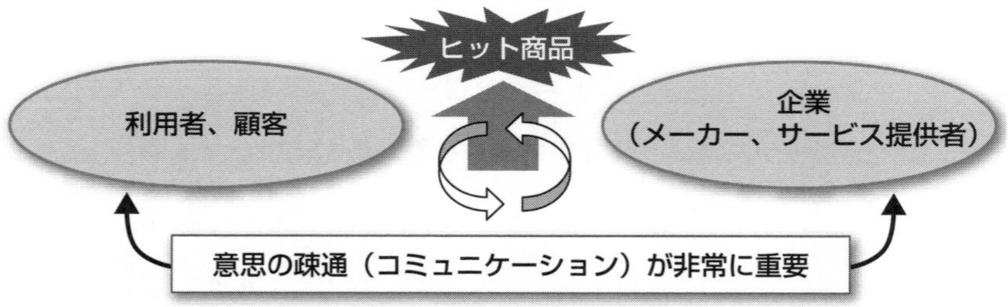

▶「分析型」および「解釈型（創発型）」イノベーションプロセス

ここまでイノベーションモデルの第１世代から第４世代の変遷について述べてきました。第１世代や第２世代のイノベーションモデルでは、企業および組織のとる戦略は、どちらかというと「これまでの戦略論」が適しているといえます。

第１・第２世代では比較的市場のニーズが明確であり、顧客や市場をよく観察することが求められるため、組織のアクションは「いかに詳細に市場を分析するか」「分析したあとに、いかに効率よく製品開発や生産を実行するか」が重要視されます。したがって、組織形態も、定められた目標に向かって効率よく組織が機能する「ピラミッド型組織」が適しているといえます。

マサチューセッツ工科大学教授のリチャード・K・レスターは、この第

1・第2世代に適した組織の取り組みを「分析的取り組み」と表現し、その特徴を「時限的、プロジェクト志向、問題解決型」としています。さまざまな分析を通じ、ある特定の問題をプロジェクトとして解決するタイプといえます。

一方、第3・第4世代とイノベーションモデルが変遷するに従い、企業や組織のとる戦略に求められる特徴が明らかに異なってきます。分析的な取り組みだけでは市場のニーズをとらえきれず、まったく異なる観点からの取り組みが求められるようになります。

◎イノベーションモデルの変遷と戦略論◎

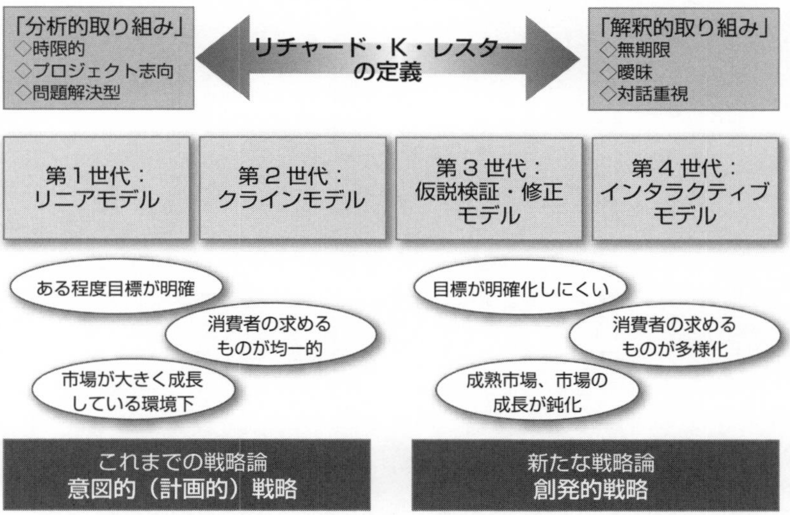

第3世代のモデルでは、市場実験を通じて市場の声を真摯に受け止め、真のニーズを把握することが求められます。これはちょうどホンダが米国のオートバイ市場へ参入した際の成功事例からも、その重要性を理解することができます。ホンダがまったく未知の市場に乗り込み、現地の状況を学習しながら柔軟に判断を下していったプロセスは、まさに創発的な戦略を実行したといえます。

さらに第4世代では、企業とユーザーとの対話により、ユーザー自身も気づいていないようなニーズを、企業がいかに掘り起こすかが重要になります。レスターは、とくに第4世代に求められる組織の取り組みを「解釈的取り組み」と表現し、その取り組みは「無期限、曖昧、対話重視」であると述べています。顧客や市場のニーズ、外部環境の将来像などが描きにくい「曖昧」な状況下では、目標やその達成に向けたアクションを固定的に決めることは難しくなります。「顧客や市場との対話」を通じて今後のとるべきアクションを柔軟に決定していくプロセスが重要になります。

つまり、「常に変化する顧客や市場との対話を通じて学習し、今後の戦略をダイナミックに変化させていく」ことが重要なのです。第３・第４世代に求められる戦略はまさに「創発的」であり、第１・第２世代に求められる企業の戦略と異なることがわかります。

6 5 フェーズによって「意図的」「創発的」戦略を使い分ける

日本企業がグローバルで顧客に価値を出すための"新しい"戦略を知る

▶「日本企業の強み」を最大限に引き出す戦略

画期的な新製品やサービスを数多く世界中に提供してきた日本が「ものづくり大国」であることは、多くの人が認めるところです。

とはいえ、近年では韓国や台湾、中国、ASEAN諸国、さらにはインドも含め「ものづくり」の拠点が日本から海外へとシフトしていることが指摘されるようになってきました。

これらアジア諸国は単なる日本の「工場進出国」ではなく、日本企業にとって直接的な競争相手としての位置づけへと、大きく変化しています。

かつては、多くのハイテク製品や画期的なサービスなどが日本国内で考え出され、製造されてきました。しかしながら、世界の工場としての存在感はいまや日本ではなく、アジア諸国のほうがますます強くなっています。ソフトウェアの分野でも、ＩＴ関連サービスのアウトソーシングや、オフショアでのソフトウェア開発の一大拠点としてインドの成長が著しいことはよく知られています。

これまで日本の得意としてきたことが、ますますオフショア化されていくグローバル潮流の中で、日本企業が世界の顧客に対して価値を提供していくためには、本書で説明してきた「創発的戦略」の重要性がますます高まっていくと考えられます。

188ページにおいて、変化の著しい市場に追随するためには、現場で、その状況をみずから判断して解決することが重要であり、戦略の修正には「現場の能動的な解決能力」が重要であると述べました。この現場の能力こそが「創発的戦略」を実現するための１つの手段となりうるのです。

宅急便サービスで事業を成功させたヤマト運輸元社長の小倉昌男は「ヤマト運輸から命令し監督する労働を全部なくしてしまおう」（『日本の優秀企業研究』新原浩朗 著、日本経済新聞出版）と、現場の自発的・能動的な判断能力の重要性が宅急便事業には重要だと判断しました。

そして、宅急便を集配するドライバーのためのマニュアルには基本的な事項のみを記載し、実際にどのように対応するかは各ドライバーの臨機応変な判断に任せることにしました。

このヤマト運輸の事例は、いわゆる経営戦略からはかけ離れた内容と思われるかもしれません。しかしながら、あらかじめ決められた計画的な戦略に則って判断するのではなく、現場の自律的な判断を重視している点においては「創発的戦略」に求められるキーポイントと重なる点が多い事例といえます。

この「創発的戦略」は、本来日本企業の得意とするところではないでしょうか？　もしそうであるならば、海外企業との競争において大きな「強み」になりうると考えられます。ホンダの米国進出のエピソードや、ヤマト運輸の考え方は、日本企業の強さの一端を示したものと思われます。

▶漸進的イノベーションでフレキシブルな戦略を策定・実施できる

「漸進的(ぜんしん)イノベーション」とは、これまでとはまったく異なった新たなイノベーションではなく、既存の製品やサービスを改善するような形のイノベーションをいいます。

創発的戦略によって創出された製品やサービス等を、その後の段階でさらなる品質のアップや原価低減のために徹底的に突きつめることは、この「漸進的イノベーション」に相当します。どちらかというと、意図的・計画的戦略によって実現されるイノベーションであり、漸進的イノベーションも本来は日本企業の得意とするところといえます。

「創発的戦略」によって新たな市場に参入する、もしくは新製品や新サービスを開発する、その後の市場でのシェア拡大や漸進的イノベーションのフェーズで“これまでの戦略”に重きを置く、といった組み合わせ戦略が実行可能になれば、日本企業の強みになるのではないでしょうか？

今後ますます顧客や市場のリスクや不確実性が増していくような状況下では、「これまでの戦略」と「創発的戦略」とをバランスよく考慮し、企業の戦略に取り入れることが重要になります。どちらか一方の戦略に固執することは望ましくありません。

日本には、この両者をバランスよく実現できそうな素地を持った企業があまた存在しています。「これまでの戦略」と「創発的戦略」をうまく使いながら、多くの日本企業が国内だけでなく、海外の企業の中でも大きな存在感を示せるように競争力をつけることを願ってやみません。

第7章

不確実性に対応する戦略ソリューション

7 1

近年の社会変化と戦略への影響

5つの新しい戦略トピックスでイノベーションを加速させる

▶VUCAへの対処と、社会とのつながりを意識せねばならない時代

第6章においてトラディショナルな戦略論から脱却する潮流を示しましたが、そのうねりは近年ますます強くなっています。本章では、その新たな戦略トピックスを取り上げますが、まず背景を理解しておきたいと思います。大きくは、未来の予測が難しい世界になったことと、そうした世界において、より強く企業と社会とのつながりが意識されるようになってきているという2点があります。

1点目に関しては、近年の社会や事業は、未来の予測が難しくなっている状況＝VUCA（ブーカ）であるということが挙げられます。VUCAとは、Volatility（変動性）、Uncertainty（不確実性）、Complexity（複雑性）、Ambiguity（曖昧性）の頭文字をとったものであり、変化の振れ幅が大きい、起こるかどうかわからない、理解しづらい、精細に描写できない状態、すなわち、近年は未来が見通せなくなっていることを示しています。

こうした世界においては、これまでどおりの事業をこれまでどおりのやり方で進めるだけではお払い箱となってしまうことから、常に事業に革新をもたらしたり、望まれる事業領域へと迅速に変化・拡張したりする必要があります。

2点目の社会とのつながりは、会社は事業を通して社会課題を解決する組織であると、再認識されているということです。卑近な例ではSDGs（国連の持続可能な開発のための17の国際目標）が挙げられますが、これは何も、事業性を顧みず深刻な貧困エリアを助けるなどの崇高な取り組みだけを指しているわけではありません。

もっと身近な社会で、市民・法人が気づいていない困りごとを事業で解決し、より暮らしやすい持続的な社会にしていくことであってもよいのではないでしょうか。これは、すなわち、ピーター・ドラッカーがいう「顧客を創造する」ことに他ならないと考えます。ただし、特定の顧客の便益、すなわち市場を見るだけでなく、それによって顧客を包含した社会がよく

なることにまで、目を配らなければならなくなったといえるでしょう。
これら２点から、経営に必要な要素として、次の３点が望まれています。

① イノベーション
② 事業×サステナビリティ
③ 組織・人材の流動性（アライアンスを含む）

①イノベーションは、第６章で言及したとおり、いわずもがな事業の発展や領域拡張に欠かせない要素です。②事業×サステナビリティは、社内プロセスで温室効果ガスを削減するといった、わかりやすい取り組み等に留まらず、本業でもって持続的な社会形成＝サステナビリティに寄与していくポリシーを持つ必要があることを示しています。得意な事業を用いて、特定の企業だからこそできる社会課題解決というイノベーションのレベルに到達すべきではないかということです。
③組織・人材の流動性については、上記のとおり事業を組み替えていくにあたり、内部の組織や人材のみならず外部とのアライアンスも含め、最適なフォーメーションを築くために必要となります。加えて、事業で社会課題解決をめざすにあたっては、単独企業や既存人材だけではやりきれないことも多いでしょう。アライアンスを含めた組織・人材の流動性が、①②を支えるのです。
これら経営に必要な３つの要素は、戦略論に強く影響を与えています。これら近年の動向については、本章で存分に触れていきますが、あらかじめ概要を頭出ししておきます。

◎近年の社会変化と戦略への影響◎

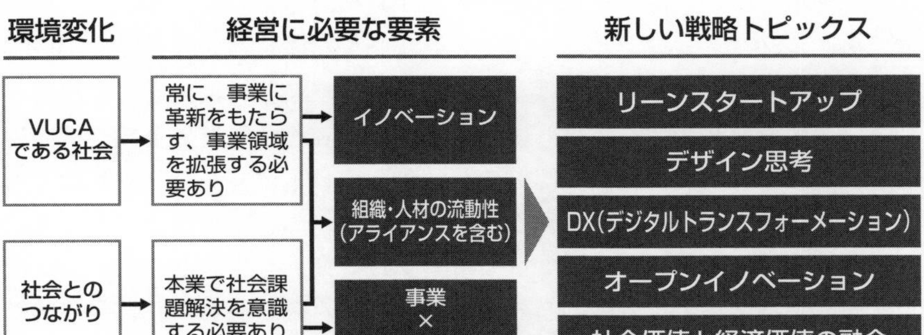

▶新たな戦略トピックスによりイノベーションが加速される

本章では、リーンスタートアップ、デザイン思考、オープンイノベーション、社会価値と経済価値の融合、DX（デジタルトランスフォーメーション）の5つを取り上げます。

リーンスタートアップは、事業を通して実験・検証を繰り返すことで、イノベーションの実現可能性を圧倒的に高めていく手法です。また、机上で検討することをまったく否定していませんが、顧客ニーズは会社（事務所）の外にしかないという意識も大事にしています。スタートアップの世界で生まれたことから、事前準備などではなく、事業推進を前提とした実践性が特徴です。

デザイン思考は、デザイナーの思考法を枠組みに落としたものです。従来の戦略論では顧客を市場セグメントのような形でいわば「マクロ」にとらえるのに対し、顧客1人ひとりを「ミクロ」にとらえて事業・製品・サービスを具体化させます。また、プロトタイプを基に顧客の反応を見て高速で検証・強化させていくPoC（Proof of Concept：概念実証）も重視されます。リーンスタートアップとの類似性があり、デザイン思考のさまざまな手法は、リーンスタートアップ内に取り込まれることもあります。

オープンイノベーションは、事業やプロセスに革新をもたらす際に、自社の資源のみならず広く、さまざまな組織の資源を活用するというものです（資源は技術資源であることが多い）。これまでも、アライアンス、すなわち戦略的提携はもちろん存在していましたが、不足する経営資源、さらにはアイデアを、より積極的・広範囲に外部に求めていく、その流動的な姿勢が大きく異なります。いまや、自社の資源のみでできることを探すアプローチでは、取り組めることは限定的になってしまいます。自社という制約を取っ払い、成すべき大きいことから検討していくアプローチが必須であり、必ずオープンイノベーションが必要な時代といえるでしょう。

社会価値と経済価値の融合は、企業の新たな事業革新機会として注目されています。経済価値を追求してきた米国を代表とする海外企業、社会価値を重視して経済価値創出に改善の余地がある日本企業、それぞれの課題は異なりますが、間違いなく、これからの企業がめざすべき方向性であると確信します。製品・プロダクトや事業プロセス、さまざまなステークホルダー（利害関係者）との関わり方を再構築する必要があり、特定部署だけで一朝一夕に達成することなど不可能です。全社を挙げて長期的に取り組むべきでしょう。

最後にDX（デジタルトランスフォーメーション）を取り上げます。これは、外注して、ただITシステムを導入することとは一線を画し、事業やプロセスの「革新」とデジタル技術を融合的に組み上げるということです。AIやIoT、デジタルツイン、メタバース、ロボティクスなどのデジタル技術を、事業の前提となる基盤的な技術として積極的に取り入れ、ビジネスモデルそのものにイノベーションを起こすことを目的としています。もはや、IT部門だけが考えればよいということではありません。

これら戦略トピックスは、すべてイノベーションを加速させる可能性を秘めています。しかし、本質的な理解をしないまま、社長が号令をかけたから一応やってみた、では成功するはずもありません。よく切れる包丁でも、使い方を間違えれば美味しい料理はできないですよね。それぞれについて詳細に論述するほどのページ数はありませんが、本章では、なるべくその本質的なエッセンスに絞って解説していきます。ぜひ、本腰を据えて取り組むきっかけとしていただきたいと思います。

◎新たな戦略トピックスとイノベーションの関係性◎

⑦2 実験・検証により実現可能性を高める「リーンスタートアップ」

実験を繰り返し持続可能性の高い事業を構築する

▶持続可能性の高い事業を構築するための手法

リーンスタートアップは、アントレプレナー（起業家）として、またスタートアップ（ベンチャー企業）に対するコンサルティングで活躍しているエリック・リースが、自身のスタートアップにおける経験を起点に体系化した事業構築手法です。

リーンとは「ムダを排除した状態」を示しており、リーンスタートアップの概念は、トヨタ自動車を源流とした、生産工程のムダを徹底的に省き改善していく「リーン生産方式」を取り入れて構築されています。

事業を立ち上げる際に、計画さらには製品・サービスも緻密につくり込んで進めることがよくあります。優秀な方であればあるほど、完璧なものを構築してから進むことがあるかもしれません。しかし、ビジネスの世界では、市場や顧客というモヤモヤしてとらえどころのないものを対象として業を成す必要があることに加え、さらに近年では、前述したとおり社会そのものの不確実性・複雑性が高まり、状況を見通せないことが多くなっています。そのような世界では、いくら市場調査などを実施して事前準備をしたとしても、想定している顧客から思いどおりの反応を得ることができないことも数多く存在するのではないでしょうか。

そうした中、先のとおりの緻密につくり込んだ計画や完成品の製品・サービスを投下することで、果たして成果が得られるでしょうか。世間では成功しか報道されませんので気づいていない方もいるかもしれませんが、実際に、大きな失敗となり軌道に乗せられない事業のタネが星の数ほどあります。スタートアップが成功する確率は非常に低く、成長の定義にもよりますが、十年や数十年生存できる企業は数％以下ともいわれています。大企業が新規事業を開発するときも同様です。

リーンスタートアップでは、一見、完璧に見える計画や製品・サービスにメスを入れ、不確実性の高い市場・顧客の反応といった重要な事項を学ぶための「ムダを削ぎ落とした」製品・サービスを構築（開発）し、その重要事項を実験・検証する、そして、それを学習することで製品・サービスを改善、さらには方向転換させていきます。このサイクルを高速で何度も繰り返すことによって、実現可能性・持続可能性の高い事業へと至ることをめざします。

▶ムダを削ぎ落とした「構築→計測→学習」のフィードバックループを回す

上述のサイクルは、複雑な計画を立てるのではなく、「構築→計測→学習」というシンプルなフィードバックループ（下図参照）を利用してコントロールします。

◎構築→計測→学習のフィードバックループ◎

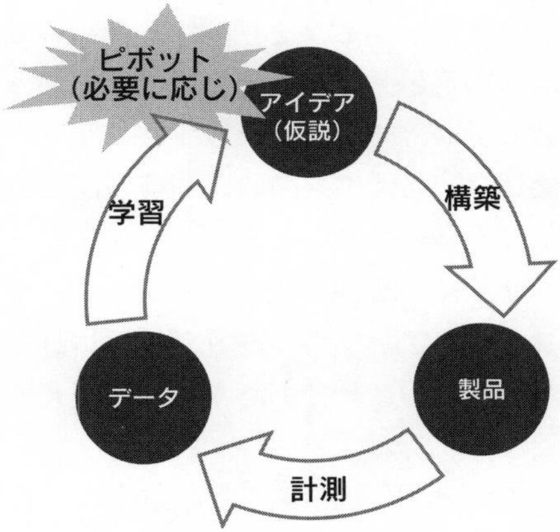

まずは、アイデア、すなわち仮説を立て、それに基づく必要最小限の製品・サービスを構築し、実際にターゲットとなるであろう潜在・顕在顧客に投下します。その状況を計測（測定）してデータ・情報を構築、どうチューニングしていけばよいのかという学習につなげます。そして状況によっては、これまでとは異なる方向へとピボット（方向転換）するのか、それともこのまま辛抱してチューニングしていくのかという判断を迫ります。必要最小限の製品・サービスが「リーン」を表わしており、サイクルにおいて学習するために必要のない製品・サービスの要素、たとえば機能などは、重要そうに見えてムダと判断して切り捨てているのです。

サイクルを回すことによって、当初想定していた製品・サービスからどんどん変わっていくことも多いと思います。実際にエリック・リースが紹介しているケースでは、跡形もなくなっている製品・サービスもあります。しかし、変わってしまって何が悪いのでしょうか。

当初想定していたから、計画していたから、これで進めなければならないなどという規則は本来どこにも存在しないわけで、企業側の論理で物事に固執してしまっては、市場・顧客のニーズにマッチしない、すなわち本来果たすべき市場・顧客の課題解決に至らないことになります。リーンスタートアップは、ドラッカーがいう「企業の目的は顧客の創造である」をまさに体現した手法であるといえるのではないでしょうか。

なお、この学習サイクルは、デザイン思考におけるPoC（Proof of Concept：概念実証）と似ています。とくに、次の手法が近年採用されることが多くなっています。

アイデアに実用的な価値があるかを把握するための最小限のプロトタイプをつくり、ユーザーの反応を計測して修正するという流れを、高速で繰り返すことで、実装に近づけていくという手法です。

両者の違いをいえば、PoCは事業開始より前の段階においてサイクルを回し成功をめざすことが多いのに対して、リーンスタートアップは事業をすでに開始しながらサイクルを回し成功をめざすことが多い点です。

これは、リーンスタートアップが、検証だけでは許されない、よりシビアなスタートアップの世界の産物であるためだといえます。

▶デジタル領域に留まらず、さまざまな産業に利用可能性がある

このサイクルは、高速であるがゆえに、ウェブサービスやアプリケーションなどのいわゆるデジタル領域の製品・サービスだからできると思われる方もいるかもしれません。確かに、デジタル領域では必要最小限の製品を生み出しやすいといえます。しかし、他の産業で実現できないかといえば、そんなことはありません。

たとえば、アパレルブランドを例に挙げてみましょう。新しいブランドを立ち上げるとき、往々にして市場・顧客を形成できるのか、非常に不透明です。マーケティング調査なども可能ですが、まったく新しい業態等に至っては顧客をイメージすらできず、調査できないことも多い状況です。そうした中で、店舗開発をする、さまざまな商品ラインナップをそろえる、在庫の用意をするなど、運を天に任せて投資しても、売りが立つかはわかりません。従来は、一部のスーパースターが市場・顧客のニーズを動

物的な勘で感じ取ってブランドをつくり、市場・顧客を創造していましたが、やはり持続性に問題があります。

そこで、リーンスタートアップに近いやり方として、ポップアップストア（数日～数週間程度の比較的短い期間限定で開設されるショップ）によって、限定的な商品を実験的に販売し、その反応によってブランドの方向性を検討するといった方法が考えられます。ここでは、さまざまなラインナップ、大量の在庫は必要ありません。そのコンセプトが実際に受け入れられるか、確認できればよいのです。このように、工夫次第で、デジタル領域に限らず、さまざまな産業で展開可能ではないかと考えられます。

さて、それでは、当サイクルの重要論点に触れていきましょう。

▶仮説―挑戦の要を構築する

サイクルの初めに、事業に関する仮説を構築します。たとえば、「○○というセグメントの人々は、○○に困っており、○○のサポートを望んでいるはずだ」や、「○○のサポートを受けた人は、コミュニティでその体験を共有したがり、一緒にサポートを受ける人を連れてくるはずだ」などです。

前者は「価値仮説」と呼ばれ、顧客に対して本質的な価値を提供できるかどうかを描写したものです。一方、後者は「成長仮説」と呼ばれ、どうやって顧客が拡張していくのかを描写したものです。仮説としては、このような市場や顧客およびチャネルに関する「潜在ニーズ」や「顧客の行動」が主だったものになることが多いでしょう。アントレプレナーの中には、自身のすばらしい製品に自信を持ちすぎており、自身の仮説は正しいと思い込んで、その検証をしない方も多い一方、仮説は事業の成功を左右するものであることから、「挑戦の要」であると定義されます。

仮説の構築には、アナロジー（類例・反例）の利用、現地・現物主義や顧客との対話などが挙げられます（次ページの図参照）。アナロジーに関しては、たとえば「□□業界では、××の特性があるのでニーズがあった。△△業界でも類似の特性があるのでニーズがあるだろう」といった類例や、「過去○○の対応をしなかったために使用されなかったが、逆に○○を対応すればうまくいくだろう」といった反例が挙げられます。

現地・現物主義や顧客との対話は、見込み顧客であろう人を観察し、対話し、どんな問題を抱えているのかを理解するというもので、デザイン思考の上流工程そのものといえます。ただし、まったく新規の製品・サービスとなると、そもそも誰が見込み顧客かもわからないこともあり、地道な対話継続が求められることもあります。しかし、やはりアナロジーよりもこちらのほうがリアルであり、市場・顧客を肌で感じることで、手触り感（現場感）のある仮説が組み上がるのではないでしょうか。

また、事業の仮説という観点からは、第２章で触れたビジネスモデルキャンバスやリーンキャンバスを使って、早い段階でビジネスモデルの仮説を立ててみるというのも有効です。ただ、その際に、ビジネスモデルの大きなビジョン仮説を描きつつも、すべてを検証に回すのではなく、要となる仮説・検証から小さく、すばやく始めるのが鉄則でしょう。

◎仮説―挑戦の要の構築◎

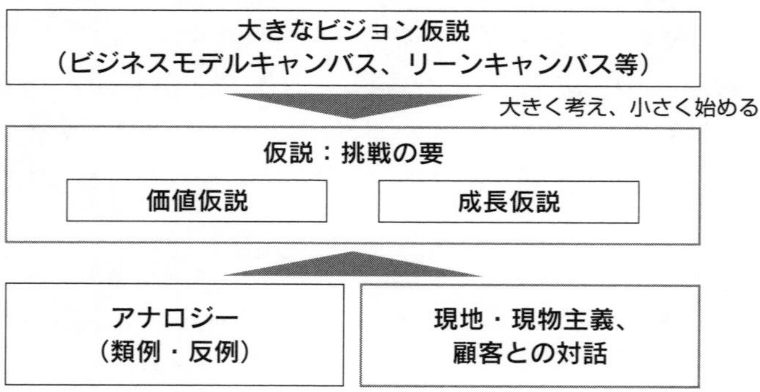

▶「とりあえず走る」「分析で停滞する」に注意する

リーンスタートアップでは、上記の仮説を基に実験することになりますが、その際に陥らないように気をつけるべき点があります。「とりあえず走る」「分析で停滞する」の２点です。

スピードだけを重視して、要となる仮説を曖昧にしたまま、とりあえずつくって提供するだけでは、その結果を見ても「結局、何がよいのか悪いのかわからない」となり、何も学習できずに終わってしまいます。やはり明快な仮説を立てて、それを検証するという頭で進めるべきだと考えます。

もう１点は、分析しすぎて停滞する可能性です。市場調査や顧客との対話等を実施するのはよいのですが、それで仮説を検証し尽くすことができるわけではありません。ましてや、わからないことを議論し続けていても何も進みません。早々に仮説として定義し、適切なタイミングで、仮説を検証する必要最小限の製品・サービスを構築（開発）、計測に遷らねばなりません。

▶MVPをつくる

MVPは「Minimum Viable Product（実用最小限の製品）」であり、先ほどから話に出ている、仮説検証に足る必要最小限の製品・サービスのことを指します。「やらなくても学び始められることは重要に見えてムダ」を合言葉に、学びにつながらない機能等をすべて削ぎ落としたものです。

このような製品・サービスを投下する先は、「アーリーアダプター（初期採用者）」が適切といわれています。大多数の保守的なユーザーと異なり、新しい商品やサービスなどを早期に受け入れることのできるユーザーであり、製品に欠けている点を想像力で補完し、適切なフィードバックが得られる可能性が高いからです。

MVPにはさまざまなものがありますが、注目すべき類型として、「動画型」「コンシェルジュ型」「オズの魔法使い型」MVPがあります。

動画型MVPは、プロトタイプをすぐ用意できない・用意しづらいようなケースにおいて、動画でイメージを構築するものです。新しいアプリケーションを使ったらどうなるのかなど、新しいサービスの具体的な使用状況を、アーリーアダプターの視点で３分程度の動画にまとめます。これは、スタートアップ側だけでなく、スタートアップと連携して事業をつくりたい大企業も採用している手法で、ベンチャーキャピタルに複雑な事業内容を簡易的に理解させ、適切なスタートアップを募るときにも使用したりします。

次に、コンシェルジュ型MVPは、特定のユーザーに人材がかかりきりになって、初期の検証を回していくというものです。たとえば、新しいアプリケーションをつくる際に、製品開発をせず、まずは人力で対応してアプリケーションと同じような価値を提供します。顧客が増え、手間が増えたときに製品開発していきます。

最後に、オズの魔法使い型MVPです。ユーザーからは一応、製品・サービスに見えていますが、とくにユーザーの目の届かないバックエンド部分を人力で対応します。たとえば、オンラインサービスの裏側では、実は人力で操っているようなイメージで、初期のシステム化のリスクを避けつつ仮説検証ができます。

◎MVPの注目すべき類型◎

動画型 MVP	●内容が伝わるプロトタイプが構築しづらいケース ●具体的な使用状況を動画で構築 ●オーディエンスはアーリーアダプター ●人間の集中力を鑑み3分程度まで
コンシェルジュ型 MVP	●検証であるがゆえに特定ユーザーにかかりきり ●初期は効率を考えないが、顧客が増え、手間が増えたときに製品開発
オズの魔法使い型 MVP	●表面上は製品・サービスに見える ●一方、バックエンドは人力で対応する ●初期のシステム化のリスクを避ける

なお、MVPに関しては、どんどんチューニングをかけていくことになりますので、ソフトウェアやシステムを使用する場合には、近年、一般的になった「アジャイル開発」との親和性が高いといえます。アジャイル開発は、機能単位の小さいサイクルで開発と検証を繰り返すソフトウェア・システムの開発手法で、要件変更などの不確実性に強い性質を持っています。

▶MVPをつくるときの問題点

MVPはある意味、完全ではない製品・サービスであることから、いくつかの問題点が挙げられます。

①もっとよいものをつくろうとしてしまう
②競合にアイデアを盗まれる
③ブランドに傷がつく
④顧客からの手厳しい指摘がある

1つ目は、検証しようとすると、ついつい欲張って、要となる仮説に基づく機能以外の機能を追加してしまったり、そもそもリリースするなら完璧な品質でなくてはならないと考えてしまったりすることです。しかし、企業側が高い品質だと考えているものが、顧客にとって必ずしも高い品質と認識されるわけではありませんし、アーリーアダプターが受け入れる品質以上のものは、学びに必要ないといえます。

2つ目として、早期リリースを繰り返すことから、競合にアイデアを盗まれるという意見があります。しかし、そもそも事業化が難しく、自身が苦戦しているように競合が盗んだとしても苦戦すると思いますし、クローズドではサイクルを回せません。考えている間にサイクルスピードを上げたほうが、よっぽど防御につながるのではないでしょうか。

3つ目として、ブランドに傷がつくことが考えられます。完全でないがゆえに品質が悪いと評価され、ブランドを欠損してしまう。これは大企業に多い考えなのではないでしょうか。その場合は、ブランドを分ける、会社を分けるなどして、本業とは切り離した展開が必要となります。

4つ目として、顧客からの辛辣で鋭い指摘があることが挙げられます。自信を持って製品・サービスをつくればつくるほど、否定されたときのダメージは大きくなります。精神論になりますが、このステップが改善につながることを認識し、顧客対応を行なう度量がほしいところです。

▶本質をとらえる計測方法

MVPを投下した後、その仮説が正しかったのかを検証する際には、顧客データなどを分析する必要があります。おもな手法は次のとおりです。

①顧客化プロセスの見える化
②スプリットテスト（A/Bテスト）

前者について例を挙げて考えてみましょう。たとえば、「1度試用すれば機能Aのすばらしさに触れ、ターゲットユーザーは継続的に試用し、最終的には高い確率で有料会員になる」という顧客化の仮説を持っていたとします。そのとき、累積有料会員数の推移などの大局的な数値を見るだけでは、仮説が正しかったのかわからないことも多いと思います。そのようなときには、ユーザーを属性や条件でグループ分けして、ユーザーの動向を把握する「コホート分析」を行なうことが有効です。具体的には、顧客化プロセスで分けて各プロセスの遷移率などを分析します。

◎コホート分析による顧客化プロセスの見える化◎

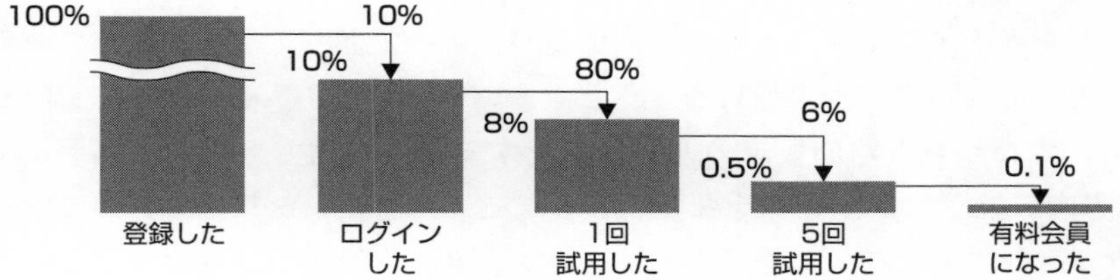

前ページの図を見てください。プロセスの一側面の見える化だけとなりますが、登録した顧客がどのように有料会員まで遷移したのかを記載したものです。これを見ると、１度試用したとしても継続試用になかなか遷移せず、ましてや有料会員になるケースは稀ということがわかります。そして、なぜ継続試用しないのかを顧客と対話して解明していくということになります。

後者のスプリットテストは、いわゆる「A/Bテスト」です。A/Bテストとは、マーケティングで使用される手法であり、同一セグメントのユーザーを複数に分け、異なる複数の対象物を見せて、どの反応率がよいかを比較するというものです（下図参照）。対象物は、たとえばウェブサイトに関して、何かを変えて２つのパターンをつくるといえばイメージしやすいでしょうか。なお、比較したい事項以外、条件は統一する必要があります。

計測しては、その結果から学習してチューニングにつなげる、そのプロセスを延々と繰り返す。非常に地味な作業です。しかし、これを繰り返すことで着実に受容性の高い事業へと近づいていくのです。

◎スプリットテスト（A/Bテスト）◎

▶ピボットによる方向性の構築

これまで整理してきた「構築→計測→学習」のサイクルを活用し、チューニングを進めてきたとしても、仮説が間違っており、思ったように改善が見込めないという事態になることも多いと思います。その際は、ピボット、すなわち戦略的仮説の方向転換をする必要が出てきます。ピボット（方向転換）には、そもそものビジネスモデルを変えたり、部分的にマーケティングのSTP（セグメンテーション、ターゲティング、ポジショニング）を変えたり、技術資源を変えたりするようなパターンが存在します（下図参照）。

◎ピボットの種類◎

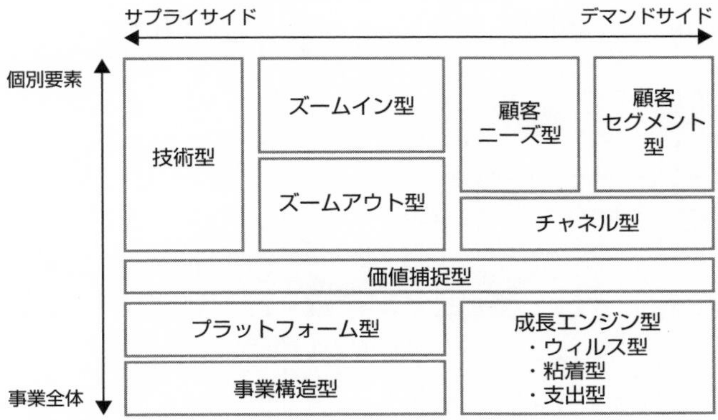

顧客セグメント型、顧客ニーズ型、チャネル型は、顧客ターゲットのセグメントを変えるピボット、セグメントを変えないまでもニーズの認識を変えるピボット、これら２つのピボットをチャネルの視点で実施するピボットなど、いわゆるデマンドサイド（市場や顧客側）を変えます。これに対して、サプライサイド（提供者側）の視点のピボットもあります。ズームイン型、ズームアウト型は、機能などを集約するのか拡張するのかというピボット、技術型は活用する技術を変えるピボットです。

上記のピボットと比して、より広くビジネスモデル全体を変えてしまうレベルのピボットもあります。価値捕捉型は、提供価値そのものを再構築してしまうピボットで、プラットフォーム型は、アプリケーションのようなビジネスにするのか、何らかの資源保有者とユーザーをひもづける、いわゆるプラットフォームビジネスにするのかというピボットで、事業構造型は、たとえば少量高付加価値型なのか薄利多売型なのかといった事業特性を大きく変えるピボットです。また、成長エンジン型は、人から人へと伝わっていくような成長、特定の顧客と密接な関係を持つことでスイッチされないような顧客基盤維持、さまざまなプロモーションの仕方で顧客を拡張していくスタイルなど、成長仮説に関わる顧客化プロセスを変えるピボットです。なお、事業初期のアーリーアダプターを相手に実験しているフェーズから、徐々に市場のボリュームゾーンを獲得するフェーズに入る際にも、ピボットが要求されます。前者は先進的な顧客、後者は保守的な顧客といい換えることができますが、購買のプロセスも異なれば、そもそもニーズも変わってきます。一度、売りが立ったからといって、さらなる成長が約束されたわけではなく、常に市場・顧客のために考え続ける必要があり、それを遂行してこそ、「本当の持続的な事業・企業」と呼べるのではないでしょうか。

▶ピボットか？　辛抱か？

これまで学習やピボットについて説明してきましたが、どのタイミングでピボットを行なうべきかについては、システマチックには判断できません。計測結果について、誰が見ても明らかに悪ければピボットせざるをえないでしょう。しかし、よくも悪くもない微妙なラインだった場合は判断に窮します。とくに、若干の成功をしているケースなどでは、本当はめざすべき成功に向けてはピボットが必要だと薄々気づいているのに、このまま続けていればよくなるのではないかと、ピボットを選択できずに辛抱し続けてしまうケースがあります。こうしたケースについて「ゾンビの世界に捕われる」という表現が使われています。

どうすれば「ゾンビの世界」から抜け出せるのでしょうか。次の５つの施策が有益であると考えられます。

①サイクルのスピードを上げる
②仮説を明確に持ち、仮説と評価指標をリンクさせる
③ピボット・辛抱を議論・決定する会議体・機会をつくる
④ムダに先行的なプロモーションを実施しない
⑤企業存在の目的を再認識し、メンバー共々肝を据える

最初の①は、いわゆる「サンクコスト」についてです。本来、これから（未来）のコスト対効果を高める必要があるのに、これまでつぎ込んだコストや手間が膨大であればあるほど、戻ることのないサンクコストに固執して止められなくなる——。過去を切り捨てられない人間の性でしょうか。これに対抗するには、構築→計測→学習のサイクルスピードを圧倒的に上げて一気に走り抜けることで、つぎ込んだコストや手間を最小化し、「惜しくない」状態にしておくことが効果的であると考えられます。

また、仮説を明確に持って、その仮説と評価指標をリンクさせれば、状態を正確にとらえ、正確に判断することにつながります。そのうえで、ピボットの議論をする会議体を構築し、ある程度強制的に検討するという方向もやや形式的ではあれ、有意ではないでしょうか。

そして、先行的なプロモーションにも注意が必要です。学習をしている最中に、どうしても広く潜在顧客の目に留まるように、プロモーションの打ち上げ花火を上げてしまうことも多いでしょう。もちろん、持続可能性の高いプロモーションによって成長仮説が構築されているのであれば問題ありません。しかし、成長仮説が構築されていなければ、そのプロモーションはムダであるばかりか、名のある企業が広く告知をしてしまった関係で、レピュテーションリスクを恐れて方向性を変えられなくなるということさえありえます。アーリーアダプターからフェーズアップするときまで、プロモーションは我慢して控えましょう。

最後に、ピボットを行なってビジョンが変わっていくことによって、メンバーの士気が下がることを恐れるケースもあるでしょう。しかし、企業の目的は市場・顧客の創造です。このまま低空飛行して市場・顧客の創造が中途半端になるのであれば、崇高なビジョンを掲げ続けても無意味です。メンバーと共に、当初のビジョンを守り続けることよりも、市場・顧客を創造することが重要であることを肝に銘じ、そうした価値観でチームアップすべきでしょう。

スタートアップの場合、学習とピボットを永遠に続けられるわけではありません。結果が出なければ資金が尽きてしまいます。滑走路が尽きる前に、飛び立たなければならないのです。非常にシビアだと思います。そうした荒波を乗り越えてきたフレームワークだからこそ、このリーンスタートアップには説得力があり、スタートアップのみならず通常の企業による事業開発にも適用可能と考えます。

従来の日本企業の事業開発部は、持ち込みM&A案件のタマを捌(さば)くだけの受け身の組織であることが往々にしてありましたが、近年、本質的な事業開発部がようやく設置され始めました。新規事業開発が企業の特別なイベントではなく、「オペレーション」ととらえられるようになってきているといえるでしょう。ぜひ、リーンスタートアップがそうした企業に浸透し、日本企業が次々と新市場・顧客を創造するようになってほしいと思います。

⑦3 顧客1人ひとりをミクロにとらえる「デザイン思考」

デザイナーの直観的思考法により事業・製品・サービスを具体化する

▶デザイン思考が生まれた背景

近年注目されるようになってきた発想法の１つが、「デザイン思考」です。デザイン思考とは、もともとはその名のとおり、デザイナーがデザイン（設計）を行なう際に用いている思考プロセスのことであり、それをビジネス現場の課題解決に応用しようとした手法です。とくに、イノベーションの必要性が叫ばれるようになった2010年代以降、論理思考（ロジカルシンキング）のアンチテーゼとして、脚光を浴びるようになりました。

その起源は諸説ありますが、1987年に建築家のピーター・ロウが、その名も“Design Thinking”（和訳『デザインの思考過程』鹿島出版会、1990年）というタイトルの著書で明示的に使用したのが、起源の１つといわれています。一方、同じく1980年代に、情報工学の分野からは「人間中心設計（Human-centered design）」や「ユーザー中心設計（User-centered design）」というコンセプトが提示されてきました。モノや技術からではなく、あくまで人間・ユーザーの視点から考えるということであり、これもデザイン思考の起源といえるでしょう。

このように建築や工学分野で提示されてきた思考法をビジネス現場に広めたのが、米国のデザインファームIDEOです。IDEOは1991年、スタンフォード大学教授であったデビッド・ケリーらによって創設され、その後ティム・ブラウンがCEOとして経営を引き継ぎました。アップル社の最初のマウスなど、数多くの画期的なデザインを世に送り出してきたことで有名となりました。

IDEOの創業者デビッド・ケリーが自分たちのノウハウを広めようということで、SAPの共同創業者ハッソ・プラットナーらの支援を基にスタンフォード大学内に2004年に開設したのが、通称「d.school」（正式名称：Hasso Plattner Institute of Design at Stanford）です。このd.schoolこそが、デザイン思考を世に広めた、まさしくデザイン思考の総本山ともいえる教育機関であり、現在のデザイン思考隆盛のきっかけをつくる場となりました。わが国でも2009年、東京大学で「i.school」というイノベーション教育プログラムが始まり、社会課題の解決手法としてデザイン思考が日本に広まるきっかけとなりました。

▶デザイン思考とは「人間中心」の直観的アプローチ

では改めて、「デザイン思考」とは、どのようなものでしょうか。

前述のIDEOのCEOティム・ブラウンによると、「デザイナーのツールキットによって、人々のニーズ、テクノロジーの可能性、ビジネスの成功要件を統合するイノベーションへの人間中心アプローチ」（https://designthinking.ideo.com/の定義を筆者訳）としています。

ここでキーワードとなるのが、「人間中心アプローチ（Human-centered approach）」という表現です。前述の「人間中心設計」「ユーザー中心設計」に基づいていることがうかがえます。ここにこそ、デザインが必要とされる理由があります。本当の意味でイノベーションを起こすには、真に人間（ユーザー）の視点に立って人間（ユーザー）が意識していない本質的課題を掘り起こすことが必要になるということです。

従来の経営戦略や商品開発は、データに基づく調査分析をしたうえで立案し、それを実行していくという分析的・左脳的な手法でした。しかし、データ分析だけでは限界があります。また、たとえユーザーへのアンケートやインタビューを実施するとしても、そもそもの設問や選択肢をつくるのは事業者サイドであり、事業者サイドの予見を切り口として作成されたものにすぎません。言語に落とし込んだ段階で、言語化されていないユーザーの潜在的ニーズをくみ取ることはできないのです。その結果、事業者側の予見をなぞるだけの調査分析に留まってしまい、本質的な課題解決には至らず、本当のイノベーションが生まれないという結果となっていました。

本当の意味でユーザーの視点で発想するためには、ユーザーと行動を共にして共感し、そのユーザー体験（UX: User experience）を基に発想することが求められます。それには従来の分析的手法では限界があり、デザイナーが行なうような五感を使った直観的・右脳的な思考プロセスが有用ということなのです。デザイン思考のプロセスは後ほど具体的に説明しますが、イメージとしては、ユーザー体験を五感で感じ取ることによって言語化されないユーザーの潜在的ニーズを掘り起こし、プロトタイプをつくり直しつつ解決策を模索するという試行錯誤のプロセスとなります。

このような、従来手法と異なるデザイン思考のプロセスは、d.schoolによる「デザイン思考における７つの心構え」によく表われています。

◇デザイン思考における７つの心構え◇

言うのではなく見せる

新たな経験を生みだし、視覚に訴え、よい物語を伝えながら影響力と意味のある方法であなたのビジョンを見せましょう。

人々の価値観に焦点を当てる

ユーザーへの共感と彼らからのフィードバックが、良いデザインの土台となります。

素早く形にする

プロトタイプは、アイデアの有効性を確認するだけの方法ではありません。あなたがイノベーションを起こす上で必要不可欠なものです。考え、学ぶために素早く形にします。

行動第一

「デザイン思考」は間違った名称かもしれません。本来は思考ではなく実践です。あれこれ考えて会議だけで終わるのではなく、行動して成果を出しましょう。

徹底的な協働

様々な背景や物の見方を持つイノベーターたちと協働しましょう。多様性が、水面下の驚くべき事実を明らかにし、優れた解決策の発見を可能にします。

過程に注意

デザインプロセスのどの段階にいるのか、その段階でどんな方法を使い、どんなゴールを目指すのか意識します。

明快な仕事

バラバラに散在する問題から一貫したわかりやすいビジョンを生み出しましょう。他人を感動させ、想像性を刺激するように。

出典：『デザイン思考家が知っておくべき39 のメソッド』（スタンフォード大学d.school デザイン思考研究所／アイリーニ・マネジメント・スクール 編集、柏野尊徳 監訳、木村徳沙／梶希生／中村珠希 訳）

▶デザイン思考のプロセス①――共感（Empathize）

デザイン思考はいろいろな形で普及し、そのプロセスが定式化されてきました。ここでは、そのうち、d.schoolが定式化した「デザイン思考の５つのプロセス」（下図参照）を使って説明していきます。

◎スタンフォード大学d.schoolによる「デザイン思考の5つのプロセス」◎

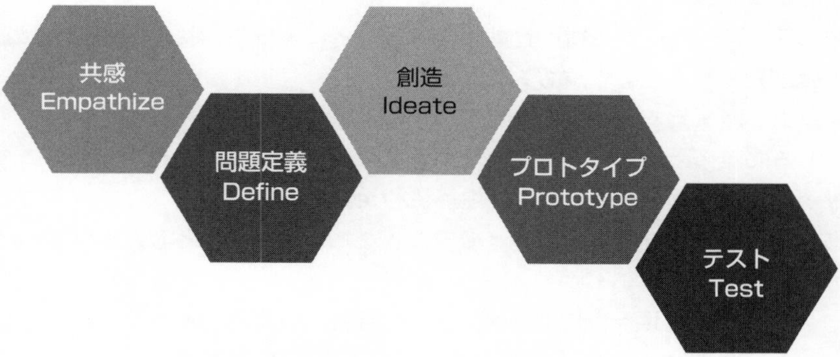

出典：『スタンフォード・デザイン・ガイド．デザイン思考　5つのステップ』（スタンフォード大学d.school デザイン思考研究所／一般社団法人デザイン思考研究所 編、柏野尊徳／中村珠希 訳）

最初は「共感」です。ユーザーの思いや痛みを共に感じ入るところからスタートするということです。こうしたステップは、従来の論理思考（ロジカルシンキング）の戦略策定手法には見られなかったもので、まずここから始まっているところが、ユーザー体験に根ざすデザイン思考の肝です。では、「共感」するためには何をすべきでしょうか。大きく分けると、以下の２点です。

１つは「観察」です。ユーザーと彼らの生活環境における行動について、時折インタビューを交えながら、ひたすら観察するということです。

もう１つは「会話」です。従来の「インタビュー」は設問に対する回答を求めますが、それよりも深いレベルでユーザーと人的関わりを持って会話を行なうのです。ユーザーに単に質問するのではなく、相手の答えに対して調査者側（自社側）からも「なぜ」と問い返したり、いろいろなサジェスチョン（示唆）も与えたりしながら、話を深めていく必要があります。また、ユーザーの回答の背景・要因・意味合いを明らかにすることも大切です。それには、調査者側のスキルも相当なものが求められるのはいうまでもありません。

そして、その「観察」と「会話」を組み合わせます。ユーザーの行動をその場で実際にやってもらい、「なぜ、それをやっているのか？」「何を感じているのか？」などをその都度聞いてみるのです。その結果、1つひとつの行動の背景に対して、いろいろな気づきが生まれることでしょう。究極的には、ユーザーと生活行動を共にするということも求められます。一定期間、ユーザーと一緒に行動してみることによって、初めて感じられるもの、見えてくるものがあるでしょう。

以上を踏まえて、とくに重要となるのが、ユーザーの発言と行動との間にある乖離・矛盾です。ユーザーが意識していることと無意識の行動に乖離があるとしたら、そこには課題解決の余地があるということです。ここにこそ、イノベーションに向けての大きなヒントがあると考えられるわけです。

このように「共感」の手法は、決して目新しい先進的ものではありません。むしろ地道な泥臭い作業といえるでしょう。そして、こうした手法は、マーケティングに定評のある会社ならば、昔から実行しているものです。たとえば花王は、1934年には家事科学研究所（現・生活者研究センター）を設立し、絶えず人々の暮らしに寄り添い、調査をし続けてきました。商品開発に優れている企業は、「デザイン思考」などという概念がない時代から、こうした地道な「共感」活動をしてきたのだといえるでしょう。

▶デザイン思考のプロセス②——定義（Define）

次は、「定義」という段階です。顧客中心の視点から問題を設定します。「共感」段階によって、ユーザー自身も気づいてもいなかったニーズが出てきたかもしれません。そのようなユーザーのニーズを踏まえて、解決すべき課題を定義します。

この段階で重要なのは、特定のユーザーを意識した具体的な課題として設定することです。すべての人のすべてのニーズを満たすといった観点では、焦点がぼやけてしまうだけで、有用性のない課題となってしまうからです。特定のユーザーに“刺さる”課題であるからこそ、より効果的な解決策が生まれる可能性が出てくるのです。

▶デザイン思考のプロセス③――創造（Ideate）

続いて、「創造」という段階です。設定した問題の解決策を考えます。ここでは、制約を設けず、ブレインストーミングやマインドマップなどのアイデア手法でどんどん発散させていきます。

しかし机上の議論だけでは、アイデアが生まれない可能性もあります。五感を使ってイメージを伝えるということも大切です。たとえば、スケッチブックに絵で描いてみる、粘土を使ってオブジェをつくってみる、ボディワークをしながら体感で発想するなど、いろいろな形で右脳をフル活用して、言語にならないものをアイデアとして生んでいくことが大切となります。

そして、以上のように創出されたアイデアについて、たとえば川喜田二郎氏が紹介したことで有名なＫＪ法で整理したり、何らかのスクリーニング基準を用いたりして、収束させていきます。しかし、この段階で無理に１つにまとめる必要はありません。なぜなら、本当に解決策として適切か否かは、実際にユーザーに提供してみないとわからないからです。自分たちで絞り込むよりも、次の段階でプロトタイプをつくってユーザーに提供してみるほうが、正しい検証ができるはずです。

▶デザイン思考のプロセス④⑤
――プロトタイプ（Prototype）、テスト（Test）

「創造」以降の「プロトタイプ」「テスト」の段階が、デザイン思考に固有のものといえるかもしれません。「創造」段階で出してきたアイデアを無理に１つにまとめるのではなく、まずはいくつかプロトタイプの形で実行してみるということです。

プロトタイプで重要なのは、手軽にスピーディーに作成してユーザーに提供するということです。なぜなら、プロトタイプの目的は、あくまで解決策としての可否を検証するということだからです。プロトタイプで短いサイクルで大量にテストをしてみることで、初めて本当の解決策に到達することができます。換言すれば、何度も何度も小さな失敗をし続けるという、高速回転のサイクルを回すことによって、初めて正解に近づくということです。

ですから、プロトタイプは簡便なものでかまいません。たとえば、トップ画面だけつくってみてフィードバックをもらう、商品コンセプトを絵コンテで見せてコメントをもらう、といったレベルでかまいません。ハード商品でもう少し時間とコストが許せば、３Ｄプリンタで試作してみるということもできるかもしれません。

近年では、「PoC（Proof of Concept：概念実証）」という言葉もよく見かけるようになりました。これも、新たなアイデアの実現可能性を示すために簡便な検証を行なうということです。厳密にはプロトタイプのさらに前段階の検証を指しますが、簡便な検証を繰り返して正解に近づける手法という意味では、本質的には同じ考え方に立脚しているといえるでしょう。

いずれにしても、試行錯誤サイクルを実現するには、プロトタイプからテストという流れを、手軽に短時間に低コストで繰り返すことが必要です。そして「プロトタイプ⇔テスト」の往還を高速回転して課題解決の正解に近づけていくというわけです。

▶その他のフレームワーク――ダブルダイヤモンド

デザイン思考はいろいろな形で展開されていますので、多くのフレームワークが生まれています。前述の「５つのプロセス」以外には、「ダブルダイヤモンド」が有名です。

このフレームワークは、英国の公的機関であるデザインカウンシルが2004年に提唱したもので、発散的思考と収束的思考を繰り返すというプロセスが強調されています。「ダブルダイヤモンド」の名のとおり、ダイヤモンド形状のものが２つあるプロセスとなっており、発散→収束のステップを２回繰り返すイメージです。その結果、４つのDで始まるプロセスとなります。

まず第１のダイヤモンドは「発見（Discover)」から「定義（Define)」です。課題を発見して定義するということなので、d.schoolのプロセスの「共感（Empathize)」から「定義（Define)」とほぼ同様と考えていただいていいでしょう。

第２のダイヤモンドは「展開（Develop)」から「提供（Deliver)」です。「展開（Develop)」は解決案をどんどん出していくところなので、先ほどの「創造（Ideate)」と同様のステップです。そして、「提供（Deliver)」はプロトタイプを使ってテストを重ねていくところなので、「プロトタイプ（Prototype)」から「テスト（Test)」に相当します。

つまり、d.schoolの５つのプロセスも、デザインカウンシルのダブルダイヤモンドも一見、形状は異なりますが、本質的に同じプロセスを伝えているフレームワークだということがわかるでしょう。

◎デザインカウンシルの「ダブルダイヤモンド」◎

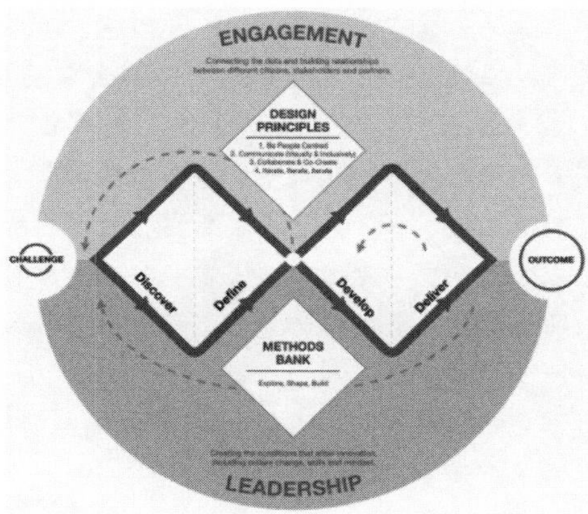

出典：デザインカウンシルのWebサイト（https://www.designcouncil.org.uk/news-opinion/what-framework-innovation-design-councils-evolveddouble-diamond）

◎「ダブルダイヤモンド」のエッセンス◎

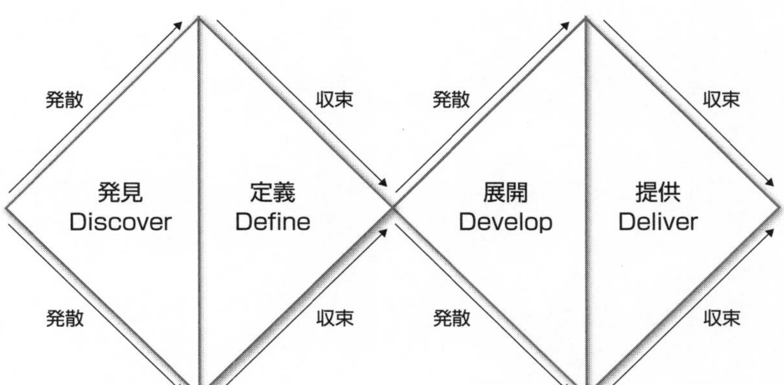

▶デザイン思考プロセスの本質は「試行錯誤」

「５つのプロセス」でも「ダブルダイヤモンド」でも大切なのは、きれいに直線的に終わるわけではないということです。フレームワークとしては左から右へのプロセスの形で図示していますが、必ずしも、このとおりに進むとは限らず、行きつ戻りつを繰り返して課題解決の正解に近づけていくわけです。あくまで試行錯誤的にサイクルを回すというのが、デザイン思考の特徴であるといえるでしょう。

実は、このような試行錯誤による課題解決という流れは、前節で紹介した「リーンスタートアップ」など、昨今の多くのイノベーション手法に共通のものだといえます。これらのイノベーション手法は、論理思考（ロジカルシンキング）の行き詰まりに対するアンチテーゼとして生まれた直観的・右脳的な手法であるだけに、当然そのような帰結になるわけです。

しかし、いうまでもなく、「論理思考は不要」などということはありません。論理思考なしに直観思考だけで動くならば、それはただの思いつきにすぎません。論理思考という前提のうえで直観思考を働かせることが大切である点にご留意ください。

⑦ 4

「オープンイノベーション」の活用

他社との協業を通じてイノベーションを引き起こす

▶企業はなぜイノベーションに取り組むのか？

企業にとって、自社の事業や商品をより魅力的なものにすることができるように、「イノベーション」に取り組むことは、きわめて重要です。

イノベーションの定義は、第6章で触れたとおりですが、近年では、世間・企業において、イノベーションの認知度は一層高まり、ますますイノベーションが重要視されるようになっています。

企業のみならず、行政機関においても、補助金制度等を通じて、企業のイノベーションに関連した取り組みを促進しようとする動きが見られます。

このような流れを受け、企業は継続的にイノベーションに取り組むべきであり、自社のビジネスが提供する価値を高め続けることが重要だと考える人は少なくありません。

ある企業のビジネスには、一般に競合他社が存在します。競合他社は、企業間の競争に打ち勝とうと日々よりよいビジネスを実現するための努力をしているので、自社が継続的に売上や利益を上げていくためには、競合他社を上回る活動を継続していかなければなりません。

また、あるビジネスには、対価（代金）を支払ってくれる顧客が存在しますが、顧客は現在利用している商品・サービスに比べてよいものがあれば、そちらに切り替えることを日々検討していますし、同一の商品やサービスを継続的に利用していると、顧客ニーズはだんだんと満たされていき、既存の商品やサービスは徐々に不要になったり、以前ほどの対価（代金）を支払う必要はないと感じるようになったりしていく傾向があります。そのため、顧客に対して、よりよい価値を提供し続けたり、より低価格で、いまと同等の価値を提供したりすることが重要です。

それでは、競合他社・顧客への対応をより高いレベルで実現していくために、イノベーションに関する取り組みを強化しようと考えた際、どのようにすればよいのでしょうか。

▶オープンイノベーションとは何か？

近年は、イノベーションを成功させるために、「オープンイノベーション」に取り組むことを選ぶ企業が増えています。

イノベーションに関する伝統的なアプローチでは、企業は、自社の内部の経営資源を組み合わせたり、研究開発を通じて新たに経営資源を獲得したりすることを通じて、イノベーションを実現しようと取り組んできました。このようなアプローチを、後述する「オープンイノベーション」に対し、「クローズドイノベーション」と呼びます。

1990年代頃までは、イノベーションに関する取り組みは、クローズドイノベーションで進められることが一般的でした。

しかし、2000年代になって、イノベーションのためのアイデア創出や、アイデアの実現に必要な研究開発の実施や経営資源の獲得について、自前で内製化して行なうことにこだわらず、他社との協業を通じて行なったほうが、効果的・効率的にイノベーションを実現することが可能であるという概念が、経営学者のヘンリー・チェスブロウによって提唱され、そのようなアプローチは「オープンイノベーション」と呼ばれるようになりました。

◎クローズドイノベーションとオープンイノベーションの特徴比較◎

クローズドイノベーション	オープンイノベーション
イノベーションに必要な人材等の経営資源は、自社で確保する	社内に限らず、社外と協働することで、必要な経営資源を確保する
アイデア検討、研究開発、商品化、販売等を一貫して手掛ける	自社と他社の強みを組み合わせ、ビジネス全体を強化する
知的財産は囲い込み、類似ビジネスの出現を抑制する	他社に知的財産を使用させて対価を得たり、自社と他社の知的財産を組み合わせて、ビジネスの発展の可能性を探ったりする。

出典：『OPEN INNOVATION』（ヘンリー・チェスブロウ 著、大前恵一朗 訳、産業能率大学出版部）

クローズドイノベーションを成功させることができれば、一般に、大きな利益などのリターンが期待できます。ただし、実際にイノベーションの成功に至ることができるのか、他社よりもイノベーションの達成が遅くなってしまわないかなどの懸念が残ります。

一方、オープンイノベーションでは、クローズドイノベーションよりも、より多くの経営資源の活用可能性を考えるので、イノベーションの成功確率を高めることや、成功までのスピードを速めることなどが可能になります。

加えて、自社と他社の強みを組み合わせてビジネスを手掛けることができるので、アイデアや研究開発を優れたものにすることに留まらず、生産や販売等についても最適化が図られ、イノベーションを通じて取り組むビジネスの総合的な力を高めることも可能です。また、他社と協業するがゆえに、自社のみの取り組みのときよりも、より大きな市場を開拓することができ、ビジネスチャンスを拡大することができる可能性もあります。

ただし、他社との協業を行なうため、自社の利益等の取り分が減少する傾向があり、また、他社との調整に関するコスト等が生じる可能性があることには留意する必要があります。

◎クローズドイノベーションとオープンイノベーションの長所と短所◎

	クローズドイノベーション	オープンイノベーション
長所	・大きなリターンを得ることができる可能性がある ・自社主導で、各種取り組みを進めることができる	・さまざまな経営資源の活用可能性を検討できるので、イノベーションの成功確率や、成功までのスピードを速めることができる ・自社と他社の強みを活かすことで、事業全体の質の向上・ビジネスの総合力の強化が図られる ・自社のみの場合よりも、より大きな市場を開拓できる場合がある ・総じて、リスクを低減できる
短所	・最終的にイノベーションを実現できないリスクや、他社よりも実現に時間を要するリスクがある	・他社と利益等を分け合うことになり、自社の取り分が減る ・協業する他社を探すための手間や、協業のために調整を行なう労力やコストが必要 ・自社のノウハウ等が、協業先に流出する危険性が存在する

▶時代がよりオープンイノベーションを求めている

近年、「VUCA」という言葉に代表されるように、世の中の先行きの不透明性や、不確実性の高まりが気にかけられるようになっています。インターネットの普及はビジネスにさまざまな変化をもたらしており、それ以前とは比べ物にならないほど、さまざまな情報が世の中に流通するようになりました。

このことが、クローズドイノベーションよりも、オープンイノベーションを活用しようと考える企業が増えている理由となっています。

たとえば、企業は長年研究開発を積み重ねてきたうえで、さらに新たなイノベーションを実現しようとしているので、以前に比べて、技術的な難しさ・複雑さが高まっている傾向にあります。また、世の中のニーズは多様化し、かつ、変化も激しくなってきているので、現時点でベストと考えている商品が、この先もベストであり続ける保証もありません。その一方で、競合他社は、インターネットの活用等を通じて、さまざまな情報に触れながら、顧客のニーズや競合他社の動向の把握に努め、そう遠くないタイミングで、自社が検討中のものと類似した商品を、先に市場に投入してくるかもしれません。

結果として、最終的にイノベーションを成し遂げることは、以前よりも難しくなってきており、また、スピーディーにイノベーションを実現することが、ますます重要になってきています。

このような状況に、オープンイノベーションは適しています。オープンイノベーションは、自社が得られるリターンが多少小さくなろうとも、イノベーションの成功確率を高めようとし、成功までのスピードを速めるアプローチであり、イノベーションに必要なコストを他社と分担することで自社のコストを抑制し、リスクとうまく向き合うことができます。

加えて、オープンイノベーションに取り組もうとしても、パートナーとなる企業と出会うことが簡単ではないという課題は、インターネット等によって、さまざまな情報に触れることが可能になったことで、緩和される傾向にあります。

いまの時代は、多くの企業に、オープンイノベーションに取り組むことを求めるようになってきているのです。

▶オープンイノベーションをどう進めるか？

オープンイノベーションを行なうための第一歩は、まず、どのようなイノベーションを行ないたいのかを整理することです。

この時点では、他社との協業を必ずしも想定する必要はなく、自社がイノベーションによって、どのような変化を世の中にもたらしたいのか、社会や顧客のどのような課題を解決し、どのような新たな価値を生み出したいのか、といったことを検討することが重要です。

そのうえで、研究開発やサービス提供方法など、自社のイノベーションにおける革新的な手法を構想し、ビジネスとして実現していくために、必要となる各種経営資源を整えていく必要があります。

この際、オープンイノベーションでは、他社の経営資源の活用を検討します。外部の協力を必要とする経営資源を定義し、その経営資源を持つ、あるいは、今後その経営資源を研究開発等によって獲得できるであろうと考えられるパートナー企業の候補を探します。

その後は、パートナー候補との接触・調整を通じ、最適なパートナー企業を見極めながら、協業により得られる利益のシェア方法や、イノベーションにおける役割分担等に関する合意形成を行ない、正式にパートナー企業を選定します。

パートナー企業の決定後は、イノベーションの実現に向けた各種取り組みを本格化させ、最終的には、ビジネスを通じた利益の獲得を達成していくことになります。

◎オープンイノベーションの進め方◎

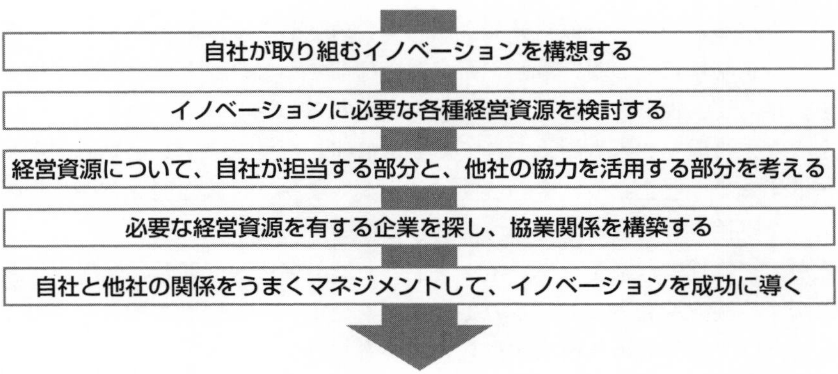
自社が取り組むイノベーションを構想する
イノベーションに必要な各種経営資源を検討する
経営資源について、自社が担当する部分と、他社の協力を活用する部分を考える
必要な経営資源を有する企業を探し、協業関係を構築する
自社と他社の関係をうまくマネジメントして、イノベーションを成功に導く

▶オープンイノベーションのために支援機関の活用を考える

オープンイノベーションへの関心が高まる中で、オープンイノベーションを支援する機関が登場しています。オープンイノベーションに取り組もうと考えた際には、そのような支援機関の活用を一考することも重要です。

たとえば、行政機関は、オープンイノベーションに役立つ情報を持っているケースがあります。県や市町村などの自治体は、自治体内の多くの企業についてのデータベース化を進めており、自治体が持つ情報を通じて、他社の特徴等を理解し、協業検討の第一歩とすることができます。また、民間企業でも、多数の企業情報をデータベース化して保有している企業が存在するので、そのような企業のサービスを活用することも考えられます。

また、昔ながらの手法ではありますが、展示会等への参加も、パートナー候補と出会うきっかけになります。展示会等を主催する企業や団体、行政機関なども、オープンイノベーションのための支援機関であるといえます。

さらに、単に情報を提供するだけではなく、企業間の引き合わせを行ない、マッチングをコーディネートするような企業も登場しています。多くの企業情報を把握したうえで、企業からの相談に基づいて協業候補を紹介したり、イベントの開催などを通じて企業に直接的な出会いの場を提供したりすることで、オープンイノベーションが多数発生する基盤・プラットフォームとなることをめざしている企業も存在します。

このほか、とくに、創業からあまり時間が経過していない「ベンチャー」や「スタートアップ」と呼ばれる企業のオープンイノベーションをサポートするために、一般に「ピッチコンテスト」と呼ばれるイベントを開催し、企業に自社の事業計画や研究開発に関する強みなどを説明する機会を提供して、投資家からの出資や、大企業からの協業の申し出を結びつけようとする取り組みも増えてきており、前述したマッチングをコーディネートするような企業や、金融機関、各種大企業や、行政機関などが、このような支援を行なう機関として活動しています。

なお、最近では、インターネット上に多くの情報が流通し、検索や推薦に関する機能も高まっているので、インターネット上で協業候補を調べてみるだけでも、有用な情報が得られるかもしれません。

▶企業間の結びつきに留まらないオープンイノベーション

オープンイノベーションでは、以前よりもさまざまな結びつきが意識されるようになってきています。

オープンイノベーションが注目され始めた頃、パートナー候補は、専ら研究開発の機能を有する企業であり、場合によっては大学などの研究機関も含まれるといった具合でした。これは、当時のイノベーションの概念が、研究開発を関心の中心としていた事情などに起因します。

イノベーションやオープンイノベーションの概念が広まり、研究開発面のみならず、新事業や新商品の成功までを含めて議論がなされるようになると、高い商品企画力、量産品をすぐに市場展開可能な生産力、幅広い顧客にアプローチ可能な販売力などを有する企業が、パートナー候補として探されるようになりました。さまざまな企業が、オープンイノベーションの相手先となりうると認識されています。

そして、投資家や金融機関などもイノベーションを実現するパートナーとして重要視されるようになってきており、イノベーションに必要なお金の出どころについても、オープンイノベーションは取り扱うようになってきています。

さらに、既存顧客あるいは顧客候補は、イノベーションのヒントをもたらし、イノベーションをつくり上げていく際に強く意識する対象であるという考えから、顧客を積極的に巻き込んでイノベーションを推進するべきだという発想も広がっています。この際、顧客を単独の企業や個人ととらえるのではなく、地域社会全体ととらえるような考え方も増えてきており、ある地域の住民全員や、NPOなどをパートナーとすることもありえます。

ビジネス活動を、地球の生態系になぞらえて「エコシステム」として理解しようとする考え方があります。エコシステムでは、自身（自社）は、周囲にあるさまざまのものと、直接的にはわかりづらい食物連鎖などの目に見えない間接的な関係も含めて、なんらかのつながりを持っています。

オープンイノベーションの議論においても、さまざまなつながりに注目し、多様な協業の可能性を模索することが重要になってきています。自身（自社）の周囲の経営資源にいままで以上に注意を払い、活用の可能性を検討すれば、より困難で複雑な課題を、よりスピーディーに解決して、イノベーションを達成できる可能性が高まっていくことでしょう。

⑦5 社会価値と経済価値の融合

新たな事業革新機会として全社を挙げて長期的に取り組む

▶企業は何のために存在するのか？　顧客の創造、さらには社会課題の解決へ

企業は何のために存在するのでしょうか。顧客の顕在・潜在ニーズをとらえたうえで、企業（自社）ならではの価値を提供し、顧客の役に立つことで顧客の支持を得て利益を創出し、その利益によって、こうしたサイクルを持続的に支えていくことが基本だと思います。

ドラッカーは「企業の目的は顧客の創造である」と定義しています。この大前提は変わりませんが、近年では、顧客のみならず広く社会とのつながりが意識されるようになってきています。もちろん、これまでも、企業のつながりといえば、株主はもとより、顧客、従業員、サプライヤーなど、さまざまなステークホルダーとの関係性が論じられてきました。しかし、近年は、ステークホルダーと単純にフェアな取引だけをすればよいのではなく、ステークホルダーは社会を構成する一員であることから、企業は、事業を通じてステークホルダーを含めた「社会そのもの」の質を上げる組織であると認識されるようになっています（下図参照）。

◎ステークホルダーから社会へ◎

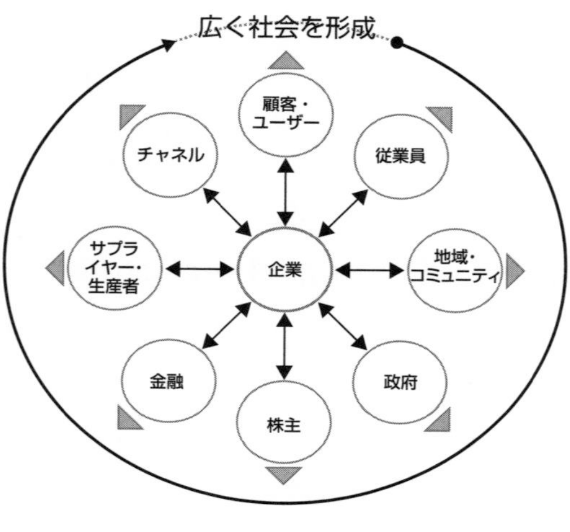

これは、社会課題を解決するということに他なりません。たとえば、顧客から社会に視野を広げる例としては、適切な栄養を意識した食を顧客に提供することで、そこの社会で問題となっていた生活習慣病を予防し、国や人々の医療負担も減らし、人々の健康で幸福な生活を支える、ということが考えられます。すなわち、企業はこうした「社会価値」の担い手として、認識されつつあるということです。

▶CSRからCSVへ――本業で社会価値と経済価値双方を創出する

「社会価値」というと、NPOやNGO、そして政府のような非営利組織の担当することであり、企業は長らく「経済価値」を追求する組織であるととらえられることが多かったと思います。

これまで企業がCSR活動（Corporate Social Responsibility：企業の社会的責任）を行なってきたのも、利益を追求する代わりに、法律・倫理基準の遵守や、事業活動からの害悪をなくすべく、極論すれば後ろ向きな形で、ステークホルダーや社会に対する責任を持つという側面がありました。たとえば、環境負荷の高いオイルガス開発の外資が、やむを得ず環境保護をする、というように、「社会価値」と「経済価値」をほどほどにバランスさせればよいという考え方といえます。

しかし、2000年代に入り、CSRではなくCSV（Creating Shared Value：共通価値の創造）という考え方が出てきました（次ページの上図参照）。企業は、事業を営むことによって「社会価値」を創出すると同時に、競争力を高め「経済価値」を創出することができ、しかもそれらは「一体」であるという概念です（次ページの下図参照）。先進的なCSRを推進している企業では、すでに一部取り入れていたケースはあるものの、このコンセプトを広く知らしめたのは、本書でもそのフレームワークを多数掲載しているマイケル・ポーターです。

これまでは、事業は事業、CSRはCSRと峻別していた企業が多かったのですが、本業をいわば再定義・再構築し、新しい本業によって「社会価値」と「経済価値」を双方高いレベルで同時かつ融合的に達成することをめざします。もはや、事業とCSRの境目はありません。実は、この考え方は、「日本全体をよくしたい」と考えた、皆さんご存じの渋沢栄一に通ずるところがあります。公益を熱く追求することと、持続性を考え利益を冷静に追求すること、それらは一致するはずだという「道徳経済合一」の思想は、まさにCSVだと思います。

◎CSRからCSVへの変化◎

CSR Corporate Social Responsibility	CSV Creating Shared Value
▶価値は「善行」	▶価値はコストと比較した経済的便益と社会的便益
▶シチズンシップ、フィランソロピー、接続可能性	▶企業と地域社会が共同で価値を創出
▶任意、あるいは外圧によって	▶競争に不可欠
▶利益の最大化とは別物	▶利益の最大化に不可欠
▶テーマは、外部の報告書や個人の嗜好によって決まる	▶テーマは企業ごとに異なり、内発的である
▶企業の業績やCSR予算の制限を受ける	▶企業の予算全体を再編成する
▶たとえば、フェア・トレードで購入する	▶たとえば、調達方法を変えることで品質と収穫量を向上させる

出典：「共通価値の戦略」『DIAMONDハーバード・ビジネス・レビュー2011年6月号』（マイケル・E・ポーター／マーク・R・クラマー）

◎CSRはバランス、CSVは一致◎

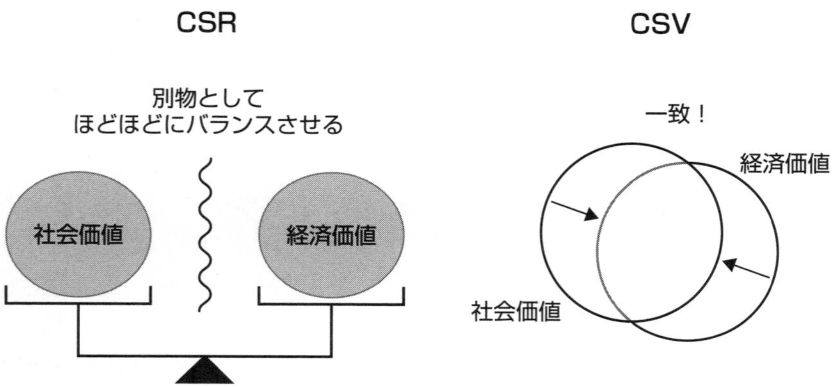

▶企業ならではの「本業」によるさまざまな「社会課題」の解決——社会の「ニーズ」を解決せよ

NPO、NGO、政府も、もちろん社会価値の創出を牽引することはできます。一方、企業としての特徴は、利益を創出するがゆえに、社会価値創出に役立つ革新的な製品／サービスをみずから生み出しやすく、かつその持続性が高いといえます。そのため、企業は、長期にわたり、「社会課題」の本質的な解決の主役となれる可能性が高いのではないでしょうか。とくに、企業の持つ本業は、他社では提供・調達することができないような価値を供することができます。そうした「ならでは」の価値が、社会課題解決とひもづけられれば、通常では到達不可能な革新的なアプローチで社会価値創出をめざすことができるでしょう。なお、社会価値という観点からは、前述のNPO、NGO、政府との連携も増えると考えられます。

「社会課題」というと、非常に大きく崇高なテーマを想像してしまう方も多いのではないでしょうか。もちろん、256〜257ページの図に示したように、比較的大きな潮流を支えるテーマもあるでしょう。

しかし、社会とは人が集まってできた集団であり、さまざまな社会が重なり合いながら多数存在しているという認識です。途上国の課題を解決するものでなければならない、人類全体の幸福を上げるものでなければならないなどの、制約はありません。もっと我々に身近な社会における課題解決に関わり、貢献するというものであってもよいと思います。

たとえば、先進国において小さな子供を抱えてゆとりのないファミリー層をサポートするサービスを提供することで、子供を複数人持つ機会を生み出したり、女性の労働機会を維持したりするなどでもよいと思います。また、介護などにおいて、ただでさえ従業員の労働負荷が高いところで人手が減ってしまい、ますます従業員の負荷が高まることに対して、さまざまなデジタル技術を用いて持続可能で働きやすい現場にするということも考えられます。

「社会課題」とは、すなわち社会をよりよくするにあたっての、社会の持つ新たなニーズであると解釈することができるのではないでしょうか。

▶社会価値・経済価値を両立するための３つの方向性の類型

ここで疑問が湧きます。社会価値と経済価値を両立することができるのだろうか、ということです。社会課題という新たなニーズがあったとし

◎社会課題の例◎

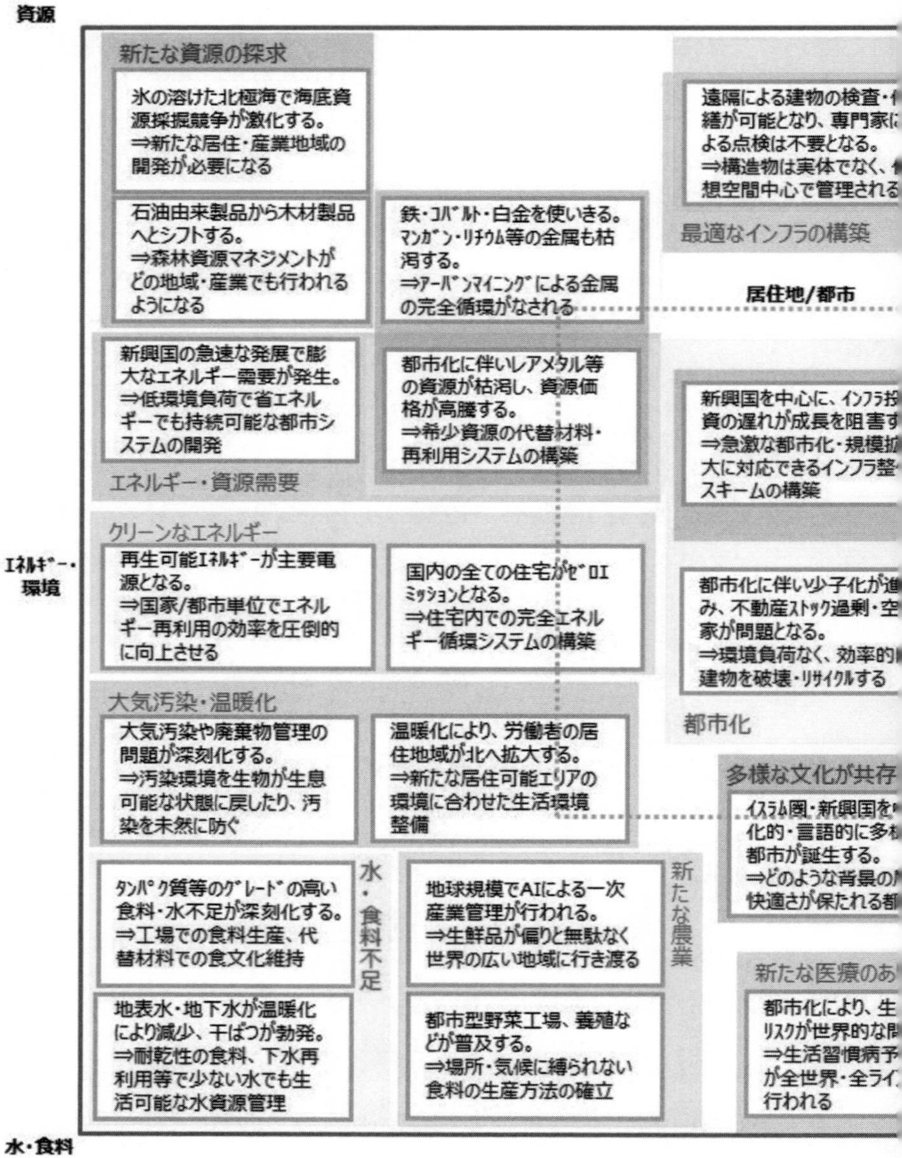

資源
新たな資源の探求
氷の溶けた北極海で海底資源採掘競争が激化する。
⇒新たな居住・産業地域の開発が必要になる
石油由来製品から木材製品へとシフトする。
⇒森林資源マネジメントがどの地域・産業でも行われるようになる
鉄・コバルト・白金を使いきる。マンガン・リチウム等の金属も枯渇する。
⇒アーバンマイニングによる金属の完全循環がなされる
遠隔による建物の検査・修繕が可能となり、専門家による点検は不要となる。
⇒構造物は実体でなく、仮想空間中心で管理される
最適なインフラの構築
居住地/都市
新興国の急速な発展で膨大なエネルギー需要が発生。
⇒低環境負荷で省エネルギーでも持続可能な都市システムの開発
都市化に伴いレアメタル等の資源が枯渇し、資源価格が高騰する。
⇒希少資源の代替材料・再利用システムの構築
エネルギー・資源需要
新興国を中心に、インフラ投資の遅れが成長を阻害す
⇒急激な都市化・規模拡大に対応できるインフラ整
スキームの構築
エネルギー・環境
クリーンなエネルギー
再生可能エネルギーが主要電源となる。
⇒国家/都市単位でエネルギー再利用の効率を圧倒的に向上させる
国内の全ての住宅がゼロエミッションとなる。
⇒住宅内での完全エネルギー循環システムの構築
都市化に伴い少子化が進み、不動産ストック過剰・空家が問題となる。
⇒環境負荷なく、効率的に建物を破壊・リサイクルする
大気汚染・温暖化
大気汚染や廃棄物管理の問題が深刻化する。
⇒汚染環境を生物が生息可能な状態に戻したり、汚染を未然に防ぐ
温暖化により、労働者の居住地域が北へ拡大する。
⇒新たな居住可能エリアの環境に合わせた生活環境整備
都市化
多様な文化が共存
イスラム圏・新興国を
化的・言語的に多
都市が誕生する。
⇒どのような背景の
快適さが保たれる都
タンパク質等のグレードの高い食料・水不足が深刻化する。
⇒工場での食料生産、代替材料での食文化維持
水・食料不足
地球規模でAIによる一次産業管理が行われる。
⇒生鮮品が偏りと無駄なく世界の広い地域に行き渡る
新たな農業
新たな医療のあ
地表水・地下水が温暖化により減少、干ばつが勃発。
⇒耐乾性の食料、下水再利用等で少ない水でも生活可能な水資源管理
都市型野菜工場、養殖などが普及する。
⇒場所・気候に縛られない食料の生産方法の確立
都市化により、生
リスクが世界的な
⇒生活習慣病予
が全世界・全ライ
行われる
水・食料

出典：株式会社日本総合研究所

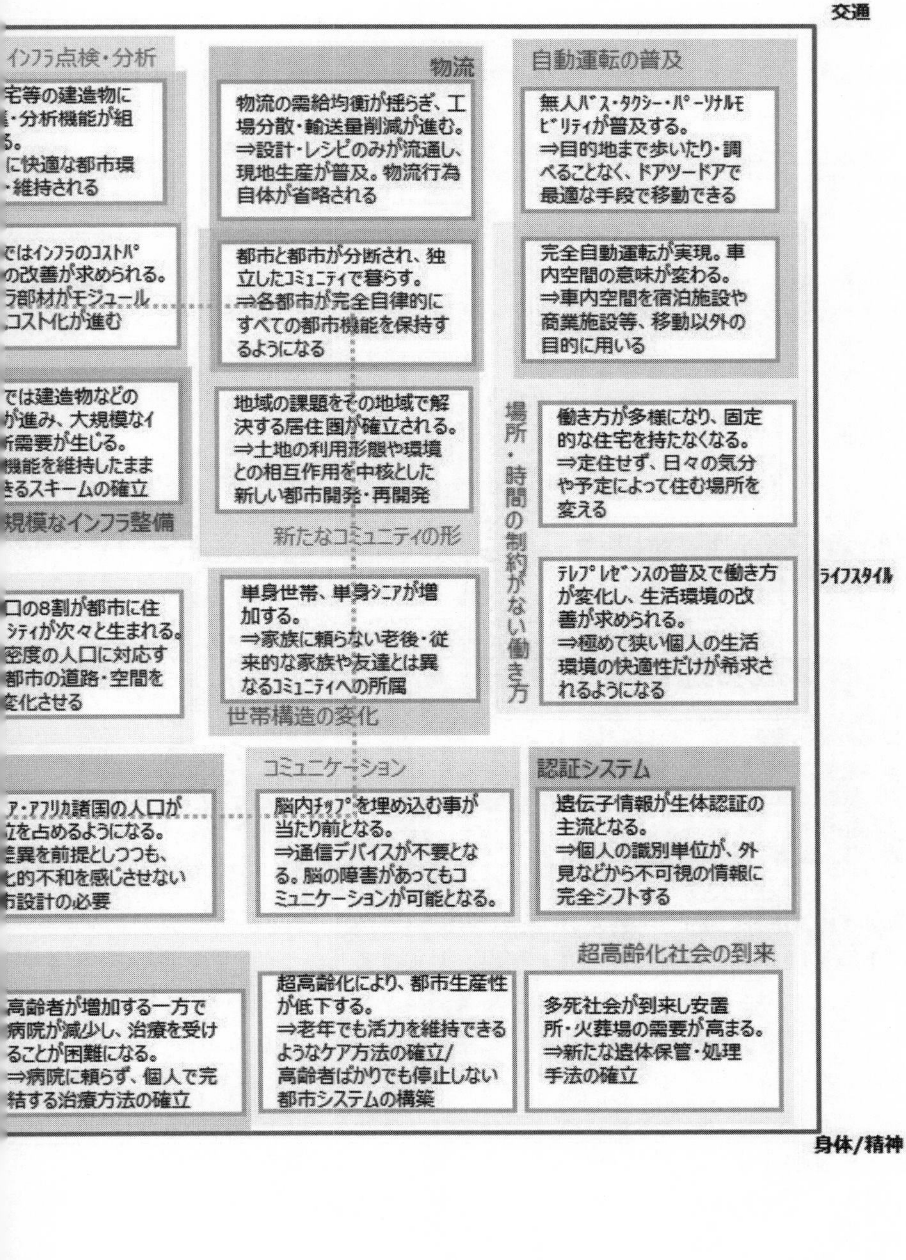
交通
ライフスタイル
身体/精神
インフラ点検・分析
宅等の建造物に
遺・分析機能が組
る。
に快適な都市環
・維持される
ではインフラのコストパ
の改善が求められる。
ラ部材がモジュール
コスト化が進む
では建造物などの
が進み、大規模なイ
新需要が生じる。
機能を維持したまま
きるスキームの確立
規模なインフラ整備
口の8割が都市に住
シティが次々と生まれる。
密度の人口に対応す
都市の道路・空間を
変化させる
ア・アフリカ諸国の人口が
立を占めるようになる。
差異を前提としつつも、
化的不和を感じさせない
市設計の必要
高齢者が増加する一方で
病院が減少し、治療を受け
ることが困難になる。
⇒病院に頼らず、個人で完
結する治療方法の確立
物流
物流の需給均衡が揺らぎ、工場分散・輸送量削減が進む。
⇒設計・レシピのみが流通し、現地生産が普及。物流行為自体が省略される
都市と都市が分断され、独立したコミュニティで暮らす。
⇒各都市が完全自律的にすべての都市機能を保持するようになる
地域の課題をその地域で解決する居住圏が確立される。
⇒土地の利用形態や環境との相互作用を中核とした新しい都市開発・再開発
新たなコミュニティの形
単身世帯、単身シニアが増加する。
⇒家族に頼らない老後・従来的な家族や友達とは異なるコミュニティへの所属
世帯構造の変化
コミュニケーション
脳内チップを埋め込む事が当たり前となる。
⇒通信デバイスが不要となる。脳の障害があってもコミュニケーションが可能となる。
超高齢化により、都市生産性が低下する。
⇒老年でも活力を維持できるようなケア方法の確立/高齢者ばかりでも停止しない都市システムの構築
自動運転の普及
無人バス・タクシー・パーソナルモビリティが普及する。
⇒目的地まで歩いたり・調べることなく、ドアツードアで最適な手段で移動できる
完全自動運転が実現。車内空間の意味が変わる。
⇒車内空間を宿泊施設や商業施設等、移動以外の目的に用いる
場所・時間の制約がない働き方
働き方が多様になり、固定的な住宅を持たなくなる。
⇒定住せず、日々の気分や予定によって住む場所を変える
テレプレゼンスの普及で働き方が変化し、生活環境の改善が求められる。
⇒極めて狭い個人の生活環境の快適性だけが希求されるようになる
認証システム
遺伝子情報が生体認証の主流となる。
⇒個人の識別単位が、外見などから不可視の情報に完全シフトする
超高齢化社会の到来
多死社会が到来し安置所・火葬場の需要が高まる。
⇒新たな遺体保管・処理手法の確立

て、企業活動として経済価値を創出しながら、その解決を担えるのか。非常に難しい問題です。ポーターは、両立に向けて３つの方向性の類型を示しています。なお、本書では、次のように示します。

①新しい市場／顧客の創出、および新しい価値を持つ製品やサービス
②バリューチェーン革新
③地域エコシステムの構築

それぞれ、マーケティングの視点、バリューチェーンの視点、エコシステムの視点といい換えることもできます。このうち、エコシステムとは、さまざまなステークホルダーがお互いに依存・協調しながら、あたかも生態系のような持続可能な仕組みを形成していることを指し、いわば、企業単体を主語として、その持続可能性を仕組み化したビジネスモデルを、より拡張した概念といえます。

◎３つの方向性の類型◎

新しい市場／顧客の創出、および新しい価値を持つ製品やサービス	●さまざまな社会課題を事業機会ととらえ、新しい市場／顧客のニーズに対して価値を投下したり、これまでと異なる価値へと再構築された製品やサービスを投下する
バリューチェーンの革新	●調達⇒生産⇒物流⇒流通等、バリューチェーンの上流から下流を、社会課題を解決しつつ生産性を上げられる形態に再構築する
地域エコシステムの構築	●アライアンス先、サプライヤー群、学術組織、地域自治体、市民等、地域におけるステークホルダーと共に持続性の高いエコシステムを形成し、社会課題を解決する

▶新しい市場／顧客の創出、および新しい価値を持つ製品やサービス

１つ目は、新しい市場／顧客の創出、および新しい価値を持つ製品やサービスです。さまざまな社会課題を事業機会ととらえ、その新しい市場／顧客のニーズに対して価値を投下したり、これまでと異なる価値へと再構築された製品やサービスを投下したりします。

たとえば、歯ブラシを例にとってみましょう。右図では、横軸に市場／顧客の拡張、縦軸に製品やサービスの拡張をとって整理しています。まず、左下の象限はいわば既存事業の範疇で、先進国で歯周病予防の歯ブラ

シの事業を展開しているとします。その歯ブラシを（改変しつつ）途上国に提供していくことで、これまで歯の健康が保てなかった途上国の人々の口腔衛生改善という課題解決につながるという方向性もあるでしょう。

一方、途上国のみに目を向ける必要はなく、先進国のウェルビーイング（健康で幸せ）な生活を生み出すという観点もあるでしょう。たとえば、シニアは口腔機能から身体の衰えにつながることも多いですが、皆がしっかりと歯ブラシで磨くのは難しい状況にあります。実際、そうしたオーラルフレイル（口腔が健常より機能低下した状態）の問題が注目されています。歯ブラシに留まらず、さまざまなオーラルフレイル予防のソリューションを提供することで、人々の健康寿命を延ばすという課題解決につなげていく。このような価値、製品やサービスの拡張の方向性もあります。

このように、新しい領域をみずから拡張し、他社のいない成長市場という魅力ある市場を創出したり、さらには、他社ではできない社会課題の解決方法を模索することによって、持続的な競争優位を構築したりすることをめざします。

ここで一点、注意が必要です。一度、社会課題解決の市場を構築したからといって終わりではないということです。いつか社会課題は解決に向かい、当たり前の市場となっていくかもしれません。下図の左下の象限に落ちる、ということです。

◎領域拡張の例◎

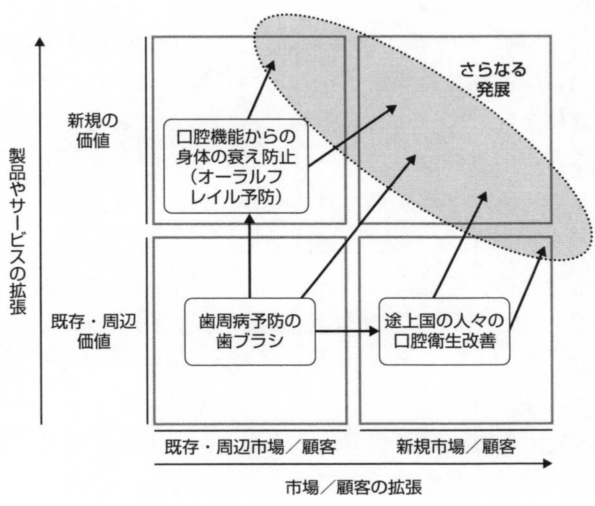

過去と同じことばかりやっていたのでは、これから対応が必要な社会課題から離れてしまい、真の社会価値を創出できなくなります。そればかりか、成長は止まり、競争にさらされ、経済価値を創出しづらくなるでしょう。

もちろん、そうした市場で最後までトップグループに残って収穫する、という選択肢もあります。しかし、企業にとっての次世代の成長エンジンを失うことになると思います。そのため、たとえ社会基盤系の事業や、クリーンエネルギー、医療・医薬などの尊い事業を推進していたとしても、それだけで大丈夫、と安心してよいというわけではありません。創出した利益を滞留させることなく、常に「新しく発展的」な社会課題の解決のために、新たな社会価値・経済価値を生み出していってほしいと思います。

▶バリューチェーンの改善・革新

２つ目は、バリューチェーンの改善・革新です。事業によって異なりますが、調達・生産・物流・流通・サービスといったバリューチェーンの上流から下流を見直し、改善・革新することによって、社会課題を解決しつつ、同時に生産性を向上、さらには顧客価値を増大することを狙います。

以前は、社会課題に取り組むと、これまでなかったコスト負担がバリューチェーンにおいて発生し、非効率になると考えられた時期もありました。確かに、短期的にはコスト負担になるケースもあるでしょう。しかし、長期的な取り組みとして考えていけば、生産性向上に必ずや寄与する設計が可能であると考えます。また、近年では、環境負荷の低減をはじめ、社会課題に取り組む施策を選択している製品やサービスを、ユーザー側がそれに価値を感じて選ぶという傾向も出てきました。そういうケースを生み出すことができれば、コストはかかるものの、単価やシェアを増大させるということもできるかもしれません。以下では、生産性向上を中心に例を見てみましょう（次ページの図参照）。

世界全体の取り組みで進んでいるものとしては、やはりエネルギーの効率化でしょう。省力化する、熱を再利用するなど、さまざまな施策により、環境負荷を低減しつつコストを下げることができます。将来的には、再生可能エネルギーを使用することで、その調達コストが過去の電源構成での調達より安くなる世界をつくれるかもしれません。また、水や、さまざまな原料やパッケージなど、資源を有効活用するという方法も採られています。水もエネルギーと同様、節約や再利用が可能ですし、原料やパッケージもゴミ・残渣やムダを出さない方法が模索されています。

◎バリューチェーン改善・革新のポイント例◎

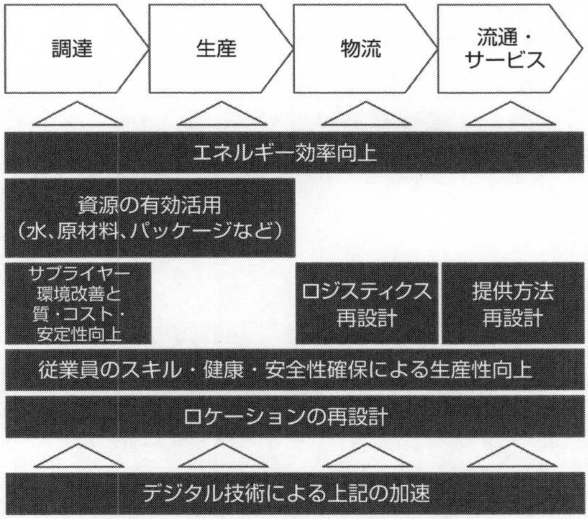

個別のプロセスに関する例としては、たとえばコーヒー調達の例がわかりやすいでしょうか。過去、コーヒーの調達といえば、地元の方々に重労働を課したプランテーションによる生産であり、コーヒーを牛耳るメジャー企業によるコスト低減圧力も相まって、十分なコストが投下されず、生産者側は劣悪な環境や生活を強いられるパターンが多かったといえます。

近年では、フェアトレードコーヒーのように、つくり手にお金を還元することがよく見られますが、ネスレのCSVはさらにそれを進めています。資材・設備・技術・品質に合ったインセンティブ提供・資金調達などまで入り込み、サプライヤー側の労働環境を整えることによって生産効率を大きく向上させるというものです。生産者は給与・生活環境の改善、環境負荷の低減、ネスレは品質の高いコーヒーを安く安定的に調達でき、さらには、こうしたサステナブルな取り組みを進めるコーヒーを好む消費者の支持を得られるようになります。

物流では、ルートや輸送方法などを再設計することにより、エネルギーの効率化や環境負荷の改善が見込め、企業側にとってみれば、ロジスティクスコストの低減、さらには顧客に対して価格低減や輸送時間短縮化などの価値提供ができるかもしれません。

流通・サービスに関しては、たとえば、音楽・書籍のコンテンツについて媒体などを利用せず、データそのものとして流通させることに端を発し、エネルギーの効率化、環境負荷の改善、コストの低減、価格低減・利便性の向上・定額サービスといった付加価値などを顧客に提供できるようになりました。その他にも、従業員のスキル・健康・安全性の確保などにコストをかけることによって、労働環境が改善され長期的には生産性が上がることや、調達先・工場・倉庫・店舗などのロケーションを再構築することによって、エネルギーの効率化、環境負荷の改善とともに、コストの低減を狙うこともあるでしょう。

▶地域エコシステムの構築

これまで述べてきた、2つの類型、新しい市場／顧客の創出および新しい価値を持つ製品やサービス、バリューチェーンの改善・革新については、必ずしも企業単独で自己完結できるわけではありません。さまざまなステークホルダーと共にお互いに依存・協調しながらエコシステムを形成し、その中で個別企業の活動が成り立っていることも多いでしょう。

3類型目は、本業を介して、そのエコシステムを戦略的・積極的に構築していこう、というものです。なお、企業がコストを負担するだけでは、ステークホルダーがその企業の「施し」に依存しすぎることになってしまい、いつまで経っても自律性が形成されず、結局のところ企業の負担は増大するばかりです。これでは経済価値は創出されません。

そこで、エコシステムに自律性を宿すことによって、初めて社会価値と経済価値の融合が可能となり、それは簡単ではないものの実現できれば、もはや一企業で対処できる範疇を超えており、他社が模倣することも難しくなるはずです。少しわかりにくいので、例を挙げて説明しましょう。

1つ目は、米国のスターバックスによるSustainable Dairy（持続可能な酪農）という取り組みです（次ページの図参照）。スターバックスは、コーヒーの会社ですが、実は牛乳を売っているといわれるくらい多くの牛乳を調達しています。オーツミルクなどによる代替も一部では進みますが、今後も牛乳を大量に調達・使用する状況は変わらないと思います。その中で、酪農に関する社会課題として、水資源の大量使用と汚染、厳しい労働環境、アニマルウェルフェア、牛のゲップによるメタン放出などが挙げられます。

◎スターバックスのSustainable Dairy（持続可能な酪農）◎

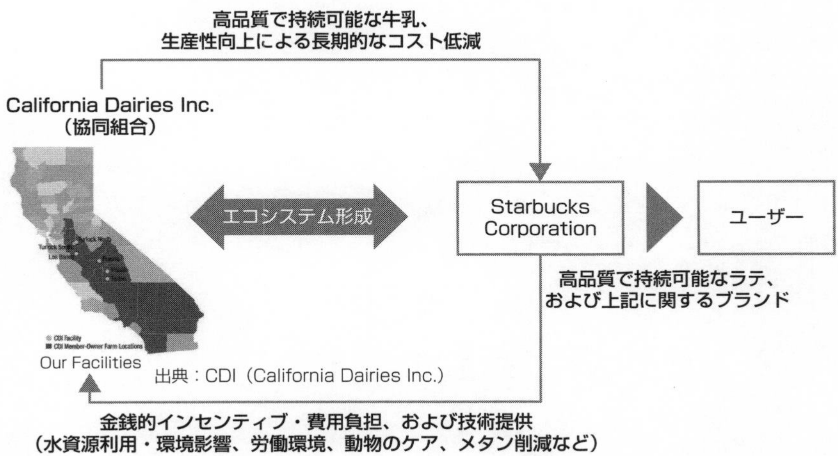

スターバックスは、カリフォルニア州の酪農家・農協と協力し、この社会課題の解決に乗り出しています。具体的には、社会課題の解決に寄与する手法の技術支援をスターバックスが行ない、それを実施している酪農家にはスターバックスより金銭的インセンティブの付与やコスト負担があります。環境負荷低減に寄与することはもちろん、アニマルウェルフェアによる牛のストレス低減、牛のゲップにより放出されるメタンの抑制によって、実は生産性が上がる可能性が見えています。

そうすることで、労働環境の改善と相まって、この酪農家群は高い生産効率を示すまでになり、高品質で持続可能な牛乳を、価格を抑え安定的に調達できるようになるかもしれません。地域ぐるみでエコシステムを構築しており、このような調達はそう簡単に模倣できないでしょう。この取り組みは始まって間もないため、まだ完全に経済価値の創出までは行きついていませんが、社会価値と経済価値の融合を秘めているといえます。

２つ目の例は、JEPLAN（旧 日本環境設計）によるBRINGというリサイクルプロジェクトです。ポリエステル繊維に関して、希少なケミカルリサイクル技術を持つJEPLANは、200ものアパレルブランドと連携し、古着から新たな服をつくるエコシステムを構築しています。このエコシステムには、アパレルブランドの5,000近くもの地域店舗や、多数の地域市民の参画があります。そのため、リサイクルという材料を基に、どのようにマーケティングを実施していけば、どの程度来店数の増加や売上の向上につながるのかなど、環境マーケティングの知見・データが豊富に蓄積されているはずです。そのアパレルブランドの利益増加分がJEPLANにシェアされることによって、経済価値を生み出していると推測されますが、これほどのエコシステムを改めて他社が構築するのは難しいでしょう。

どちらの例も地域に入り込んだエコシステムが構築され、社会価値と経済価値の融合の見立てが立つと同時に、一朝一夕には他社が参入できない仕組みとなっているのではないでしょうか。

◎JEPLANによるBRING◎

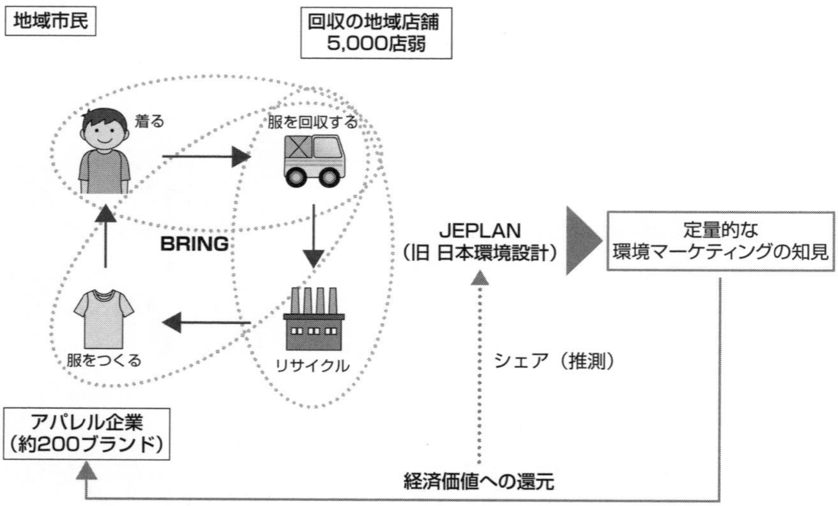

▶社会価値と経済価値の融合を対象とするインパクト投資

社会価値と経済価値の双方を追求するタイプのベンチャー（ゼブラ企業）に関する資金調達として、近年注目されつつあるインパクト投資の１つである「ゼブラ投資」を紹介しておきます。

ベンチャーがベンチャーキャピタル（以下、ＶＣ）から資金調達するケースは、よく知られています。ＶＣは収益の最大化をめざし、３～５年などの比較的早い時間軸で多大なリターンを求めます。一方、ゼブラ投資の企業は、社会的インパクトの最大化をめざし、より長い時間軸で投資を見極めます（次ページの図参照）。

それぞれのターゲットについては同図の右のようにいわれていますが、

ゼブラ投資の企業は、成熟に時間がかかる場合や、ＶＣの支援する企業と比して狭い市場の場合でも可能性があることが注目ポイントです。ポーターの示した３類型を推進したとしても、社会価値と経済価値の融合には時間がかかりますし、短期的な経済価値だけで見られてしまうと厳しい場合もあると思います。

また、社会課題は、必ずしも世の中のメジャーというわけではなく、むしろマイナーな部分に積極的に目を向けて、初めて捕捉できることも多いでしょう。事業の成熟まで時間がかかったりニッチであったりしても、投資の可能性を検討してもらえる先があるというのは、大変心強いものです。

◎ゼブラ投資の特徴およびＶＣ投資の違い◎

VC投資とゼブラ投資の差異

VC投資
- ✓目　　的：収益の最大化（ユニコーン企業をめざす）
- ✓重 視 点：投資回収の速度と効率性
- ✓リターン：投資額の10倍や20倍
- ✓時 間 軸：3年から5年の早い時間軸で実現

ゼブラ投資
- ✓目　的：社会的インパクトとステークホルダーの幸福最大化
- ✓時間軸：より長い時間軸
- ✓成長率：企業や事業に合わせたあり方を志向

ターゲット：
幅広い産業領域や多様なビジネスモデルも対象
（VC投資による時間軸ではリターン設計しづらい）

- 市場創出が必要
- （ユニコーンを目指す企業と比べると）狙う市場規模が狭い
- 事業の成熟に期間が必要
- 供給量に制約がある
- 経済的な成功と社会的インパクトの相関性が低い

出典：AMEXによるゼブラアンドカンパニー共同創業者代表取締役 阿座上陽平氏インタビューより作成

▶日本企業が目覚める機会

日本においては、社会価値と経済価値が当然のごとく同居している企業は少ないといえるのではないでしょうか。具体的には、次のような企業が多い印象を受けます。

①社会価値（社会課題解決）の意識は高いものの、経済価値（稼ぐ力）は疎か
②創業当時は社会価値と経済価値の双方を追求できていたが、いまの社会課題を解決していないことに気づいていない、もしくはその変化に気づかず経済価値の創出がままならなくなっている
③経済価値（利益）ばかり気にしてしまい、社会価値（貢献）を後づけ
④既存製品やサービスを括り直して社会価値があるように見せているだけ

１つ目は、社会課題解決の意識は非常に高いものの、稼ぐ力を築けていない企業です。事業を活用して社会価値を検討したいというケースは多々見られるようになってきていますが、如何せん経済価値の徹底が緩いことが往々にしてあります。日本企業の投資リターンは総じて低いといわれて久しいですが、強固なビジネスモデルを築くことなく進めてしまう企業は、未だに多いのではないでしょうか。意識ばかり高く進めてしまい、「あとはマネタイズ（収益化）だ！」と後から何とかしようと思っても、もはや社会価値と経済価値が両立する場所には到底到達できないことも多々あるでしょう。

次に、創業時は、志高くカリスマ性を持った創業者・経営者が、社会価値と経済価値の双方を追求していたケースです。長い年月が経った後（とくに創業者・当時の経営者亡き後）に、当時の社会課題は解決されているにもかかわらず、継続に意義があると勘違いし、現在の社会課題の解決から離れてしまっていることもあるでしょう。寡占に近い状況を築いていればまだよいのですが、競争に巻き込まれ、いつの間にか経済価値の創出がままならなくなっていることもあるのではないでしょうか。

また、社会課題を軽視するケースも存在します。よく目にするパターンとして、経営スタッフがビジョンや中期経営計画を策定する際に、経済価値重視でプランを立てた後に、SDGs（国連の持続可能な開発のための17の国際目標）を無理やり後づけでひもづけるというものがあります。正直、目を覆いたくなるやり方ですが、残念ながら、まだまだ非常に多く存在しているという認識です。自社ならではの戦略まで昇華されるはずもなく、市場を新しく定義する機会、競争優位を構築する機会を放棄しているともいえます。

最後は、これまで推進してきた既存製品やサービスを括り直しているだけの企業です。対象市場・顧客についても、提供価値についても、新たな拡張がないにもかかわらず、既存製品やサービスを社会課題解決型の事業に分類してしまう、というものです。確かに、それによって意識が変わり、組織として拡張を考えるようになるということなのかもしれません。しかし、分類だけで終わっては、市場の成長性や競争環境も何も変わらず、実際に新たな社会課題解決に何も関わっていないため、社会価値と経済価値の融合とはいえません。

日本企業は、海外企業と比べ、株主以外のステークホルダーにもよく目を配ってきました。一方で、当戦略については、両立が難しいという声が非常に多いと認識しています。しかし、難しいのは当たり前です。市場を新しくつくり出し、そこで持続的競争優位を構築することで、長期的に耐えうる「本業」をつくり直す、もしくは一から立ち上げるレベルの話をしているわけですから。難しいといって避けていては、上記の①②③④の企業レベルで終わってしまい、世界の潮流から取り残されてしまいます。難易度は高いものの、積極的に機会としてとらえ、チャレンジするしかないでしょう。きっと、新しい境地が拓けると思います。

⑦ 6

不確実性への対応力を「DX」で高める

デジタルを活用して新しい価値や顧客経験を創出する

▶新しい価値や顧客経験を創出するために必要不可欠な要素

AI、IoT、AR／VRといった、さまざまな新しいデジタルやテクノロジー（以下、デジタル）を活用し、自社の経営や事業の効率化を実現する企業が増えています。最新のデジタルを駆使することでビジネスモデルを変革し、また、これまでにない製品やサービスを創出することが、企業の競争優位性を高める観点からも重要視されるようになっています。

デジタルを活用して経営や事業、プロダクトなどを大きく変革することを「デジタルトランスフォーメーション（以下、DX）」と呼び、さまざまな業界で積極的な取り組みがなされています。経営や業務の効率化だけに留まらず、新しい価値や顧客経験を創出するためにDXはもはや必要不可欠な要素といってよいでしょう。

本節においては、このDXについて「不確実性に対応する戦略」という観点からその重要性について述べたいと思います。

新型コロナウィルスの流行、技術の進化、顧客ニーズの変化、また台風や地震などの災害など、企業を取り巻く競争環境は大きく変化し、不確実性は高まるばかりです。このような将来への対応が非常に難しい状況を前述の「VUCA（ブーカ）」という言葉で表わすことがあります。

◎DXのさまざまな活用先◎

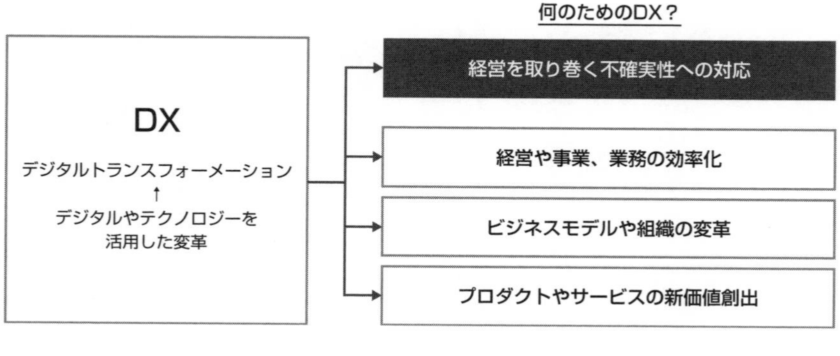

このVUCA環境下において、企業がグローバルな市場で生き残っていくための戦略が求められます。

VUCA時代を生き抜くための戦略論として、カリフォルニア大学バークレー校のビジネススクール教授、デイヴィッド・J・ティースによって2009年頃から展開されている「ダイナミック・ケイパビリティ論」が近年、注目を浴びています。

ダイナミック・ケイパビリティとは、企業を取り巻く外部環境や状況が激しく変化する中で、その変化に対応して企業が自己を変革する能力のことです。企業変革においては、外部環境をしっかりと把握し、その中から機会や脅威を分別し、しかるべきアクションを、社内外を俯瞰したうえで実行していく能力が求められます。しかも、それを持続的に行なわなければなりません。DXは、業務効率化や新しい価値創出の手段としてとらえられることが多いですが、このダイナミック・ケイパビリティを、競争力を持続的に維持するための手段の1つとしてとらえる、つまり「不確実な事業環境下を生き抜くための戦略ツールとしてDXをとらえる」ことが非常に重要となります。

次項以降においては、そもそもダイナミック・ケイパビリティとはどういうものなのかを整理したうえで、それを具現化するためのDXとはどういうものなのかについて説明します。最後に「不確実性に対応する戦略」の中で、なぜDXが重要なのかを提言として取りまとめます。なお、ここで述べる「ダイナミック・ケイパビリティ論の中でのDXの重要性」については、近年多くの研究論文等で示されており、経営理論の1つとして重要視されている考え方を、筆者なりの理解から整理したものです。

▶ダイナミック・ケイパビリティとは？

有名な経営論の1つに、マイケル・ポーターの競争戦略論があります。競合他社に打ち勝ち、競争優位性を高めるためには、競合相手よりも低コスト化を進めて高い利益とシェア獲得を実現すること、また他社にはない自社独自の強みを持つこと、特定の顧客セグメントに資源を集中することなどが重要と説かれ、いまなお多くの企業に支持されています。

しかしながら、環境が大きく変化する現在においては、逆にこのような企業特有の資源や強みをベースとした戦略は、戦略そのものの硬直化につながり、持続的な企業の成長という観点からは限界があることが明らかになってきています。そのような中で、ティースのダイナミック・ケイパビリティ論が注目されるようになってきました。

ティースによると、企業には2つのケイパビリティを保有することが肝要と分析されています。

①オーディナリー・ケイパビリティ
②ダイナミック・ケイパビリティ

オーディナリー・ケイパビリティとは、既存の経営資源を最大限有効活用し、収益拡大を狙う企業能力のことです。通常の企業にとっては当たり前に具備すべき能力といえます。

もう一方のダイナミック・ケイパビリティとは、さまざまに変化する企業を取り巻く外部環境に順応するために、みずからの経営資源自体を再構成、再配置し、場合によっては外部のリソースもうまく取り入れながら、創出する付加価値を最大化する能力とされています。外部環境の変化を適切に見定めつつ、一方で企業内外のリソースを再利用、再配置、再構成し、まさに動的かつ柔軟に戦略を実行していく、そういった能力が、現在のような市場の変化が激しい状況下においては重要であると説いています。

オーディナリー・ケイパビリティは、通常の企業活動にとって必要不可欠な能力ではありますが、その能力のみに依拠しすぎることなく、現状の戦略と変化する外部環境とのギャップを絶えず注視し、その中から新しい価値創出の機会をとらえ、それを企業活動として具現化していくダイナミック・ケイパビリティを併せ持つことが重要です。

このようなダイナミック・ケイパビリティは、次ページに図示したように、3つの能力に区別されます。

企業は外部環境の変化に対してオーディナリー・ケイパビリティとダイナミック・ケイパビリティをうまく駆使しながら成長していくという考え方がティースのダイナミック・ケイパビリティ論です（本節では『D・J・ティース　ダイナミック・ケイパビリティの企業理論』〔デイヴィッド・J・ティース 著、菊澤研宗他 訳、中央経済社〕の一部を抜粋、要約しています)。

◎ダイナミック・ケイパビリティの3つの能力◎

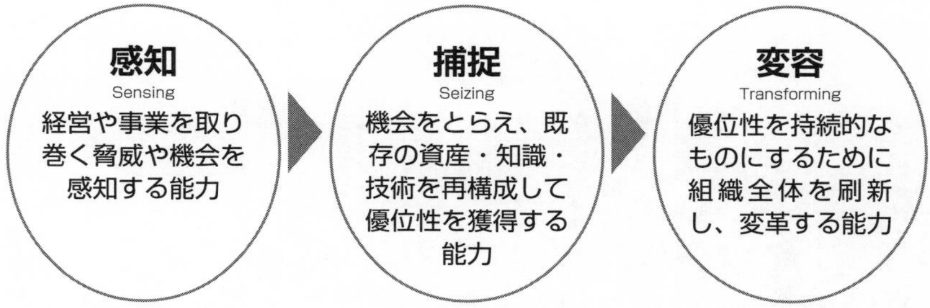
感知
Sensing
経営や事業を取り巻く脅威や機会を感知する能力
捕捉
Seizing
機会をとらえ、既存の資産・知識・技術を再構成して優位性を獲得する能力
変容
Transforming
優位性を持続的なものにするために組織全体を刷新し、変革する能力

▶デジタルの必要性

ダイナミック・ケイパビリティの要素は「感知」「捕捉」「変容」の３つであり、これらの能力を企業が保有、常に強化していくことが求められます。ここでは、これら３つの能力を強化する際に、さまざまなデジタルやテクノロジーを活用することが有効であるということを述べたいと思います。つまり、「ダイナミック・ケイパビリティをDXで強化する」という視点です。

▶「感知」能力を高めるためのデジタルとは？

近年、自動車業界では「CASE（Connected、Autonomous、Shared、Electricの頭文字をとった造語）」と呼ばれる新しい技術革新が進んでいます。多くの車がネットワークに接続され、電動化や自動化がますます進み、またシェアリングといった新しいサービスも出始めています。

最近では、車に搭載された多くのセンサーやカメラなどから、膨大なデータをネットワーク経由で収集し、これを分析することで、さまざまな新しいサービスへとつなげられています。たとえば、運転者の乗り方をデータから分析し、その人により適した乗り心地や安全機能の実現を、自動車のソフトウェア・アップデートによって行なうことなどが実現しています。

自動車を購入した段階で、その車の価値が決まるのではなく、実際の利用データから、その利用者にとっての新しい価値を感知し、それによってさらなる高付加価値化を継続的に行なうことが可能になっています。これは自動車産業の事例ではありますが、私たちの生活環境にあるさまざまなセンサーから、膨大な数および量のデータを収集することが可能となっており、またこれらデータをAIによって分析することで、これまでにない新しい体験価値を実現することが可能となっています。

これは、ダイナミック・ケイパビリティの「感知」能力をデジタルによって高めていることに他なりません。この他にも「感知」能力を高めるためのデジタル活用は、さまざまなものが考えられるでしょう。

▶「捕捉」能力を高めるためのデジタルとは？

新しい技術や市場の機会を感知した次のステップとして、新しいプロダクトとして価値を具現化する、つまり企業は開発や商品化活動への投資が必要となります。

企業の持つあらゆるリソース（強み、コア・コンピタンス、固有の技術など）や、場合によっては外部のリソースを取り入れ、それらを市場にもっとも受け入れられるように製品開発を行ないます。プロダクトを開発するだけでなく、どのようなターゲットに対して、どのように提供するか、またその対価をどのように獲得するのか、といったビジネスモデルの検討も行なわなければなりません。

このように機会を感知した以降の、具体的な製品化およびビジネスモデル構築プロセスが「捕捉」になります。欧米の先端的な半導体事業者や、産業機器メーカー、自動車メーカーは、製品開発プロセスにおいて、デジタルツイン環境を積極的に活用し始めています。デジタルツインとは、実際の空間にある情報を基に、仮想空間にまったく同じ環境を双子のように再現するデジタル技術のことです。このデジタルツイン開発環境を利用することで、デジタル仮想空間上で、実際の製品と同じ動作をする環境をつくり、ここで、さまざまなシミュレーションや製品テストが可能になります。

これまでは実際のプロダクトサンプルを作成し試験し、めざしていた機能や価値が実現できていなければ再度サンプルを作成する、というプロセスを繰り返し行なっており、膨大な時間とコストがかかっていました。しかしながら、デジタルツイン開発環境によって、このプロセスの繰り返しがコンピューター上で可能となり、より高い価値の実現を、効率的に行なえるようになってきています。デジタルツイン技術の活用により「捕捉」能力を大きく高めることができたといえるでしょう。

▶「変容」能力を高めるためのデジタルとは？

「変容」とは、新たな競争優位性を確立するために、企業内外の資源や組織を体系的かつ動的に再編成し、継続的に変革していく能力のことです。まさにトランスフォーメーションを行なうということですが、ここにデジタルの活用の余地はたくさんあります。外部資源の有効活用、つまりオープンイノベーションの採用のために、技術のマッチングのためのデジタル・プラットフォームを利用する企業が増えています。

また、自社組織内を体系的かつ動的に再編成するためには、組織内の知識移転やノウハウの統合／共有をスムーズに実行することが不可欠で、常日頃から組織内におけるナレッジ・マネジメントの仕組みや、コミュニケーション、コラボレーションなどを、システムとして持っておくことは有効と考えられます。もはや変容のためにデジタルの活用は不可欠といってよいでしょう。

▶「不確実性に対応する戦略」の中で、なぜDXが重要なのか？

DXとは、「企業がビジネス環境の激しい変化に対応し、データとデジタル技術を活用して、顧客や社会のニーズを基に、製品やサービス、ビジネスモデルを変革するとともに、業務そのものや、組織、プロセス、企業文化・風土を変革し、競争上の優位性を確立すること」（経済産業省ガイドライン）と定義されます。

もともとは、企業アクションのかなり広い範囲での変革を対象としています。現在のDXの主目的は、どちらかというとデジタルによる業務効率化や、業務品質向上などになっています。これは、ティースの理論でいうと「オーディナリー・ケイパビリティ」の強化のためのデジタル活用といってよいでしょう（DX1.0）。

しかしながら、昨今の不確実性の非常に高い市場環境下においては「ダイナミック・ケイパビリティ」を強化するためのデジタル活用（DX 2.0）をしっかりと考え、戦略としてこれを取り込むことが非常に重要になっているといえます。感知し、捕捉し、そして変容するという能力を継続的に実行していくためには、むしろデジタルは必要不可欠であるという前提認識を持つことが求められます。

◎DX1.0とDX2.0◎

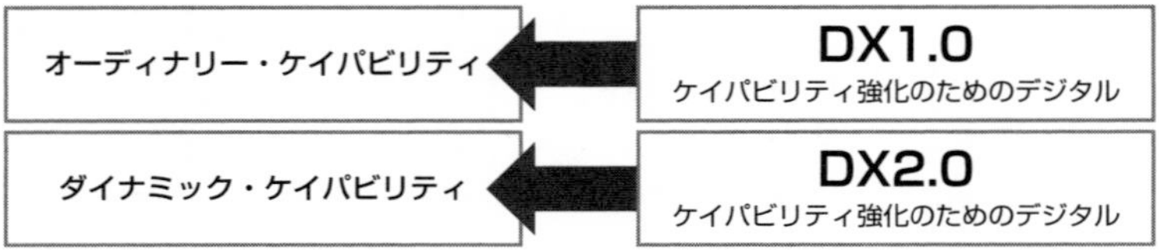

最近では企業のマネジメント層にCDXO（Chief DX Officer：最高DX責任者）といったポジションや、DXを実現するためのPMO（Project Management Office）といった組織を設置する企業が増えてきています。こうしたポジションや組織は、デジタルを社内に導入することが主目的ではなく、より高い経営戦略の観点から「感知・捕捉・変容」をデジタルによって具現化することがミッションであると認識し、その目標やKPIを設定、モニタリングしていくことが重要になるのではないでしょうか。企業は、今後ますますダイナミック・ケイパビリティを高める観点からの積極的なデジタル活用が求められていきます。

◎不確実な事業環境下を生き抜くためのDX◎

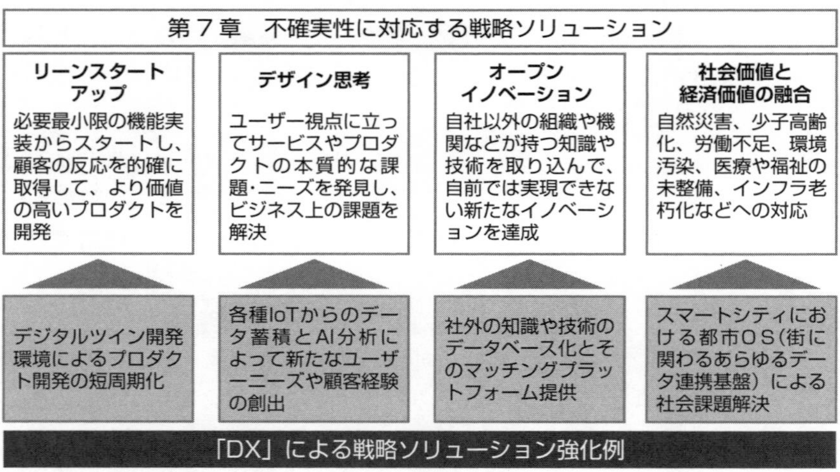

第７章　不確実性に対応する戦略ソリューション
リーンスタートアップ
必要最小限の機能実装からスタートし、顧客の反応を的確に取得して、より価値の高いプロダクトを開発
デザイン思考
ユーザー視点に立ってサービスやプロダクトの本質的な課題・ニーズを発見し、ビジネス上の課題を解決
オープンイノベーション
自社以外の組織や機関などが持つ知識や技術を取り込んで、自前では実現できない新たなイノベーションを達成
社会価値と経済価値の融合
自然災害、少子高齢化、労働不足、環境汚染、医療や福祉の未整備、インフラ老朽化などへの対応
デジタルツイン開発環境によるプロダクト開発の短周期化
各種IoTからのデータ蓄積とAI分析によって新たなユーザーニーズや顧客経験の創出
社外の知識や技術のデータベース化とそのマッチングプラットフォーム提供
スマートシティにおける都市ＯＳ（街に関わるあらゆるデータ連携基盤）による社会課題解決
「DX」による戦略ソリューション強化例

また、本章では、不確実性に対応する戦略ソリューションとして、リーンスタートアップ、デザイン思考、オープンイノベーション、社会課題解決について述べてきましたが、これらの各項目の実現においても、もはやデジタル／DXは必要不可欠になってきているととらえるべきでしょう。

おわりに

「経営戦略」とは、「企業が競争環境の中で、持続的に目的や目標を達成するための方針やより具体的な計画」と、よく定義されます。「戦略」ですから、相手にいかに勝つか、という観点が強いことはいうまでもありません。したがって、相手の強みをしっかりと見極め、みずからの弱点をどのように補完して勝ち筋を見出すのか、場合によってはパートナーを募って勝負に挑むといった作戦も考えられます。

本書『経営戦略の基本』は、2008年に初版が上梓されました。「イノベーション」による差別化や「グローバル経営」による収益拡大などが盛んに行なわれていた時期で、まさに企業としていかに勝ち抜くかが重要視されていた時期でした。また、2008年９月のリーマン・ショックの影響を受けて事業が厳しくなる企業が散見され、事業構造改革やポートフォリオ再考による事業の立て直し、資本市場とのコミュニケーションがより重要視されるようになってきた時期でもありました。

それから、15年以上経た現在、企業を取り巻く環境は大きく変化しています。新型コロナウィルスの流行、テクノロジーの台頭、かつてない災害の発生などは、企業経営に多大な影響を及ぼします。また、「サステナビリティ」重視が当然となり、消費者が社会課題に貢献する企業を応援しながら消費活動を行なう「エシカル消費」の気運も高まっています。

企業は単に収益拡大を求めるのではなく、社会の一員としてのあるべき姿の達成など、めざす目的や目標の“質”を大きく変化させなければならなくなっています。そのため、「経営戦略」を検討する際に考慮しなければならないパラメーターは格段に増え、その影響の大局的な理解も非常に難しくなっているといえます。

そのような時期での改訂であるからこそ、本書を手に取っていただいた方々の少しでもお役に立てればと、第７章「不確実性に対応する戦略ソリューション」を追加しました。今後も、企業のめざすべき方向性の“質”は変化していくでしょう。収益獲得や持続的成長などは今後も目標の１つであることは間違いありません。

しかしながら、物質的な豊かさよりもより精神的な豊かさを重視、対社会性を是とする事業展開（パーパス経営など）の方向性は今後も強まるでしょう。さらに、その先に企業は何をめざすべきなのか、常に先を見据え「経営戦略」を問い続けていかなければなりません。単に利益を追求するだけの無機質な企業というよりは、社会の一員としてのあるべき存在がますます求められます。

「法人」とは、法律によって権利義務の主体となることができる資格を認められたものをいいます。今後は企業といえども、「人」として求められるあるべき姿がより重視される世の中にますますなっていくでしょう。そういう中で、「経営戦略」とは何かを考えなければならない時代です。そのような時代において、本書がその「基本」として少しでも皆様のお役に立てればと願っています。

著者を代表して
浅川　秀之

INDEX

数字

アルファベット

50音

◆ ア行 ◆

◆ カ行 ◆

◆ サ行 ◆

◆ タ行 ◆

◆ ナ行 ◆

◆ ハ行 ◆

◆ マ行 ◆

◆ ヤ行 ◆

◆ ラ行 ◆

編著者・著者一覧

◆編著者

手塚　貞治（てづか　さだはる）
國學院大學経済学部教授・立教大学大学院ビジネススクール兼任講師。元 株式会社日本総合研究所プリンシパル。略歴等は右記を参照。

◆執筆メンバー（株式会社日本総合研究所 経営戦略研究会）

浅川　秀之（あさかわ　ひでゆき）
株式会社日本総合研究所 リサーチ・コンサルティング部門 主席研究員／プリンシパル。大阪大学大学院基礎工学研究科修士課程修了。日本電気株式会社にて製品開発（おもに光通信分野）に従事したのち現職。専門は情報通信、エレクトロニクス、メディア分野を中心とした経営戦略・事業戦略策定、M&A 支援、事業資産評価、研究開発戦略策定等。総務省情報通信審議会委員（2023年～）、総務省電気通信市場検証会議構成員（2016年～）など。

安東　守央（あんどう　もりお）
株式会社日本総合研究所 創発戦略センター／リサーチ・コンサルティング部門 マーケティング部長。早稲田大学商学部卒。プロクター・アンド・ギャンブル・ファーイースト・インク　マーケティング本部を経て現職。専門領域は経営戦略、新規事業開発、マーケティング戦略、ブランド戦略、ソーシャルビジネス。

今井　孝之（いまい　たかゆき）
元 株式会社日本総合研究所 副主任研究員。東京大学大学院工学系研究科修士課程修了。さまざまな業界における経営戦略策定・事業性評価といったコンサルティング経験を活かし、現在は、ITサービス会社にてリサーチ、サービス企画などの業務に従事している。

岡田　匡史（おかだ　まさし）
株式会社日本総合研究所 リサーチ・コンサルティング部門 主席／部長 事業開発・技術デザイン戦略グループ担当。東京大学大学院工学系研究科航空宇宙工学専攻修士課程修了。ドメイン拡張・事業開発を中心とした、本業を超えたトップライン創出が専門。【技術】技術系企業・インフラ系企業に対する技術を核とした事業領域探索・事業開発、資源充足のためのM&A支援、コーポレートR&D支援、デザイン・PoC支援、【ブランド】ライフスタイル領域におけるビジネスモデル革新・業態開発、【投資・ファイナンス】洋上風力等プロジェクトファイナンスを活用した投資型事業の開発等、幅広い領域をカバー。

吉田　賢哉（よしだ　けんや）
株式会社日本総合研究所 リサーチ・コンサルティング部門 シニアマネジャー。東京工業大学大学院社会理工学研究科経営工学専攻修士課程修了。専門は、組織戦略、組織改革・組織活性化、ナレッジマネジメント、新規事業戦略立案、新規事業立ち上げ支援、経営戦略立案、中期経営計画策定、ビジョン策定、海外展開支援、産業振興、市場・商品需要予測等。

[編著者]
手塚貞治（てづか　さだはる）
國學院大學経済学部教授・立教大学大学院ビジネススクール兼任講師。
元 株式会社日本総合研究所プリンシパル。東京大学大学院総合文化研究科博士課程修了。専門は、経営戦略論・事業計画論等。
著書に『武器としての戦略フレームワーク』『「事業計画書」作成講座』『「フォロワー」のための競争戦略』（以上、日本実業出版社）、『「経営戦略」の基本がイチから身につく本』（すばる舎）、『ジュニアボード・マネジメント』『必ず結果を出す！ フレームワーク仕事術』（以上、PHP研究所）などがある。

[著者]
株式会社日本総合研究所 経営戦略研究会
株式会社日本総合研究所は、システムインテグレーション・コンサルティング・シンクタンクの3つの機能を有する総合情報サービス企業。「新たな顧客価値の共創」を基本理念とし、各機能を有機的に結び付けた三位一体経営により、課題の発見、問題解決のための具体的な提案およびその実行支援を行なっている。
経営戦略研究会は、日本総合研究所のベテラン・中堅コンサルタントで構成される研究会。ハイテクから生産財・消費財、サービス等幅広い分野での戦略支援実務に携わっており、その経験を社内研究会にて蓄積している。

http://www.jri.co.jp/

新版　経営戦略の基本

2008年11月20日　初版発行
2024年4月20日　最新2版発行
2024年10月20日　第2刷発行

編著者　手塚貞治 ©S. Tezuka 2024
著　者　株式会社日本総合研究所 経営戦略研究会
©The Japan Research Institute, Limited
Study Group of Management Strategy 2024
発行者　杉本淳一

発行所　株式会社日本実業出版社　東京都新宿区市谷本村町3－29 〒162-0845
編集部　☎03－3268－5651
営業部　☎03－3268－5161　振　替　00170－1－25349
https://www.njg.co.jp/

印　刷／堀内印刷　製　本／若林製本

ISBN 978-4-534-06098-3　Printed in JAPAN